湿热地区透水沥青路面材料性能

徐 波 胡昌斌 著

中国建筑工业出版社

图书在版编目（CIP）数据

湿热地区透水沥青路面材料性能/徐波，胡昌斌
著. —北京：中国建筑工业出版社，2019.6
ISBN 978-7-112-23842-2

Ⅰ. ①湿… Ⅱ. ①徐… ②胡… Ⅲ. ①湿热区-
透水路面-沥青路面-研究 Ⅳ.①U416.25

中国版本图书馆 CIP 数据核字（2019）第 113937 号

本书在调研国内外相关资料的基础上，结合室内试验、研究理论以及实体工程现场测试，对南方湿热地区透水沥青路面材料性能与设计进行研究。具体内容包括：多孔沥青混合料高黏改性沥青技术指标、高黏改性沥青的制备与性能、透水沥青混合料材料特性及子结构关系，多孔沥青混合料细观力学行为分析、高温多雨地区透水沥青路面施工与应用等。

本书可作为从事公路工程、桥梁工程、城市道路工程设计的科学研究人员和工程技术人员的参考资料，也可供高等院校师生学习参考。

责任编辑：曹丹丹　张伯熙
责任校对：张惠雯

湿热地区透水沥青路面材料性能
徐　波　胡昌斌　著

*

中国建筑工业出版社出版、发行（北京海淀三里河路9号）

各地新华书店、建筑书店经销

霸州市顺浩图文科技发展有限公司制版

天津翔远印刷有限公司印刷

*

开本：787×960毫米　1/16　印张：14½　字数：295千字
2019年12月第一版　2019年12月第一次印刷

定价：**98.00**元

ISBN 978-7-112-23842-2
（34133）

前　言

透水路面是以多孔隙沥青混合料作为表层的沥青面层，雨水可通过排水功能层迅速排入边沟等排水构造物中，具有减少雨天行车水雾、水漂，减轻夜间行车眩光，降低路面噪声，提高路面抗滑性能和减轻热岛效应等技术特点和功能，是实现安全、舒适、环保新目标的一种典型路面结构。自 20 世纪 50 年代中期起，透水沥青路面开始在国外发达国家和地区得到较为广泛的应用。目前除欧洲、日本、美国以外，加拿大、澳大利亚、新西兰、南非以及东亚和东南亚的一些国家和地区也都在逐步加大透水沥青路面的使用力度。

值得注意的是，多孔隙沥青混合料的大孔隙特征会带来集料骨架内摩擦角降低，从而使混合料强度降低，因此沥青和沥青混合料的材料性能是保证其功能和服务寿命的关键。目前透水沥青的核心技术主要集中在高黏改性沥青性能和多孔沥青混合料设计方面，动力黏度成为高黏沥青的关键技术指标，飞散成为混合料的关键指标，在不同气候条件下，透水沥青的相关技术也存在与地方区域特性研究相适应的方面。

本书得到了广东省交通运输厅科技项目、深圳市科技项目的支持，参加研究工作的单位有深圳市市政设计研究院、福州大学土木工程学院、深圳市西部城建工程公司、深圳市格瑞实业发展有限公司等，在此向以上相关单位领导和技术支持人员在项目完成中的热心指导和帮助表示衷心的感谢。

本书在进行研究和总结时参阅了大量国内外文献和资料，尽可能都一一引出了，并得到了福州大学道路与机场工程中心张峰博士、徐松博士、章灿林博士的指导，在此一并表示衷心的感谢和敬意！

限于时间和作者水平，本书的研究和总结必定十分粗浅和出现错漏，还恳请专家、读者批评指正。

目　　录

第1章 总 论

1.1 透水沥青路面技术特点

透水路面是以多孔隙沥青混合料作为表层的沥青面层，雨水可通过排水功能层迅速排入边沟等排水构造物中，具有减少雨天行车水雾、水漂，减轻夜间行车眩光，降低路面噪声，提高路面抗滑性能和减轻热岛效应等技术特点和功能，是实现安全、舒适、环保新目标的一种典型路面结构。

透水沥青路面在结构设计和材料选择方面均不同于常规的沥青路面，主要特点有：上面层采用大孔隙沥青混合料，胶结料为高黏度沥青，多孔隙沥青混合料的空隙率大于15%（一般为18%～25%）；下面层采用不透水的密级配沥青混合料，顶面洒布兼有防水功能的改性乳化沥青粘层。与普通的沥青混合料相比，透水沥青混合料具有较大的空隙率和良好的透水性。与其他沥青混合料相比，透水沥青混合料的粗集料含量较多，细集料含量较少。透水沥青混合料主要依靠粗集料间的相互接触形成骨架型嵌挤结构。集料的骨架型嵌挤结构使得透水沥青路面具有以下技术优点：

1. 大幅度提高行车安全

透水沥青路面由于具有较大的空隙率和表面构造深度，与普通的密级配沥青混合料相比能较大幅度地提高行车安全，主要体现在三个方面：

（1）构造深度大、抗滑性好

由于表面构造深度大，在路面干燥和潮湿状态下，中低速的抗滑性能比传统的密级配沥青路面略高；在高速时，其抗滑性能更好。

（2）减少雨天行车的水雾、水漂

由于具有互通的孔隙结构，空隙率达到15%～25%，铺筑厚度为4～5cm的透水沥青路面结构存在大量的、有效的连通空隙，所以雨天路面不积水，可提高路面与轮胎之间的附着力，防止水漂事故的发生，而且可以减少溅水和水雾，提高雨天行车的能见度。

根据日本道路公团的统计数据，透水沥青路面雨天事故发生率与普通路面晴天事故发生率相当，这相当于减少了统计路段80%的雨天交通事故。

（3）减轻光线的路面反射

另一方面，由于低噪声透水路面表面粗糙，易于形成漫反射，在白天可以防止阳光耀眼，在夜晚则能减缓对向车灯的炫目，保证行车安全。

2. 良好的生态环保性

透水沥青路面的生态环保性主要体现在两个方面：

（1）雨水循环性能

如果透水沥青路面面层和透水基层相结合，则雨水不是通过排水管道进入污水中，而是通过透水沥青混凝土大孔隙直接回到土壤，以便保持水土、减轻城市下水道的负担和改善行人步行的舒适性。现在国内采用的透水沥青路面将雨水通过路表或道路内部流入排水管道，没有实现雨水循环功能，但还是能有效地排除路表积水，确保行车安全。

（2）降噪性能

透水沥青路面具有较大的空隙率，车轮驶过时，空气可以从大孔隙中排出一部分，与普通路面相比，降低了由于车轮压缩空气产生的交通噪声。奥地利测得透水沥青路面比水泥混凝土路面降低噪声至少 $6\sim7dB$；比利时测得最大噪声的传统路面比透水沥青路面噪声大 15dB；西班牙测得透水沥青路面比普通路面降低噪声约 4.5dB；上海浦东测得透水沥青路面比传统密级配沥青路面噪声低 3.4dB。

3. 降低路面内部温度

由于透水沥青路面孔隙大，在高温季节，大孔隙能够迅速排出路面吸收的太阳辐射热能，降低路面内部温度，进而提高路面的高温稳定性和耐久性；同时透水沥青路面还能够有效缓解城市热岛效应。

透水沥青路面具有雨天行车安全、降低噪声、增加抗滑能力等特点，迅速在国内外发展起来。20 世纪 50 年代中期，透水沥青路面已经开始在发达国家进行应用。

中国从 2000 年开始研究引进欧美透水沥青路面技术，主要目的是降噪，目前透水沥青路面已由最初的城市道路逐渐延伸到高速公路建设中。随着人们交通环保意识的提高，对路面交通的要求越来越高，透水沥青路面的使用将越来越广泛。

1.2　透水沥青路面结构层要求

根据透水层位的不同选用不同的材料，其中单层透水沥青路面的表面层为透水面层，其他部位的设计和材料选用可参照常规沥青路面，多层透水沥青路面的面层和基层为透水结构层，垫层设计和材料选用参照常规沥青路面的垫层。对于透水结构层和层间粘结层应满足以下要求。

1.2.1 透水面层

1. 原材料性质

透水沥青面层原材料包括高黏度改性沥青、粗集料、细集料、填料以及添加剂（如硅树脂、纤维）。

（1）沥青

透水沥青混合料在选择沥青时重点考虑三因素：抗飞散、抗水损坏和抗变形。采用高黏度改性沥青最根本的原因是保证沥青与水长时间接触也不易剥离。高黏度改性沥青提高了沥青60℃的动力黏度，以是否大于20000Pa·s为评价指标，小于该黏度的沥青很难满足路面的耐久性。目前有研究表明，20000Pa·s的评价指标偏小，应提高标准。同时，沥青应具有较小的针入度（≥40（0.1mm））、较高的软化点（≥80℃）、较好的耐老化性（薄膜加热质量变化率≤0.6%）和黏附性（≥15N·m），在低温区域还应具有较好的抗裂性。

（2）粗集料

透水沥青混合料形成的是骨架孔隙结构，与普通密级配沥青混合料相比，粗集料用量明显增大，约占集料总质量的85%，集料之间的接触面积减少了约25%，接触点的应力明显提高。因此，集料的性质、形状、粒度及级配等都会对混合料的性能产生很大影响，在进行透水沥青混合料设计时，对粗集料的选择显得尤为重要。

透水沥青混合料的骨架孔隙结构对粗集料的压碎值、抗冲击值、抗磨耗值等要求比较高，因此国内外的规范均对粗集料的压碎值、磨耗值、吸水率、黏附性和针片状含量指标提出了更高的要求。

粗集料应尽量采用高强度、耐磨耗、抗冲击能力强的碱性石料，优先考虑玄武岩、安山岩、铁质砂岩等。我国规范规定洛杉矶磨耗值小于等于30%，美国要求压碎值一般不能超过25%；棱角性主要是为了保证粗集料达到石石接触，形成骨架结构。当碎砾石用作粗集料时，大于4.75mn的75%的碎石至少应具有2个破裂面，95%的碎石至少应具有1个破裂面。针片状含量小于等于15%，甚至更小。

（3）细集料

细集料宜选用机制砂，因为其棱角性和粗糙度好，混合料抗车辙能力强。一般不使用石屑作为细集料，因为石屑中粉尘含量多、强度低、不易压实。如果不得不使用石屑，宜采用与沥青黏附性好的石灰岩石屑，且不得含有泥土、杂物等。

（4）填料

填料主要包括石灰石矿粉、水泥、熟石灰等。所加填料应完全干燥。规定所有填料的塑性指数小于等于 4，填料尽量使用石灰石等碱性岩石磨细的矿粉，推荐采用消石灰或水泥部分或完全取代矿粉。

（5）添加剂

为提高透水沥青混合料使用的沥青结合料的抗老化性能、黏附性和粘结力，除了一般宜选用高黏度改性沥青外，还可以在改性沥青中掺加纤维、橡胶等材料以达到增黏目的，同时也可以掺加适量消石灰或水泥以增强沥青和集料的黏附性以及增大沥青胶浆的黏度。

2. 混合料级配

国内外对透水沥青混合料研究得较多，普遍认为配合比设计最主要的控制指标是混合料的空隙率，而合理的级配设计能确定符合区域特点的混合料空隙率。试验表明：影响空隙率最显著的因素首先是粗集料（4.75mm 以上）含量；其次是 4.75～9.5mm 集料含量；最后是沥青用量。美国 Mallick 等的研究也表明，当 4.75mm 筛孔通过率小于等于 15％时，混合料中的粗集料增大混合料空隙率及抗车辙能力，但会降低混合料的耐久性。日本的研究表明，影响空隙率的最大因素为 2.36mm 筛孔通过率。日本规范要求 4.75mm 筛孔和 2.36mm 筛孔的通过率之差不超过 5％。

如果路面的透水性更为重要，各筛孔通过率可取低值，特别是 2.36mm 和 4.75mm 筛孔通过率，可增大透水性能；如果区域雨量不大，交通量较大，可取高值，增大承载力。但是，总的要求是混合料空隙率一般要大于 18％，沥青的高温等级应该比密级配沥青高出两个等级左右，最佳沥青用量不能过低，过低的沥青用量会产生剥落损坏，影响其耐久性。

1.2.2　过滤层

按照美国对透水沥青路面的研究，面层与透水基层之间需设置过滤层，主要适用于轻交通道路。过滤层在为面层施工提供稳定工作平台的同时，也起到一定的过滤排除污染物作用，同时使透入水均匀分布到基层。透水过滤层有相应的级配要求，最大粒径一般为 9.5～26.5mm，厚度为 5cm 左右，水洗损失率不超过 0.5％。

1.2.3　透水基层

透水沥青路面的基层主要考虑透水性能、承载力状况以及水稳定性，特别是水稳定性，要保证在设计的储水时间内强度改变不大，或者处于可以接受的范围之内。

透水基层材料一般包括处治集料和未经处治集料。处治集料和未经处治集料的基层，对集料的性能要求都很高。应选用洁净、坚硬而耐久的碎石，压碎值不应大于 30%。未经处治的碎石集料在施工过程中变异性较大，易出现离析和推移变形。处治集料基层一般使用沥青或水泥作为胶粘剂，由于有黏结材料的加入，稳定性增强。透水基层主要包括多孔透水混凝土基层、开级配沥青稳定碎石基层、透水性良好的级配碎（砾）石基层、大粒径透水沥青混合料基层、水泥稳定碎石透水基层等。

1.2.4 透水垫层和隔水层

透水垫层介于透水基层与土基之间，可改善土基水温状况，提高路面结构的水稳性和抗冻胀能力，并扩散荷载，减小土基变形，扩大渗透面积，提高透水能力，还可以作为反滤层，防止土基材料进入透水基层。目前，透水垫层可采用粗砂、砂砾、碎石等透水性好的粒料类材料，通过 0.075mm 筛孔颗粒含量不宜大于 5%；其厚度视具体情况而定，一般为 150~200mm，重冰冻地区潮湿、过湿路段可为 300~400mm。当土基受冻胀影响较小且为渗透性较好的砂性土或者底基层为级配碎石时可不设垫层。

透水垫层一般选用开级配集料（砂或砂砾石），要求其级配应满足排水和反滤要求：排水垫层集料在通过率为 15% 时的粒径应不小于路基土在通过率为 15% 时粒径的 5 倍；排水垫层集料在通过率为 15% 时的粒径应不大于路基土在通过率为 85% 时粒径的 5 倍；排水垫层集料在通过率为 50% 时的粒径应不大于路基土在通过率为 50% 时粒径的 25 倍；排水垫层集料的不均匀系数（通过率为 60% 的粒径与通过率为 10% 的粒径的比值）不大于 20。

对于土基渗透性较差的透水性沥青路面，为了保证土基强度不受透入水的影响，需在土基和基层或者垫层之间设置隔水层，因此，隔水层材料的选取及性能评价必须十分严格，一般说来有如下要求：不透水，在雨水的长期浸泡下保持良好的不透水性，在任何情况下都不透水是隔水层材料首先必须满足的；耐久性、耐老化性要好，材料的弹性、韧性、强度不能在水、热、微生物以及氧的作用下快速老化；施工简易，材料适应温度范围广，工艺简单、方便，在普通机械作用下不易被破坏。

1.2.5 防水粘结层

对于单层透水沥青路面，在透水面层和不透水结构层之间应该设置不透水的防水粘结层。对于低噪声沥青路面，尽管中面层采用了密级配沥青混凝土混合料，其目的是为了加强面层密实度，防止地表水对路面及路面基层的侵蚀、破坏，但仅仅如此还不够，因为除设备因素外，沥青混凝土的施工还受沥青质量、石料性质、石料规格与配比、油石比、拌和与施工设备碾压温度、碾压时间等多种因素的影响。本来密实性应该很好，透水率几乎为零的中层，往往会由于某一环节的疏忽而使透水率偏大，从而影响沥青路面的防渗能力，影响路面本身、基层乃至土基的稳定性。因此，当低噪声沥青面层孔隙较大、渗水严重时，应在沥青层下铺筑下封层。

沥青面层与半刚性、刚性基层在结构、组成材料、施工工艺与时间等方面有着明显的差异，面层与基层之间客观上形成了一个滑动面。增设下封层后，能使面层与基层有效地连成一体。对于封层的材料可采用改性乳化沥青、热沥青及其他适宜的材料。

1.2.6 透层、粘层

透层材料主要为高渗透乳化沥青和煤油稀释沥青，透层油的黏度宜通过调节稀释剂的用量或乳化沥青的浓度并经试验确定，水稳层透层油渗透深度应不小于 5mm，级配碎石层透层油渗透深度应不小于 10mm。

透层油的洒布量应通过试洒确定。粘层沥青材料采用快裂或中裂乳化沥青、改性乳化沥青，也可采用快凝、中凝液体石油沥青，所使用的基质沥青应与面层种类、强度等级相同的道路石油沥青。

1.3 小结

目前透水沥青的核心技术主要集中在高黏改性沥青性能和多孔沥青混合料的材料设计方面，特别是在不同气候条件下，透水沥青的相关技术也存在与地方区域特性研究相适应的方面。

鉴于以上，本书在广泛调研国内外资料的基础上，结合室内试验、理论研究，以及实体工程的现场测试和理论分析，对南方湿热地区透水沥青路面的材料性能开展研究，重点研究解决透水沥青路面在南方省份应用的技术问题。具体内容包括多孔沥青混合料高黏改性沥青技术指标、高黏改性沥青的制备与性能、透水沥青混合料设计，透水沥青混合料孔结构与路用性能，多孔沥青混合料力学行为机制与特性、高温多雨地区透水沥青路面施工与应用等，以期为透水沥青路面的应用提供技术支持。

第2章 多孔沥青混合料高黏改性 沥青技术指标

由于透水沥青混合料是间断级配，集料之间是点接触，混合料强度的发挥主要是依靠沥青粘结作用，因而沥青材料的技术要求是保障多孔沥青混合料质量的技术关键。

2.1 南方地区沥青路面温度场

通过调查广东地区气候的影响因素，收集广东省的气象资料，并对主要的气候要素进行分析，得到广东省不同季节和不同地区的主要气候特征。

2.1.1 气象环境参数

调研中国气象科学数据共享服务网广东省气象站 2001～2011 年历史气象数据，得到 11 年间广东地区不同季节主要气象参数进行温度场的计算，表 2-1 为深圳地区一年四季典型气候环境条件。

深圳地区一年四季典型气候环境条件　　　　　　　　　　表 2-1

	月份	日最高气温（℃）	日最低气温（℃）	日太阳辐射最大值（W/m²）	日照时间（h）	平均风速（m/s）	环境湿度（%）
冬季	十二	29.4	3.0	579.6	11.6	2.3	64.9
	一	28.7	3.0	637.5	11.6	2.2	70.0
	二	28.0	6.4	695.5	11.6	2.3	75.6
春季	三	31.1	5.9	753.4	12.8	2.2	75.4
	四	32.1	11.0	869.3	13.9	2.4	80.3
	五	34.1	17.8	985.2	13.9	2.5	80.8
夏季	六	34.9	18.4	1101.2	15.1	2.6	84.8
	七	38.0	22.2	1217.1	15.1	2.6	82.7
	八	34.8	22.8	1101.2	15.1	2.5	80.9
秋季	九	35.7	16.8	927.3	13.9	2.3	75.6
	十	33.4	11.5	811.4	13.9	2.3	70.4
	十一	32.0	7.5	695.5	12.8	2.4	68.4

注：1. 表中除平均风速和环境湿度为 2001～2011 年间平均值外，其余均取 11 年间极值。

2. 深圳地区的数据除太阳辐射、日照时数外，其他均参考汕尾地区气象数据。

2.1.2　路面结构与材料特性参数

以深圳光明新区光明路透水沥青路面结构为沥青路面温度场的典型计算结构（4cmPA＋5cmAC－20C＋7cmAC－25C＋32cm5％水稳基层＋20cm4％水稳底基层＋土基）。为简便计算，在温度场模拟时将上、中、下沥青面层合为一层，总厚度为 16cm。表 2-2 给出了温度场数值模拟时各结构层的物理力学参数。

透水沥青路面结构物理力学参数　　　　　　　　　　　表 2-2

参数	沥青面层	5％水稳基层	4％水稳底基层	土基
厚度（m）	0.16	0.32	0.20	—
密度（kg/m³）	2300	2200	2200	1800
导热系数（W/m·K）	1.3	1.56	1.56	1.4
比热容（J/kg·K）	925	912	912	1400
路面辐射吸收率	0.88	—	—	—

2.1.3　不同季节温度场性状

选取广东省各地区具有代表性的城市：西北部的韶关，中部的广州，东北部的河源，东南部的汕尾以及西南部的阳江和深圳六个城市进行温度场计算，结果如图 2-1～图 2-6 所示。

1. 广州

广州地区一年四季典型月份的温度场见图 2-1。

2. 河源

河源地区一年四季典型月份的温度场见图 2-2。

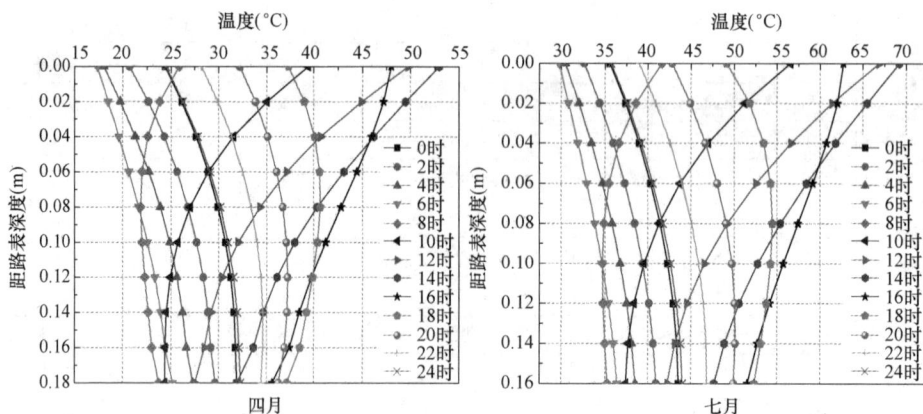

图 2-1　广州地区一年四季典型月份温度场（一）

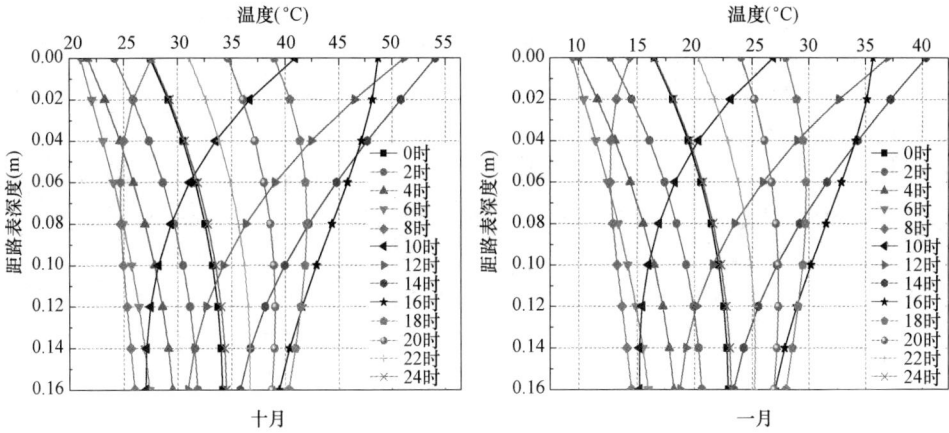

图 2-1 广州地区一年四季典型月份温度场（二）

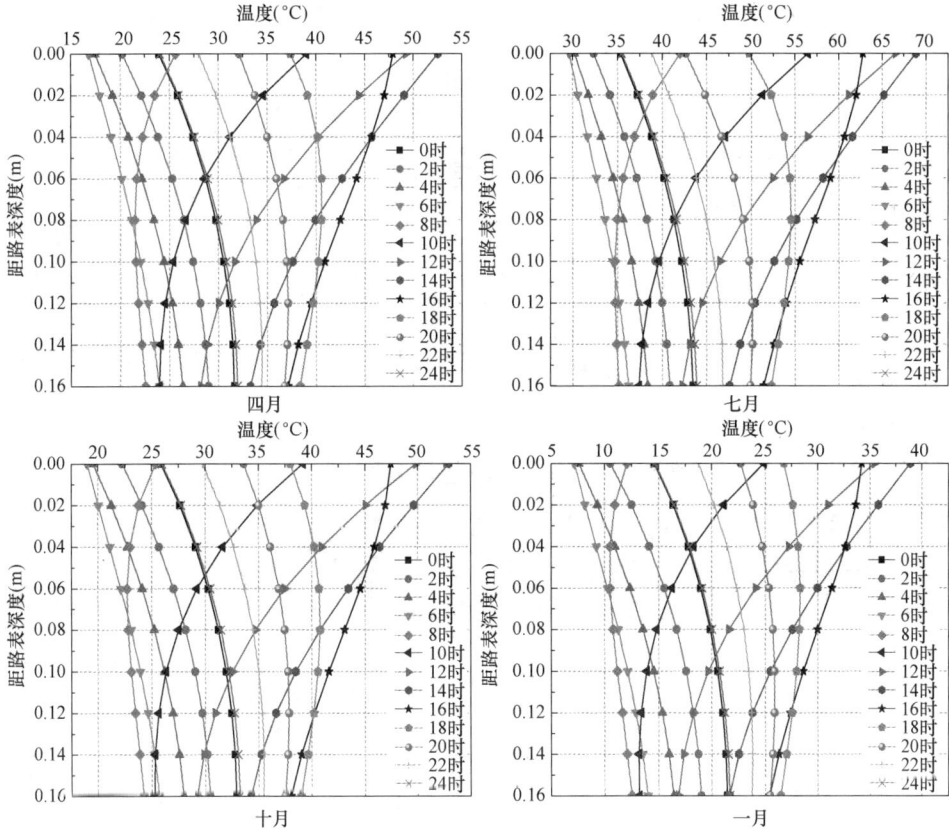

图 2-2 河源地区一年四季典型月份温度场

3. 汕尾

汕尾地区一年四季典型月份的温度场见图 2-3。

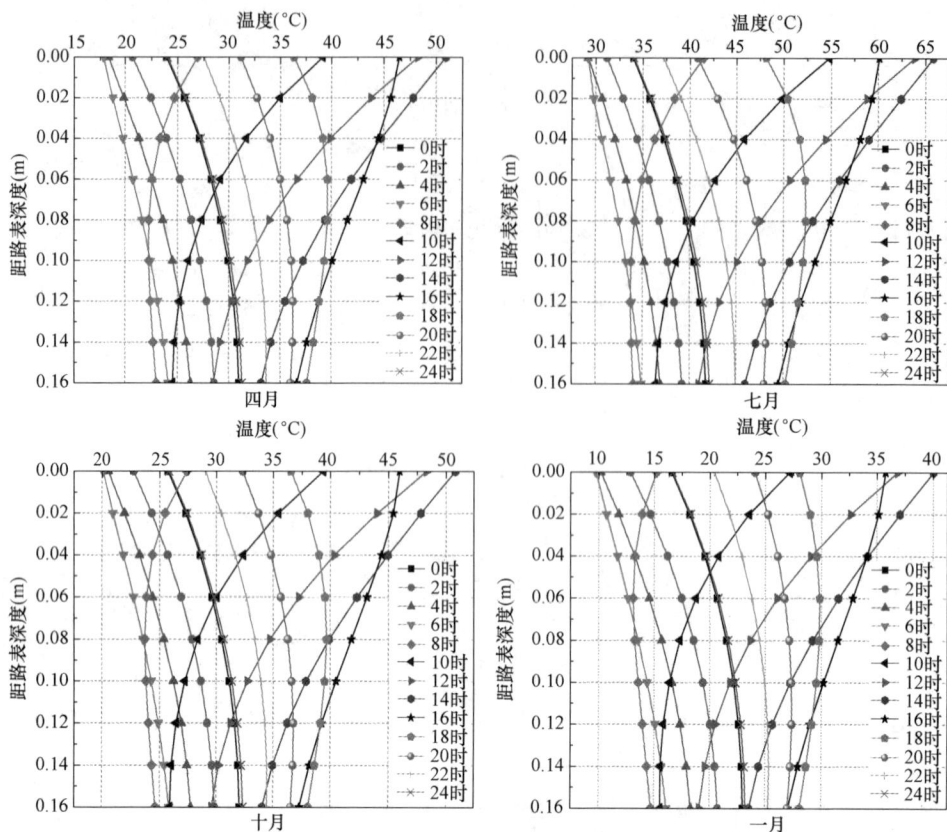

图 2-3 汕尾地区一年四季典型月份温度场

4. 韶关

韶关地区一年四季典型月份的温度场见图 2-4。

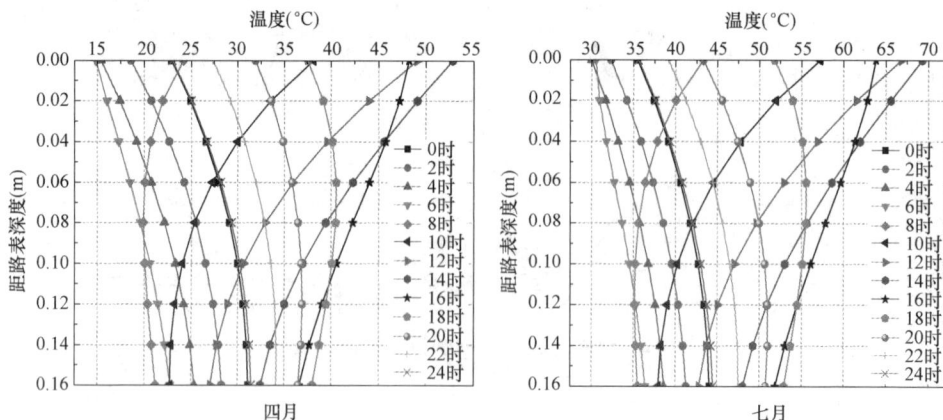

图 2-4 韶关地区一年四季典型月份温度场（一）

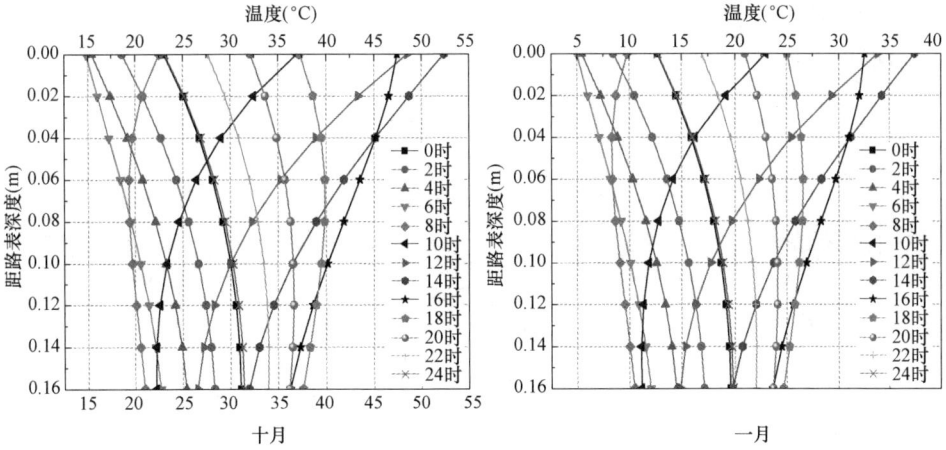

图 2-4 韶关地区一年四季典型月份温度场 （二）

5. 阳江

阳江地区一年四季典型月份的温度场见图 2-5。

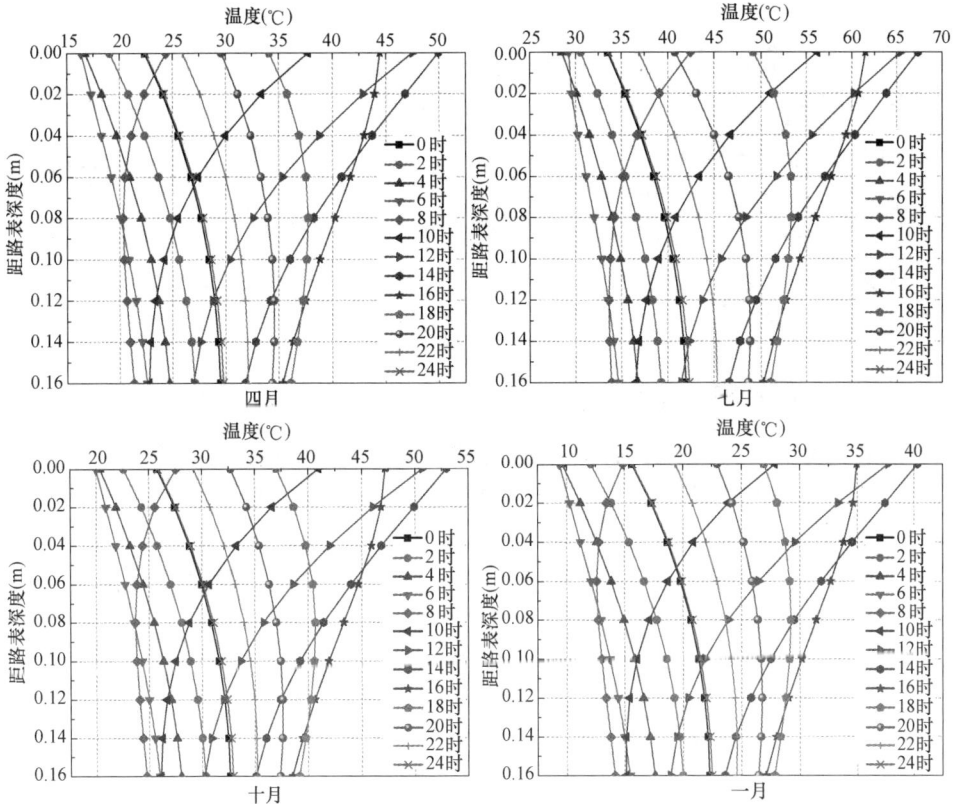

图 2-5 阳江地区一年四季典型月份温度场

6. 深圳

深圳地区一年四季典型月份的温度场见图 2-6。

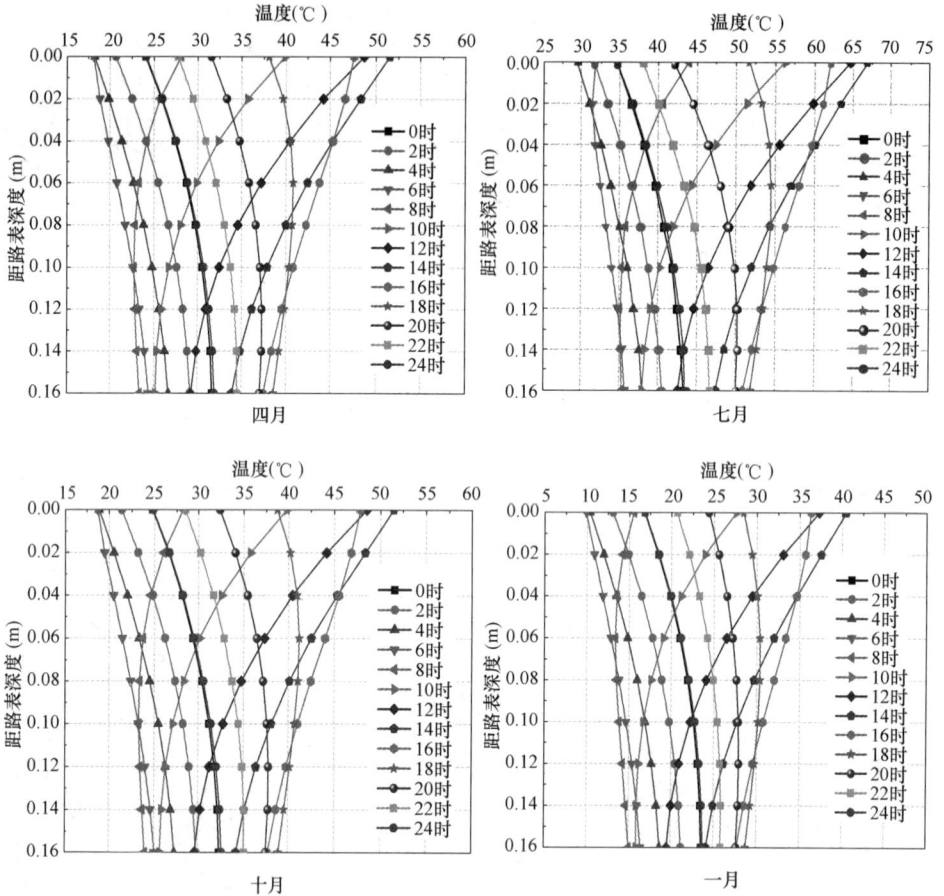

图 2-6　深圳地区沥青面层结构一年四季典型月份温度场分布情况

由图 2-1 到图 2-6 可以看出，沥青面层不同季节温度场分布具有如下特点：

（1）各季节日极值气温和日太阳辐射总量相对应，沥青路面表层温度大小：夏季>春季>秋季>冬季。其中以 7 月份路表温度最高，最大值：深圳 66.9℃，广州 69.2℃，河源 68.87℃，汕尾 65.82℃，韶关 69.29℃，阳江 67.41℃；一月份路表温度最低，最小值：深圳 9.7℃，广州 9.4℃，河源 6.99℃，汕尾 9.63℃，韶关 4.84℃，阳江 9.16℃（见图 2-7）。

（2）当天 14 时~第二天 6 时是路表降温的过程，当天 6 时~14 时是路表升温的过程。由于热量传递，其他结构层出现日最高温度的时间由 14 时逐渐滞后，其他结构层出现日最低温度的时间由 6 时也逐渐滞后。6 时~14 时路面表层温度基本上都高于路面深层温度，且温度梯度较大；14 时到 6 时时段由于太阳辐射减小，路面深度 0.1～0.2m 范围内的温度高于路表面。

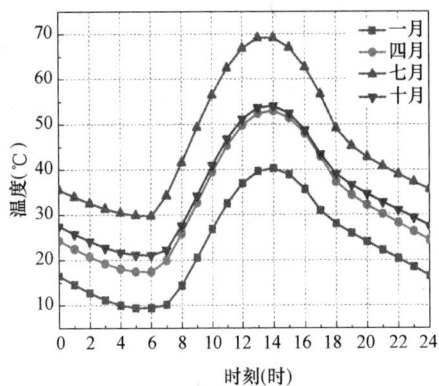

广州

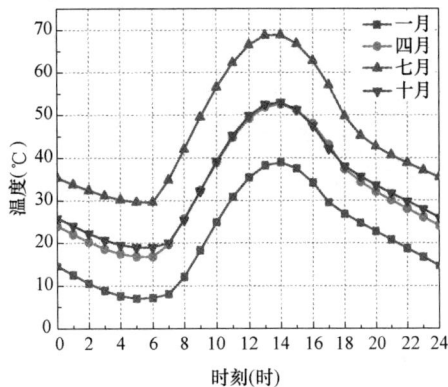

河源

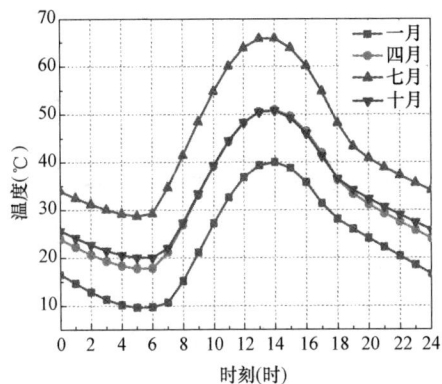

汕尾

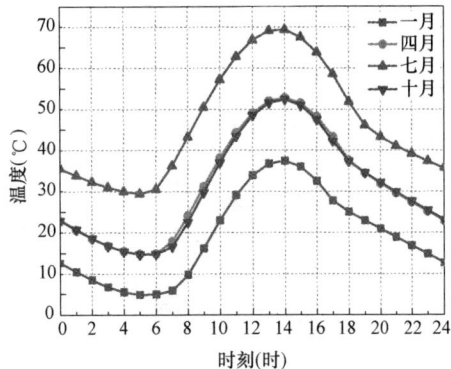

韶关

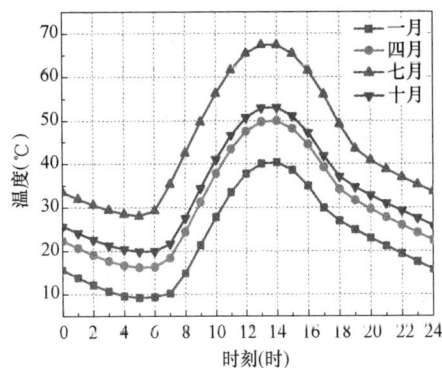

阳江

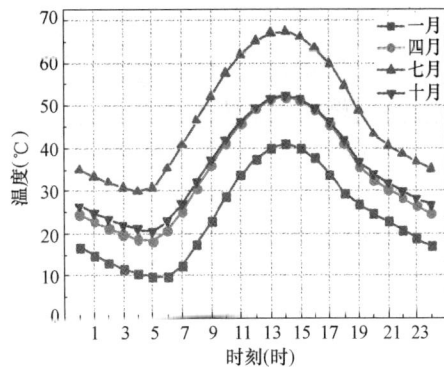

深圳

图 2-7　广东六地沥青路面一年四季路表温度比较

13

（3）广东六地一年四季沥青面层所处的温度区间和均值（见表2-3）：深圳为9.8～66.92℃，平均30℃；广州为9.39～69.19℃，平均30.1℃；河源为6.99～68.87℃，平均32.15℃；汕尾为9.63～65.82℃，平均32.07℃；韶关为4.84～69.29℃，平均31.06℃；阳江9.16～67.41℃，平均31.8℃。

综合以上，广州地区一年四季沥青面层所处的温度区间为10～69℃，均值约为31℃。

典型路面结构在不同季节的沥青路面面层温度极值和平均值　　　　表 2-3

距路表深度(cm) 温度(℃)		0	2	4	6	8	10	12	14	16
广州										
1月份	最高	40.32	37.26	34.95	32.87	31.51	30.26	29.43	28.61	27.98
	最低	9.39	10.45	11.39	12.10	12.82	13.28	13.70	14.12	14.47
	平均	22.65	22.48	22.31	22.15	21.99	21.84	21.70	21.58	21.46
4月份	最高	52.98	49.52	46.82	44.41	42.80	41.33	40.31	39.33	38.58
	最低	17.40	18.49	19.59	20.41	21.08	21.78	22.23	22.58	22.94
	平均	32.54	32.27	32.02	31.78	31.55	31.34	31.15	30.97	30.82
7月份	最高	69.19	65.48	62.13	59.51	57.43	55.71	54.46	53.39	52.39
	最低	29.74	30.83	31.90	32.91	33.53	34.08	34.65	34.99	35.27
	平均	45.98	45.60	45.24	44.89	44.58	44.29	44.03	43.79	43.59
10月份	最高	54.10	50.86	48.20	45.96	44.36	42.92	42.00	41.11	40.33
	最低	21.07	22.07	22.98	23.66	24.37	24.96	25.30	25.67	26.02
	平均	34.83	34.58	34.35	34.13	33.92	33.72	33.54	33.38	33.23
河源										
1月份	最高	38.92	35.80	33.47	31.37	29.99	28.73	27.89	27.05	26.44
	最低	6.99	8.17	9.21	9.94	10.69	11.17	11.62	12.08	12.44
	平均	20.85	20.70	20.54	20.39	20.24	20.11	19.98	19.86	19.75
4月份	最高	52.55	49.08	46.46	44.13	42.48	41.07	40.03	39.04	38.34
	最低	16.82	17.94	19.06	19.99	20.64	21.33	21.83	22.18	22.54
	平均	32.22	31.96	31.71	31.47	31.25	31.04	30.86	30.68	30.53
7月份	最高	68.87	65.18	61.91	59.30	57.28	55.55	54.34	53.25	52.26
	最低	29.63	30.61	31.67	32.69	33.47	33.96	34.49	34.91	35.18
	平均	45.91	45.53	45.16	44.81	44.49	44.20	43.94	43.71	43.50
10月份	最高	52.96	49.64	46.95	44.67	43.07	41.60	40.69	39.79	39.01
	最低	18.96	20.04	21.00	21.74	22.48	23.06	23.45	23.85	24.24
	平均	33.25	33.02	32.80	32.60	32.40	32.22	32.04	31.89	31.74

续表

距路表深度(cm) 温度(℃)		0	2	4	6	8	10	12	14	16
汕尾										
1月份	最高	40.01	37.04	34.84	32.85	31.51	30.32	29.49	28.68	28.08
	最低	9.63	10.71	11.66	12.34	13.04	13.57	13.95	14.35	14.73
	平均	22.78	22.62	22.45	22.29	22.14	21.99	21.86	21.74	21.62
4月份	最高	50.94	47.79	45.28	43.06	41.56	40.19	39.24	38.32	37.61
	最低	17.81	18.80	19.79	20.75	21.28	21.85	22.40	22.66	22.97
	平均	31.99	31.73	31.48	31.24	31.02	30.81	30.62	30.45	30.30
7月份	最高	65.82	62.41	59.33	56.90	54.98	53.36	52.20	51.18	50.25
	最低	28.70	29.80	30.66	31.58	32.45	32.89	33.33	33.77	34.06
	平均	44.26	43.87	43.51	43.18	42.87	42.59	42.34	42.12	41.92
10月份	最高	50.77	47.83	45.37	43.33	41.84	40.51	39.64	38.81	38.08
	最低	20.09	20.99	21.89	22.52	23.10	23.68	24.04	24.33	24.63
	平均	32.93	32.69	32.46	32.24	32.04	31.85	31.67	31.52	31.37
韶关										
1月份	最高	37.43	34.24	31.85	29.69	28.30	27.00	26.15	25.31	24.67
	最低	4.84	6.04	7.11	7.86	8.62	9.10	9.57	10.04	10.39
	平均	18.97	18.81	18.66	18.50	18.36	18.22	18.09	17.97	17.86
4月份	最高	52.80	49.11	46.44	44.06	42.30	40.88	39.76	38.79	38.04
	最低	14.77	16.06	17.28	18.31	19.04	19.80	20.34	20.74	21.16
	平均	31.41	31.16	30.92	30.69	30.47	30.27	30.09	29.92	29.76
7月份	最高	69.29	65.59	62.43	59.79	57.85	56.11	54.94	53.82	52.91
	最低	29.42	30.85	31.74	32.71	33.66	34.23	34.70	35.17	35.51
	平均	46.48	46.07	45.69	45.34	45.02	44.72	44.46	44.22	44.01
10月份	最高	52.36	48.67	45.96	43.54	41.83	40.39	39.32	38.32	37.60
	最低	14.72	16.01	17.25	18.06	18.90	19.69	20.11	20.57	21.02
	平均	31.06	30.83	30.60	30.39	30.19	30.00	29.83	29.67	29.52
阳江										
1月份	最高	40.33	37.41	34.92	32.93	31.44	30.17	29.30	28.53	27.79
	最低	9.16	10.25	11.18	11.85	12.50	13.02	13.39	13.78	14.16
	平均	22.32	22.15	21.98	21.81	21.65	21.51	21.37	21.25	21.14
4月份	最高	49.96	46.81	44.08	41.89	40.24	38.82	37.84	36.97	36.15
	最低	16.25	17.29	18.26	18.98	19.60	20.24	20.67	20.99	21.33
	平均	30.36	30.11	29.87	29.65	29.44	29.25	29.07	28.91	28.77

续表

距路表深度(cm) 温度(℃)		0	2	4	6	8	10	12	14	16
阳江										
7月份	最高	67.41	63.82	60.58	58.04	56.02	54.33	53.10	52.03	51.05
	最低	28.03	29.37	30.26	31.14	32.04	32.65	33.07	33.51	33.92
	平均	44.70	44.29	43.90	43.55	43.22	42.92	42.66	42.43	42.22
10月份	最高	53.00	49.90	47.13	44.99	43.30	41.92	40.92	40.06	39.26
	最低	19.89	20.89	21.83	22.47	23.10	23.73	24.10	24.42	24.76
	平均	33.60	33.34	33.10	32.88	32.67	32.48	32.30	32.14	32.00
深圳										
1月份	最高	40.49	37.51	35.33	33.38	32.04	30.90	30.09	29.30	28.75
	最低	9.80	10.90	11.87	12.57	13.29	13.84	14.23	14.64	15.02
	平均	23.12	22.97	22.82	22.68	22.54	22.42	22.30	22.20	22.10
4月份	最高	51.52	48.34	45.95	43.85	42.32	41.06	40.09	39.23	38.59
	最低	17.69	18.86	19.82	20.82	21.64	22.14	22.67	23.06	23.37
	平均	32.51	32.26	32.03	31.81	31.61	31.42	31.26	31.11	30.98
7月份	最高	66.92	63.50	60.62	58.16	56.41	54.85	53.77	52.75	51.96
	最低	28.92	30.31	31.62	32.43	33.19	33.96	34.36	34.74	35.13
	平均	45.56	45.19	44.84	44.52	44.22	43.96	43.73	43.53	43.36
10月份	最高	51.43	48.30	46.02	44.01	42.49	41.31	40.35	39.55	38.92
	最低	18.32	19.50	20.47	21.47	22.26	22.77	23.31	23.68	23.99
	平均	32.94	32.71	32.49	32.28	32.09	31.91	31.76	31.62	31.50

通过对广东省太阳辐射、日照时数、气温、降雨量、相对湿度、风速等气候要素进行分析，可以看到广东省沥青路面气候有以下特征：

（1）各地不同气象参数有一定的差别，因此各地路面各结构层的温度场和湿度场也会随之发生复杂的变化，在进行路面设计和施工时应充分考虑到这些因素。

（2）在众多的气象参数中，对路面影响最大的是气温和降雨量。年平均气温介于19.5～24℃之间，并随纬度差异自南向北递减，且南北极端温度差异较大；年平均降雨量在1550～2400mm之间，降水量分布不均，粤西南地区为多雨中心，全年降水主要集中在春夏两季。

（3）广东省具有高温多雨的典型气候特征，高温天气和降雨普遍集中在春夏两季，属于典型的湿热地区。基于广东省特殊的地理、气候条件，广东省的公路（市政化路段、平曲线反弯点等）、市政道路、城市桥面铺设、停车场、景观道路、建筑外附属道路、广场、人行道等适于新建与改建透水沥青路面的铺筑。

结合广东的气候，给出广东气候分区和温度推荐值。综合看来，广东省一年四季沥青面层所处的温度区间为 10～69℃，均值约为 31℃。

2.2 多孔沥青路面高黏改性沥青性能

2.2.1 多孔沥青路面高黏改性沥青

透水性沥青混合料中沥青结合料的正确选择基于许多因素。在透水性沥青混合料所用结合料方面，日本通过数年的实践，提出高黏度改性沥青的概念，即 60℃绝对黏度在 20000Pa·s 以上的改性沥青。由于透水性沥青混合料有较大的空隙率，与一般的沥青混合料相比，易受日光、空气、水等的影响，因此要求所使用沥青对集料有持久包裹力、高黏附性，同时还要有较强抗剥离性并能以较厚的薄膜裹覆集料等各种高性能，主要特性如表 2-4 所示。

透水性沥青混合料的结合料应具备主要特性 表 2-4

项目	混合料要求的特性	结合料的特性
集料抗飞散性	为确保混合料的稳定性，应对集料强力翻着，使之具有高强的包裹力、黏附性	使用黏附性好的结合料（高韧度、高抗拉强度）
耐候性	混合料因空隙率大，易受日光、空气等因素影响，为防止由此产生的老化，包裹集料的结合料薄膜要有足够厚度	使用耐候性强、能形成厚薄膜的高黏度结合料
耐水性	由于雨水等对混合料的浸透，为确保耐水性（抗剥离性），结合料对集料应有很好的黏附性	使用与集料有强黏附性的结合料（高抗剥离性）
耐流动性	在重载交通路面上应用时，混合料应具有较强的抗塑性变形能力（不易产生车辙）	使用软化点及 60℃黏度指标较高的沥青

通过分析调研，对多种改性沥青及自制的改性沥青开展室内试验，研究南方湿热地区改性沥青的技术指标和标准。

2.2.2 测试指标与试验温度

根据以上沥青路面温度场的情况，得出广东省透水沥青路面沥青结合料主要推荐测试指标及其试验温度，如表 2-5 所示。

广东省透水沥青路面沥青结合料主要推荐测试指标及其试验温度　　表 2-5

试验指标	单位	试验温度
老化前后软化点	℃	—
老化前后针入度(5s、100g)	0.1mm	5℃、15℃、25℃、30℃
老化前后延度	cm	3℃、5℃、10℃
老化前后弹性恢复	%	10℃、25℃、30℃
老化前后 60℃动力黏度	Pa·s	—
老化前后运动黏度	Pa·s	135℃、140℃、150℃、160℃、170℃、180℃
老化前后黏韧性	N·m	25℃
储存稳定性(离析)48h 沥青软化点差异值 ΔS	℃	—
弯曲抗拉模量和韧度	MPa/kPa	−20℃

2.2.3　试验材料

对 17 种沥青进行试验研究，其中高黏度改性沥青和高弹改性沥青共 16 种，基质沥青 1 种，见表 2-6。

试验用沥青材料明细表　　表 2-6

产品名称	类型	供货商
A 号高黏	高黏度改性沥青	湖北公司
B 号高黏	高黏度改性沥青	浙江公司
B 号高弹	胶粉改性沥青	浙江公司
C 号高黏	高黏度改性沥青	广州市公司
C 号高弹	高弹性改性沥青	广州市公司
D 号高黏	高黏度改性沥青	厦门公司
D 号高弹	高弹性改性沥青	厦门公司
E 号高黏	高黏度改性沥青	深圳市公司
F 号 SCR	高黏、高弹改性沥青 1(SCR 型)	深圳市公司
F 号 MSBS	高黏、高弹改性沥青 2 MSBS	深圳市公司
F 号 MSBS-CR	高黏、高弹改性沥青 3(MSBS-CR 型)	深圳市公司
F 号 SBS-CR	高黏、高弹改性沥青 4(SBS-CR 型)	深圳市公司
G 号高弹	高弹性改性沥青	大学
H 号高弹	高弹性改性沥青	浙江公司
I 号高黏	高黏度改性沥青	深圳市公司
SBS 改性沥青	SBS1301 改性沥青	自制
福州 70 号	福州 70 号基质沥青	自备

2.2.4　试验方案

针对透水沥青路面所需要的沥青性能要求，选用 H 号高黏度改性沥青、C 号高弹改性沥青等 16 种改性沥青和福州 70 号基质沥青共 17 种沥青进行短期老化前后的软化点、针入度、延度、弹性恢复、动力黏度、运动黏度、黏韧性、离析等试验研究。除沥青软化点、动力黏度、离析试验外，上述其余指标均根据广东等南方湿热地区区域气候环境特点进行不同温度下的物理力学指标试验研究。

所用的仪器设备主要有：软化点仪、针入度仪、黏韧仪、延度仪、动力黏度仪、布式黏度仪、薄膜烘箱等。

从各种改性沥青的技术评价指标可以看出，评价沥青技术性能的指标主要有：老化前后的软化点、针入度、针入度指数、延度、60℃动力黏度、运动黏度、弹性恢复、黏韧性、储存稳定性、低温弯曲抗拉模量和韧度等，故在后续的试验研究中主要的测试项目如下：

（1）老化前后软化点（℃）；

（2）老化前后针入度（0.1mm，测试条件：5℃、15℃、25℃、30℃、5s、100g）；

（3）老化前后延度（cm，测试条件：3℃、5℃、10℃）；

（4）老化前后弹性恢复（%，测试条件：25℃、30℃、40℃）；

（5）老化前后 60℃动力黏度（Pa·s）；

（6）老化前后运动黏度（Pa·s，测试温度：135℃、140℃、150℃、160℃、170℃、180℃）；

（7）老化前后黏韧性（N·m，测试温度：25℃）；

（8）储存稳定性（离析）48h 沥青软化点差异值 ΔS（℃）。

低温弯曲抗拉模量和韧度（测试温度：25℃）

上述试验测试温度主要依据广东省典型的沥青路面结构一年四季温度场分布情况和高黏、高弹沥青施工温度确定。从广东地区典型沥青路面结构温度场数值模拟结果可以看出，沥青面层一年四季处于 10℃～67℃的温度范围内，故高黏度改性沥青室内试验项目的温度测试区间主要参考该温度区间制定。

2.2.5　低温延度

延度是一项常用的检验沥青低温质量的试验指标，沥青的延度试验反映了在一定的温度下，沥青受一定应力作用所产生的属性变形，是沥青内聚力的衡量。尽管国内外对沥青延度试验的意义尚有不同的看法，但普遍认为沥青的低温延度与低温开裂关系密切。通常低温下的延度对沥青的使用性能影响较为显著，即延度值越高，低温变形能力越好，路面越不易开裂。以广东省沥青路面平均气温

（30℃）和最低气温（10℃、5℃和15℃）为依托进行沥青老化前后的延度测试。

2.2.6　针入度

沥青的针入度反映了沥青的平均黏度，与沥青路面的使用性能密切相关，它不仅表现在高温稳定性上，对于沥青的低温抗裂性也同样重要。在寒冷地区，为了预防开裂，宜选用针入度较大的软质沥青。有研究表明，当沥青的针入度小于45（0.01mm）、延度小于20cm时，路面开裂就比较多。且一般来说，沥青的针入度在加热拌合过程中会降低很多，铺筑到路面上以后2年内降低也较多，而以后的变化很小。因此，沥青的针入度，尤其是老化后的针入度与沥青路面的抗裂性能关系是很密切的。

目前国际上对沥青15℃针入度越来越重视，美国SHRP（美国公路战略研究中心计划）通过对沥青混合料低温开裂的评价研究表明，无论是原样沥青、短期老化还是经长期老化后的沥青，其15℃针入度与反映沥青混合料低温开裂性能的约束试件温度应力试验（TSRST）的破断温度之间有良好的相关关系，15℃针入度越大，抗裂性能越好。

2.2.7　弹性恢复

弹性恢复表征沥青或沥青混合料的变形恢复能力，是改性沥青尤其是高弹改性沥青的一个重要考察指标。依据广东不同季节沥青路面温度场分布情况，以25℃、30℃和40℃3个温度为依托进行沥青老化前后的弹性恢复试验。

2.2.8　黏度

沥青黏度的大小反映其抵抗流动变形的能力，黏度越大，沥青路面抗车辙能力越强。沥青的黏度对其路用性能有很大的影响，沥青黏度越大，粘结力越强，所拌制的沥青混合料强度越高，稳定性和耐久性越好。但是沥青的黏度随其化学组成和温度高低在一个很大的范围内变化，当沥青加热熔融至200℃时，沥青的黏度小至10^{-1}Pa·s数量级，而在严寒时的动力沥青接近固体，黏度可高达1011Pa·s，因而应根据不同的使用要求对沥青的黏度进行测定。

广东省的沥青路面在使用状态下夏季最高温度可达60℃左右，为了使沥青混合料具有较好的抗车辙变形能力，要求沥青结合料在该温度下具有较高的黏度，所以，60℃的黏度常常作为反映正常使用状态下沥青路面在夏季高温季节热稳定性的重要指标。

同时，为了保证沥青混合料具有一定的工作性而又不会因施工温度过高而使沥青发生过度老化，要求不同沥青具有适宜的施工拌合和碾压温度。目前，常用的确定沥青施工温度的方法是采用布式旋转黏度计测量沥青135℃等温度下的运动黏度，并做出黏温曲线。当采用石油沥青时，宜以黏度（0.17±0.02）Pa·s时的温度作为沥青的拌合温度范围，以（0.28±0.03）Pa·s黏度时的温度作为沥青混合料压实成型温度范围。

考虑到透水沥青路面所用的高弹、高黏改性沥青的黏度较高，因此其施工温度也更高，故除进行了 135℃ 黏度测定外，还对 140℃、150℃、160℃、170℃ 和 180℃ 五个温度进行了各种沥青老化前后的运动黏度测定，以期为透水沥青路面所用特种沥青提出一个合适的施工温度窗。

2.2.9　韧性和黏韧性

透水沥青混合料由于具有较大的空隙率，因此对其沥青结合料与集料的黏附性要求较高，以保证足够的抗水损害能力。沥青的黏韧性指标反映了沥青结合料的抗拉伸能力和握裹力，韧性反映了沥青粘结力的大小。

依据深圳不同季节沥青路面温度场分布情况，以 25℃ 为依托进行沥青老化前后黏韧性测试。

2.2.10　低温弯曲抗拉模量和韧度

众所周知，一般采用低温弯曲试验来评价沥青混合料的低温性能，该方法是目前行业规范推荐的方法，具有一定的普及程度和适用性。而对于沥青的低温性能常采用的方法是 5℃ 延度、低温柔度等指标，但从前文可以看出这两项指标在有效区分沥青性能等方面存在一定缺陷，因此国内外的相关专家学者也正在积极地开发和研究像混合料低温弯曲试验这样具有使用性和普及性的指标来评价沥青材料，目的是更加有效地区分和评价沥青材料。通过借鉴沥青混合料低温弯曲试验的经验和成果，对改性沥青材料的低温弯曲抗拉试验进行研究，以进一步评价改性沥青的低温性能。

2.2.11　车辙因子

动态剪切流变仪通过测量沥青的复数剪切劲度模量（G^*）和相位角（δ）来表征沥青的黏性和弹性性质。其中 G^* 通常定义为最大剪切应力与最大剪切应变的比值，在试验中是存储剪切模量 G' 及损失剪切模量的 G'' 的复数。具体关系如公式（2-1）所示：

$$G^* = G + iG$$
$$G' = G^* \cos\delta$$
$$G'' = G^* \sin\delta \qquad (2\text{-}1)$$

其中，剪切储能模量 G'，表示沥青材料内部形变时储存的能量，代表沥青的弹性成分。损失剪切模量的 G''，表示形变时以热的形式损耗的能量，代表沥

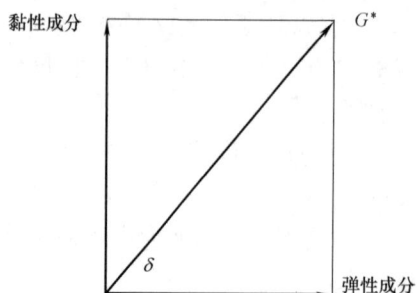

图 2-8　沥青黏弹性体特性

青的黏性部分。δ 为相位角，表示材料的内摩擦阻尼特性，用来反映结合料的黏弹性组成，δ＝0 表明结合料为完全弹性，δ＝90 表示结合料为完全黏性。在大多数情况下，沥青作为黏弹性体，其相位角 δ 介于 0～90 之间，其中沥青材料的黏弹性体特性如图 2-8 所示。

对于沥青路面，在较高温度时，希望沥青有足够的弹性以利于变形恢复，G^*、G' 越大、δ 越小越好。在较低温度时，为了避免路面的开裂，希望沥青有足够的黏性以利于外加的能量因流变而消散，G^* 越小、G'' 和 δ 越大越好。当采用车辙因子 $G^*/\sin\delta$ 评价沥青的抗车辙能力时，该因子能够同时反映出这两个参数的影响，试验采用平均路面设计温度时原样沥青及薄膜加热后残留沥青的 $G^*/\sin\delta$ 作为评价指标。要求原样沥青不低于 1.0kPa，薄膜加热后残留沥青不低于 2.2kPa。

2.3　试验测试结果及其分析

重点分析各种沥青老化前后软化点、针入度、车辙因子针入度指数 PI、低温延度、拉伸柔度、运动黏度、动力黏度、弹性恢复、黏韧性和储存稳定性等技术指标。

2.3.1　软化点

沥青的软化点是表征沥青高温性能的一个重要指标，在同样针入度下，软化点越高，沥青的高温性能就越好。短期老化前各种沥青的软化点情况见表 2-7。

短期老化前沥青软化点（从高到低）　　　　　　　　　　表 2-7

沥青软化点	A 号高黏	C 号高黏	G 号高弹	C 号高弹	F 号MSBS-CR	H 号高黏	D 号高弹	D 号高黏	B 号高黏	E 号高黏
TR&B(℃)	97.1	96.4	92.5	91.9	90.4	90.2	90.1	87.3	87.2	84.9
沥青软化点	F 号MSBS	SBS1301	B 号橡胶	I 号高黏	F 号SCR	F 号SBS-CR	福州70 号	国家规范	I 号标准	E 号标准
TR&B(℃)	82.8	78.0	68.8	66.1	62.5	59.0	49.8	≥60	≥80	≥85

由表 2-7 可以看出，经改性后的沥青软化点明显高于基质沥青；各种改性沥青的软化点分布较为离散，这与不同种类的改性沥青改性剂性质、掺量、制备过

程、存储过程等因素有关。其中，A 号高黏度改性沥青软化点最高，达 97.1℃，明显高于福州 70 号基质沥青软化点。绝大多数的改性沥青软化点能达到国家规范要求，69%的改性沥青软化点指标能满足深圳 I 号公司对改性沥青软化点指标要求，而仅有 60%的改性沥青软化点指标能够满足 E 号对改性沥青软化点指标要求。

为进一步比较目前市场上常用沥青的软化点水平，给出了短期老化前不同软化点水平的改性沥青所占比例。从图 2-9 可知，85%以上的改性沥青软化点高于 80℃。

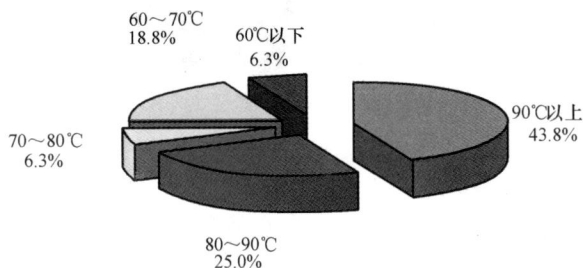

图 2-9　短期老化前不同软化点水平的改性沥青所占比例

表 2-8 给出了短期老化（TFOT）后各种沥青的软化点及其相对老化前的变化情况。从表中可以看出，经短期老化后，A 号高黏度改性沥青软化点仍最高，为 93.9℃，福州 70 号基质沥青软化点最低，为 54.3℃；大部分改性沥青的软化点降低，基质沥青和小部分改性沥青的软化点有所升高。沥青经加热老化后，一方面由于轻质油分挥发，含量减少，而沥青质等硬组分含量增大，表现为软化点升高；另一方面由于目前市场上的大部分高黏、高弹改性沥青添加有大量的聚合物或橡胶改性剂，经高温老化后，大分子改性剂降解，沥青变稀，表现为软化点降低。故当前一种作用高于后一种作用时，沥青经老化后表现为软化点上升；当后一种作用比前一种作用显著时，表现为沥青软化点下降。

短期老化后沥青软化点变化情况　　　　　　　　　　　表 2-8

沥青软化点	A 号 高黏	C 号 高黏	C 号 高弹	C 号 高黏	B 号 高黏	E 号 高黏	D 号 高弹	SBS 1301	F 号 MSBS
TR&B(℃)	93.9	90.0	88.7	84.9	83.6	83.1	81.4	80.5	78.7
变化幅值(℃)	−3.2	−0.4	−3.2	−11.5	−3.6	−1.8	−8.7	2.5	−4.1
变化百分比(%)	−3.5	−0.4	−3.5	−12.7	−4.0	−2.0	−9.6	2.8	−4.5
沥青软化点	D 号 高黏	H 号 高黏	G 号 高弹	F 号 SCR	I 号 高黏	B 号 橡胶	F 号 SBS-CR	福州 70 号	
TR&B(℃)	78.3	75.7	71.1	68.1	66.5	63.1	62.6	54.3	
变化幅值(℃)	−9.0	−14.5	−21.4	5.6	0.4	−5.5	3.6	4.5	
变化百分比(%)	−10.0	−16.1	−23.7	6.2	0.4	−6.1	4.0	5.0	

与老化前相同，图 2-10 给出了短期老化后不同软化点水平的改性沥青所占比例。从图 2-10 可知，相对于老化前，软化点在 90℃以上的沥青百分比有显著下降，但仍有 50％的改性沥青保持在 80℃以上。

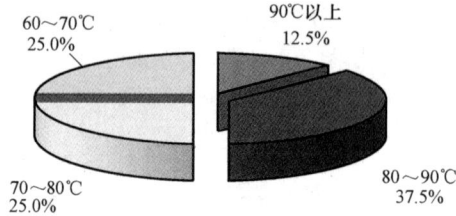

60～70℃ 25.0%
90℃以上 12.5%
70～80℃ 25.0%
80～90℃ 37.5%

图 2-10　短期老化后不同软化点水平的改性沥青所占比例

综合以上可以看出，目前市场上常用的改性沥青软化点总体处于一个相对较高的水平，沥青老化前后软化点的变化与改性品种、生产厂家有关，老化后软化点变化幅度大部分保持在 10％以内，部分沥青软化点波动较大，达到了 20％。

2.3.2　针入度

依据广东不同季节沥青路面温度场分布情况，研究测试了 5℃、15℃、25℃和 30℃四个温度下沥青老化前后的针入度。以 25℃和 15℃两个温度下老化前后针入度为主要分析对象，考察目前市场上常用改性沥青的针入度水平。表 2-9 和图 2-11 给出了各种改性沥青老化前后 25℃温度下的针入度及其变化幅度。

老化前后沥青 25℃针入度情况（%）　　　　　　　　　　　表 2-9

沥青 25℃针入度	H 号高黏	C 号高黏	C 号高弹	D 号高黏	D 号高弹	B 号高黏	B 号橡胶	E 号高黏	A 号高黏
沥青编号	1#	2#	3#	4#	5#	6#	7#	8#	9#
TFOT 前,0.01mm	54.3	50.3	58.9	56.9	76.6	50.3	61.8	56.8	71.1
TFOT 后,0.01mm	40.3	45.6	48.7	44.1	66.5	50.3	53.9	44.8	62.2
下降幅值(0.01mm)	14	4.7	10.2	12.8	10.1	0	7.9	12	8.9
下降百分比(%)	25.8	9.3	17.3	22.5	13.2	0.0	12.8	21.1	12.5
沥青 25℃针入度	G 号橡胶	SBS 1301	F 号 MSBS	F 号 MSBS-CR	F 号 SBS-CR	F 号 SCR	I 号高黏	福州 70 号	技术标准
沥青编号	10#	11#	12#	13#	14#	15#	16#	17#	
TFOT 前,0.01mm	67.4	31.1	31.9	30.6	41.8	43.5	33.3	53.4	≥40
TFOT 后,0.01mm	54.4	31.9	28.9	26.3	33.2	36.2	28.5	39.5	
下降幅值(0.01mm)	13	−0.8	3	4.3	8.6	7.3	4.8	13.9	
下降百分比(%)	19.3	−2.6	9.4	14.1	20.6	16.8	14.4	26.0	≤35

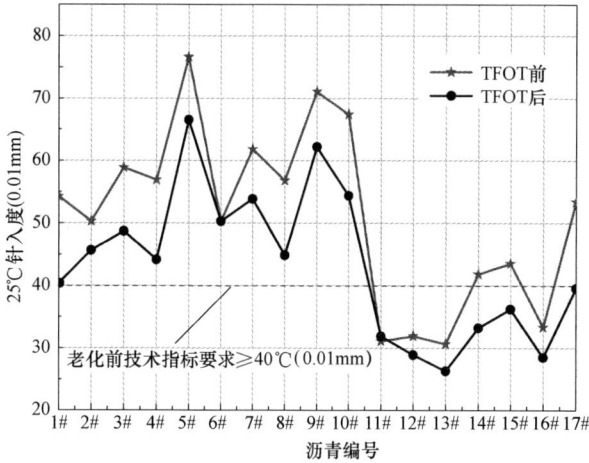

图 2-11　老化前后沥青 25℃针入度水平

从表 2-9 和图 2-11 可以看出，除 C 号高黏度改性沥青和 B 号高黏度改性沥青外，75％的改性沥青老化前 25℃针入度均能达到 E 号高黏度改性沥青技术指标要求，E 号高黏度改性沥青老化前 25℃针入度为 56.8（0.01mm），处于所测试沥青中的中上水平；除 C 号高黏度改性沥青外，其余改性沥青经高温短期热老化后，同一温度下的针入度均有所下降，但下降幅度均在 35％以内，满足国家相关规范技术要求，50％改性沥青降幅保持在 10％～20％范围内，25％的改性沥青降幅在 10％以下（见图 2-12）。

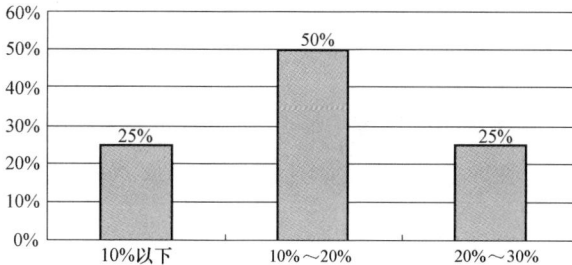

图 2-12　老化后沥青 25℃针入度下降百分比柱状分布图

研究表明，15℃针入度与沥青混合料破断温度之间具有良好的相关关系，15℃针入度越大，抗裂性能越好。表 2-10 给出了老化前后各沥青 15℃针入度及其变化情况。

短期老化前后 15℃沥青针入度情况（%）　　　　　　　　表 2-10

沥青 15℃针入度	H 号高黏	C 号高黏	C 号高弹	D 号高黏	D 号高弹	B 号高黏	B 号橡胶	E 号高黏	A 号高黏
TFOT 前，0.01mm	18.7	21.9	24.8	20.2	33.5	18.4	27.2	18.3	33.2
TFOT 后，0.01mm	16.4	18.2	19.9	16.2	30.1	18.2	23.7	16.1	29.2
下降幅值(0.01mm)	2.3	3.7	4.9	4	3.4	0.2	3.5	2.2	4
下降百分比(%)	12.3%	16.9%	19.8%	19.8%	10.1%	1.1%	12.9%	12.0%	12.0%
沥青 15℃针入度	G 号橡胶	SBS1301	F 号MSBS	F 号MSBS-CR	F 号SBS-CR	F 号SCR	I 号高黏	福州70 号	
TFOT 前，0.01mm	27.1	14.9	14.6	13.7	18.9	19.8	14.9	17.8	
TFOT 后，0.01mm	20.1	16.2	12.8	11.5	13.5	15.8	12.6	14.5	
下降幅值(0.01mm)	7	−1.3	1.8	2.2	5.4	4	2.3	3.3	
下降百分比(%)	25.8%	−8.7%	12.3%	16.1%	28.6%	20.2%	15.4%	18.5%	

从 15℃的针入度测试结果可以看出：

（1）15℃的针入度明显小于 25℃的针入度，且同一温度下不同沥青间的变化幅值减小（见图 2-13），即各种改性沥青在 15℃时的针入度差别更不显著。

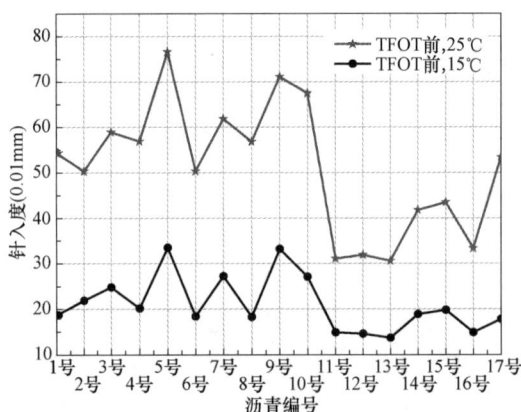

图 2-13　老化前 15℃与 25℃针入度情况

（2）相对于 25℃老化后针入度下降幅值，15℃老化前后的针入度变化幅度更小，80% 以上的改性沥青老化后针入度的下降幅度在 20% 以内（见图 2-14）。

综合以上得，从针入度测试结果来看，目前市场上常用的改性沥青针入度水平较高，老化后针入度降低幅度并不显著，15℃老化前后的针入度变化幅度较25℃老化前后的针入度变化幅度小。

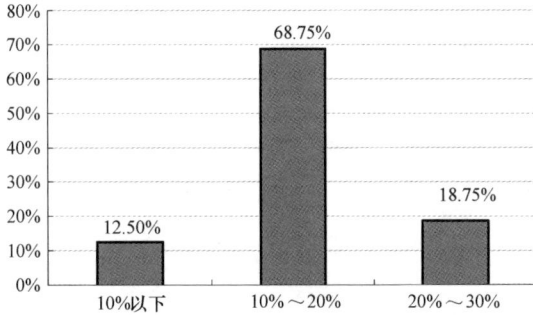

图 2-14 老化后沥青 15℃针入度下降百分比柱状分布图

2.3.3 车辙因子

车辙因子由动态剪切流变仪测得，动态剪切流变仪通过测量沥青的复数剪切劲度模量（G^*）和相位角（δ）来表征沥青的黏性和弹性性质。

当采用车辙因子 $G^*/\sin\delta$ 评价沥青的抗车辙能力时，该因子能够同时反映出 G^* 和 δ 两个参数的影响。试验采用平均路面设计温度时原样沥青及薄膜加热后残留沥青的 $G^*/\sin\delta$ 作为评价指标。美国 SHRP 计划提出用车辙因子 $G^*/\sin\delta$ 评价沥青材料高温性能并作为 SUPERPAVE 沥青分级主要评价指标。SUPERPAVE 沥青标准要求在路面最高设计温度下，原样沥青 $G^*/\sin\delta$ 不得小于 1.0kPa，TFOT 后残留沥青 $G^*/\sin\delta$ 不得小于 2.2kPa。要求原样沥青不低于 1.0kPa，TFOT 后残留沥青不低于 2.2kPa。通过该仪器测得的 16 种改性沥青在不同温度下的车辙因子如图 2-15、图 2-16 所示。

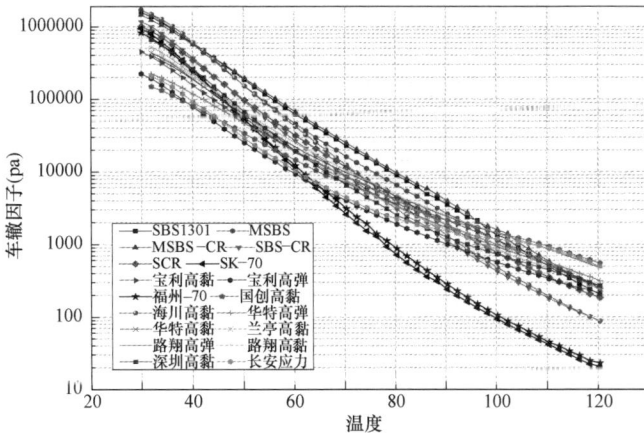

图 2-15 老化前的车辙因子

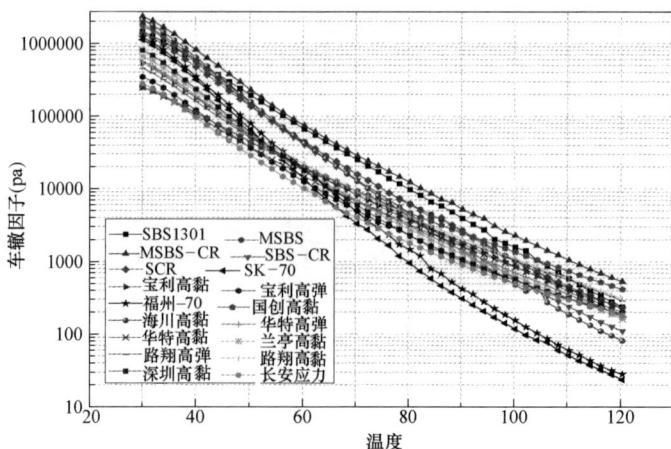

图 2-16　老化后的车辙因子

由图 2-15 和图 2-16 可以看出：16 种改性沥青的高温车辙因子一般都大于普通的基质沥青，因此从车辙因子来看，在路面使用温度范围内，改性沥青的高温稳定性普遍大于基质沥青，即改性沥青的高温稳定性能较普通沥青有大幅提高。

2.3.4　针入度指数

针入度指数是沥青感温性的一个重要评价指标，针入度指数越大，表明沥青的温度敏感性越小。道路工程常用沥青一般属于溶凝胶型，其针入度指数一般在 −2～＋2 范围内。沥青的针入度指数可通过多种方法计算得到，不同计算途径得到的针入度指数代表了不同的温度范围，见表 2-11。

针入度指数 PI 的计算方法及其适用温度范围　　　　　　表 2-11

感温性指标	计算依据	温度范围
针入度指数 $PI_{pen, TR\&B}$	25℃针入度及软化点	25℃～软化点温度
针入度指数 $PI_{pen, Fr}$	25℃针入度及弗拉斯脆点	25℃～弗拉斯脆点
针入度指数 PI_{pen}	15℃、20℃、30℃（或 5℃）针入度	15～30℃或 5～25℃
针入度指数 PI_{vis}	软化点及 0.2Pa·s 等黏温度	软化点～施工温度
针入度黏度指数 PVN	25℃针入度及 60℃运动黏度	25～60℃
针入度黏度指数 PVN	25℃针入度及 135℃运动黏度	25～135℃

沥青的针入度指数 PI 采用表 2-11 中的第三种计算方法得到，即利用 5℃、15℃、25℃、30℃四个温度下的针入度测试值计算得到不同沥青老化前后的针入度指数，如表 2-12 所示。

老化前沥青针入度指数 PI（从高到低）   表 2-12

沥青类型	A 号 高黏	SBS1301	D 号 高弹	C 号 高弹	F 号 SCR 型	F 号 MSBS	F 号 MSBS-CR	C 号 高黏	I 号 高黏
针入度指数 PI	1.61	1.08	1.03	0.55	0.457	0.422	0.331	0.116	0.115

沥青类型	B 号 高黏	G 号 高弹	B 号 橡胶	H 号 高黏	F 号 SBS-CR	D 号 高黏	E 号 高黏	福州 70 号	国家 标准
针入度指数 PI	0.0334	−0.0316	−0.071	−0.269	−0.326	−0.596	−0.908	−1.4	≥0

由表 2-12 可以看出，所测试的 17 种改性沥青，针入度指数均在 −2~+2 范围内；所测试的 16 种改性沥青，针入度指数小于 0 占 37.5%，其中深圳 E 号高黏度改性沥青老化前针入度指数较低，为 −0.908，不满足国家相关规范的要求；针入度指数在 0~1 的占总改性沥青数量的 43.75%，针入度指数在 1~2 范围内的占 18.75%，其中以 A 号高黏度改性沥青针入度指数最高，为 1.61；福州 70 号基质沥青针入度指数能满足规范对道路石油基质沥青针入度指数（−1.5~1.0）的要求；对于同一个品牌的改性沥青，高弹改性沥青的针入度指数总体较高黏度改性沥青大，以 D 号改性沥青为例，D 号高弹改性沥青老化前针入度指数为 1.03，而 D 号高黏度改性沥青针入度指数为 −0.596，前者较后者提高了 273%。

由表 2-13 可以看出，能够满足某高弹改性沥青对老化后针入度指数不小于 0 要求的沥青为 56.25%，43.75% 的改性沥青老化后针入度指数在 0~1 之间（见图 2-17）；经短期老化后，部分改性沥青的针入度指数升高，部分降低，针入度指数变化差别较大（见图 2-18）。

老化后沥青针入度指数 PI（从高到低）   表 2-13

沥青类型	SBS301	B 号 高黏	A 号 高黏	F 号 SCR	B 号 橡胶	D 号 高弹	F 号 MSBS	C 号 高弹	H 号 高黏
针入度指数 PI	1.84	0.997	0.989	0.678	0.619	0.482	0.32	0.204	0.0318
变化幅值	0.8	0.9636	−0.621	0.221	0.69	−0.558	−0.102	−0.346	0.3008
变化百分比(%)	74.1	2885	−38.6	48.4	971.8	−54.2	−24.2	−62.9	37.1

沥青类型	I 号 高黏	F 号 SBS-CR	G 号 高弹	F 号 MSBS-CR	D 号 高黏	C 号 高黏	E 号 高黏	福州 70 号	高弹 标准
针入度指数 PI	−0.239	−0.294	−0.354	−0.361	−0.446	−0.518	−0.6	−0.84	≥0
变化幅值	−0.354	0.032	−0.3224	0.692	0.15	−0.634	0.308	0.56	
变化百分比(%)	307.8	9.8	−102	209.1	25.2	−546.6	33.9	40	

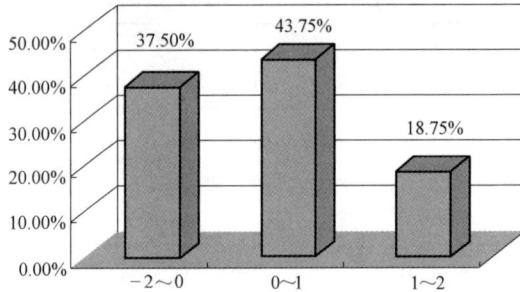

图 2-17　老化前改性沥青针入度指数水平

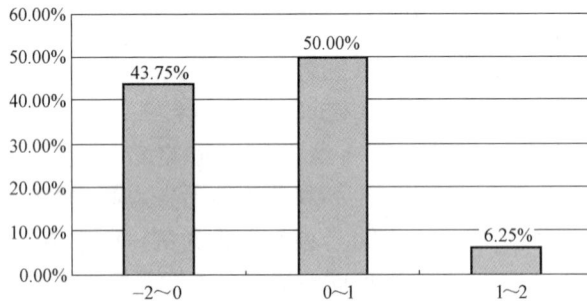

图 2-18　老化后改性沥青针入度指数水平

2.3.5　低温延度

沥青的延度试验反映了在一定的温度下，沥青受一定应力作用所产生的属性变形，是沥青内聚力的衡量。低温延度对沥青的使用性能影响较为显著，即延度值越高，低温变形能力越好，路面越不易开裂。通过对 H 号高黏度改性沥青等17 种沥青的低温延度试验发现，测试沥青 3℃延度和 5℃差别较小，故后续主要以 5℃和 10℃两个温度下的延度为分析对象，考察目前市场上常用的沥青低温延度水平。表 2-14 给出了短期老化前各种沥青 5℃的延度水平。

短期老化前沥青 5℃延度（从高到低）　　　　　　表 2-14

沥青	D 号 高弹	A 号 高黏	G 号 橡胶	E 号 高黏	B 号 高黏	C 号 高弹	D 号 高黏	C 号 高黏	H 号 高黏
5℃延度(cm)	71.7	62.2	61.4	52.3	44.6	40.8	38.1	37.5	31.8
沥青	B 号 橡胶	I 号 高黏	F 号 SBS-CR	F 号 MSBS	F 号 MSBS-CR	SBS 1301	F 号 SCR	福州 70 号	国家 规范
5℃延度(cm)	29.7	14.8	13.8	11.8	11.5	9.4	8.45	3.6	20

从表 2-14 可以看出，各种沥青 5℃的延度水平差别较大，总体表现为改性沥青

低温延度大于基质沥青的低温延度；以国家相关规范对 SBS 类（I-D）改性沥青
5℃延度要求为标准，仅 62.5％的改性沥青能够满足 5℃延度大于 30cm 的要求（见
图 2-19）；对于同一个品牌的改性沥青，高弹改性沥青的延度总体较高黏度改性沥
青的大，以 D 号改性沥青为例，D 号高弹改性沥青 5℃延度为 71.7cm，而 D 号高
黏度改性沥青 5℃延度为 38.1cm，前者显著大于后者。产生这种现象的原因是由于
高弹改性沥青和高黏度改性沥青的侧重点不同，前者以增加沥青弹性变形和弹性恢
复能力为主要改性目标，而后者以增加沥青黏度为主要改性目标。

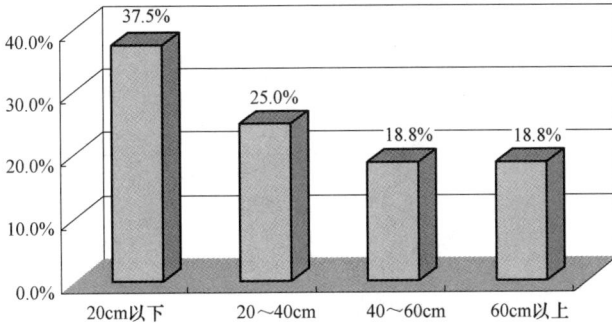

图 2-19　短期老化前 5℃延度水平

表 2-15 给出了短期老化后各种沥青的 5℃延度及其相对老化前变化情况。

短期老化后沥青 5℃延度（从高到低）　　　　　表 2-15

沥青软化点	G 号 橡胶	D 号 高弹	A 号 高黏	E 号 高黏	C 号 高弹	B 号 高黏	C 号 高黏	D 号 高黏	B 号 橡胶
5℃延度(cm)	53.5	53.1	47.9	39.1	34.7	34.1	28.8	26.7	23.0
下降幅值(cm)	7.9	18.6	14.3	13.2	6.1	10.5	8.7	11.4	6.7
下降百分比(％)	12.9	25.9	23.0	25.2	15.0	23.5	23.3	30.0	22.6
沥青软化点	H 号 高黏	SBS 1301	F 号 SBS-CR	F 号 MSBS-CR	I 号 高黏	F 号 MSBS	福州 70 号	F 号 SCR 型	
5℃延度(cm)	21.2	16.8	10.4	8.7	8.3	7.1	1.8	1.7	
下降幅值(cm)	10.6	−7.4	3.5	2.9	6.5	4.7	1.8	6.8	
下降百分比(％)	33.3	−78.7	25.0	24.8	43.9	39.8	50.0	80.1	

由表 2-16 可以看出：除 SBS1301 类改性沥青外，其余种类沥青老化后的延
度显著低于老化前的延度，降幅均在 10％以上，最大降幅高达 80％；相对老化
前，经短期高温热老化后，老化后的 5℃延度总体降低 10cm，近 25％的改性沥
青 5℃的延度低于 10cm（见图 2-20）。与 5℃延度类似，表 2-16 给出了短期老化
前各种沥青 10℃延度水平。

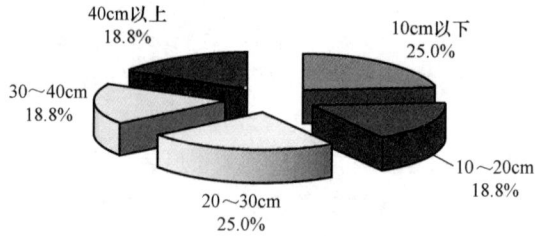

图 2-20　短期老化后 5℃ 延度水平

短期老化前沥青 10℃ 延度（从高到低）　　　　　　　　　　表 2-16

沥青延度	E号 高黏	D号 高弹	G号 橡胶	C号 高弹	A号 高黏	B号 高黏	D号 高黏	C号 高黏	SBS 1301	H号 高黏
10℃延度(cm)	116.6	98.7	89.0	77.5	76.2	68.5	66.2	64.9	59.4	53.6
沥青软化点	I号 高黏	B号 橡胶	F号 SBS-CR	F号 MSBS	F号 MSBS-CR	福州 70号	F号 SCR	E号 15℃	I号 15℃	
10℃延度(cm)	47.8	36.5	32.8	31.7	25.5	20.1	10.5	≥90	≥50	

　　从表 2-16 可以看出：E 号高黏度改性沥青 10℃ 延度明显高于其他沥青，达到 116.6cm，显著大于 E 号 15℃ 延度指标（不小于 90cm）和深圳 I 号高黏度改性沥青 15℃ 延度指标（不小于 50cm）；随着测试温度的提高，沥青的延度显著增大。以 D 号高弹沥青为例，10℃ 延度比 5℃ 延度延度增大了 86%，与 5℃ 时的延度测试结果类似，即使同一厂家生产的高黏改性沥青和高弹改性沥青低温延度值相差也很大，并普遍呈现高弹沥青的低温延度值比高黏沥青的低温延度值大的现象。以 D 号改性沥青为例，D 号高弹改性沥青 10℃ 延度为 98.7cm，而 D 号高黏度改性沥青 10℃ 延度为 66.2cm，前者较后者提高了近 50%。所测试的 16 种改性沥青中，10℃ 延度在 90cm 以上的占 12.5%，在 50cm 以上的占 62.5%（见图 2-21），可见，所测试的改性沥青具有较高的延度水平。

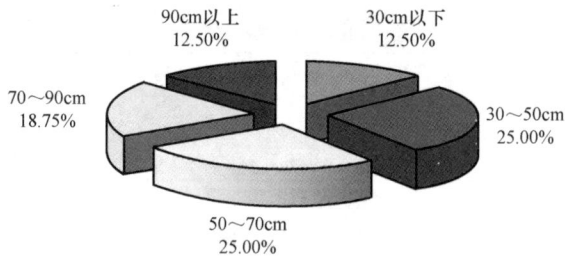

图 2-21　短期老化前 10℃ 延度水平

　　表 2-17 给出了短期老化后各种沥青 10℃ 延度水平及其相对老化前的变化情况。

短期老化后沥青10℃延度（从高到低）　　　　　表2-17

沥青	D号 高弹	G号 橡胶	E号 高黏	A号 高黏	C号 高弹	B号 高黏	D号 高黏	C号 高黏	H号 高黏
10℃延度(cm)	91.7	91.3	81.2	73.0	63.1	52.8	48.9	45.7	35.9
下降幅值(cm)	7.0	−2.3	35.4	3.2	14.4	15.7	17.3	19.2	17.7
下降百分比(%)	7.1	−2.6	30.4	4.2	18.6	22.9	26.2	29.6	33.0
沥青	SBS 1301	B号 橡胶	I号 高黏	F号 SBS-CR	F号 MSBS-CR	F号 MSBS	F号 SCR	福州 70号	
10℃延度(cm)	30.5	26.4	24.0	22.6	22.3	21.7	8.8	7.5	
下降幅值(cm)	28.9	10.1	23.8	10.2	3.2	10.0	1.65	12.6	
下降百分比(%)	48.7	27.7	49.8	31.1	12.5	31.5	15.8	62.8	

从表2-17可以看出：

（1）除G号橡胶改性沥青老化后的延度有微小升高外，其余沥青老化后的延度均小于老化前的延度，降幅主要在20%～40%之间，高达50%（图2-22）；A号高黏度改性沥青老化后延度下降最低，为4.2%；福州70号基质沥青老化后延度下降最大，为62.8%；E号高黏度改性沥青的延度由老化前的116.6cm降低为81.2cm，下降幅度为30.4%。

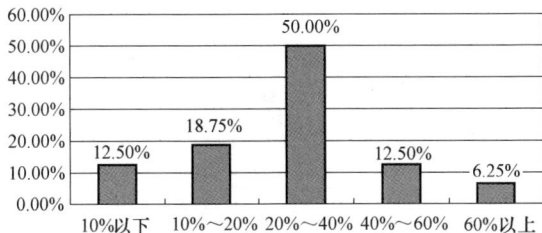

图2-22　短期老化前后10℃延度下降百分比情况

（2）经高温热老化后，对于测试的16种改性沥青，10℃延度在30cm以下的占37.5%，延度在50cm以上的占37.5%，延度在90cm以上的占总测试沥青数量的12.5%（见图2-23）。

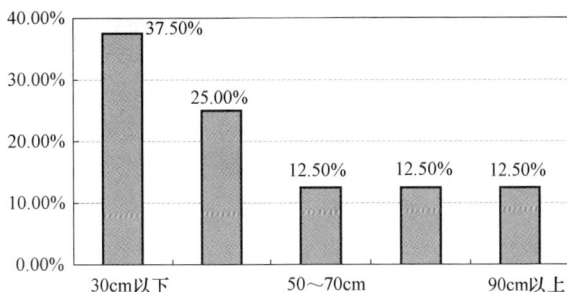

图2-23　短期老化后10℃延度水平

综合以上，E 号高黏度改性沥青的低温延度值在所测试沥青中属于中上水平。同时下一阶段应完善 15℃各改性沥青的延度测试工作。

2.3.6　拉伸柔度

在延度试验中，即使沥青延度值相同，沥青的拉伸变形能力也并不一样，不能反映沥青在混合料中的界面特性。本书增加拉伸柔度指标，用以弥补延度指标的这种缺陷。沥青的拉伸柔度定义为沥青总延度值与拉伸时最大拉力的比值。拉伸柔度越大，说明沥青的抗变形能力越强。随着温度的降低，拉力增加，延度降低，拉伸柔度骤减，说明沥青的脆性增加，柔度减小。表 2-18 和表 2-19 分别给出了 5℃和 10℃两个温度下沥青的拉伸柔度情况。

老化前沥青 5℃延度（从高到低）　　　　　　　　　　　表 2-18

沥青柔度	D 号高弹	G 号橡胶	A 号高黏	C 号高弹	B 号橡胶	C 号高黏	H 号高黏	D 号高黏	B 号高黏
5℃柔度(cm/N)	2.23	1.468	1.37	1.168	0.929	0.809	0.642	0.61	0.548
沥青柔度	E 号高黏	F 号 SBS-CR	F 号 SCR	I 号高黏	F 号 MSBS-CR	F 号 MSBS	SBS 1301	福州 70 号	高弹标准
5℃柔度(cm/N)	0.521	0.155	0.125	0.125	0.0851	0.0796	0.0674	0.026	≥0.8

老化前沥青 10℃延度（从高到低）　　　　　　　　　　表 2-19

沥青柔度	D 号高黏	D 号高弹	G 号橡胶	C 号高弹	E 号高黏	A 号高黏	H 号高黏	C 号高黏	B 号高黏
10℃柔度(cm/N)	5.69	3.98	3.398	2.769	2.68	2.65	2.452	2.049	1.83
沥青柔度	SBS 1301	F 号 SBS-CR	I 号高黏	F 号 MSBS	F 号 SCR	F 号 MSBS-CR	福州 70 号		
10℃柔度(cm/N)	1.1	0.981	0.902	0.521	0.461	0.44	0.149		

从表 2-18 和表 2-19 可以看出：沥青 10℃拉伸柔度显著大于 5℃拉伸柔度，以 D 号高黏度改性沥青为例，10℃拉伸柔度为 5.69cm/N，5℃拉伸柔度为 2.23cm/N，前者比后者增大了 155.2%。图 2-24 给出了试验温度由 5℃升高到 10℃时，沥青拉伸柔度的变化幅度区间。从图可以看出，当试验温度由 5℃升高到 10℃时，85%以上的沥青拉伸柔度增幅超过了 100%，以某高弹改性沥青 5℃拉伸柔度不小于 0.8cm/N 为标准，测试的 16 种改性沥青，满足这一要求的沥青仅有 6 种，分别为：D 号高弹、G 号橡胶、A 号高黏、C 号高弹、B 号橡胶、C 号高黏；与延度测试结果相类似，对于同一厂家生产的改性沥青，普遍呈现高弹沥青的拉伸柔度值比高黏沥青的拉伸柔度值大的现象，这与不同目的的改性相吻合。

同时，为了考察施工老化对上述沥青拉伸柔度水平的影响，试验测试了 17

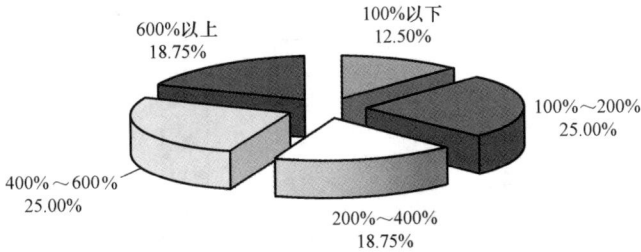

图 2-24 试验温度由 5℃ 升高到 10℃ 时，沥青拉伸柔度的变化情况

种沥青老化后 5℃ 和 10℃ 两个温度下的拉伸柔度情况，见表 2-20 和表 2-21。

老化后沥青 5℃ 延度（从高到低） 表 2-20

沥青软化点	D 号 高弹	G 号 橡胶	A 号 高黏	B 号 橡胶	B 号 高黏	C 号 高弹	C 号 高黏	D 号 高黏	E 号 高黏
10℃延度(cm)	1.75	1.064	0.951	0.615	0.554	0.527	0.394	0.308	0.307
变化幅值(cm)	0.48	0.404	0.419	0.314	−0.006	0.641	0.415	0.302	0.214
变化百分比(%)	21.5	27.5	30.6	33.8	−1.1	54.9	51.3	49.5	41.1

沥青 软化点	H 号 高黏	SBS 1301	F 号 SBS-CR	F 号 SCR	F 号 MSBS-CR	I 号 高黏	F 号 MSBS	福州 70 号	高弹 标准
10℃延度(cm)	0.212	0.179	0.083	0.077	0.0639	0.0594	0.0514	0.014	≥0.5
变化幅值(cm)	0.43	−0.112	0.072	0.048	0.0212	0.0656	0.0282	0.012	
变化百分比(%)	67.0	−165.6	46.5	38.4	24.9	52.5	35.4	46.2	

老化前沥青 10℃ 延度（从高到低） 表 2-21

沥青软化点	G 号 橡胶	B 号 橡胶	A 号 高黏	E 号 高黏	C 号 高弹	D 号 高黏	C 号 高黏	B 号 高黏	D 号 高弹
10℃延度(cm)	4.483	2.43	2.18	1.809	1.703	1.585	1.56	1.53	1.13
变化幅值(cm)	−1.085		0.47	0.871	1.066	4.105	0.489	0.3	2.85
变化百分比(%)	−31.9		17.7	32.5	38.5	72.1	23.9	16.4	71.6

沥青 软化点	H 号 高黏	SBS 1301	F 号 SBS-CR	F 号 MSBS	F 号 MSBS-CR	I 号 高黏	F 号 SCR	福州 70 号	
10℃延度(cm)	1.058	0.579	0.4	0.31	0.309	0.295	0.199	0.158	
变化幅值(cm)	0.489	0.521	0.581	0.211	0.131	0.607	0.262	−0.009	
变化百分比(%)	23.9	47.4	59.2	40.5	29.8	67.3	56.8	−6.0	

从表 2-20 和表 2-21 可以看出：

（1）经短期老化后，除部分沥青的拉伸柔度有所增大外，其余大部分沥青拉伸柔度都有较大幅度的降低。以 5℃ 拉伸柔度计算结果为例，50% 的改性沥青老化后拉伸柔度较老化前下降了 30%～50%（见图 2-25）。

35

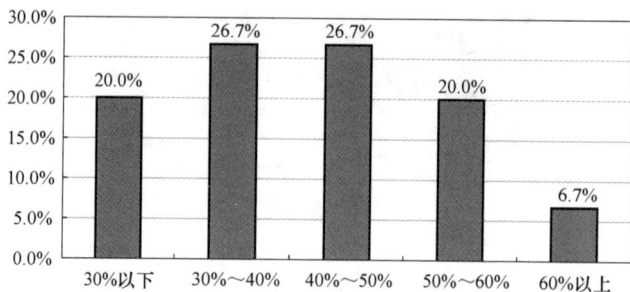

图 2-25　老化后 5℃拉伸柔度下降幅值

（2）以某高弹改性沥青老化后 5℃拉伸柔度不小于 0.8cm/N 为标准，测试的 16 种改性沥青中，满足这一要求的沥青仅有 6 种，分别为：D 号高弹、G 号橡胶、A 号高黏、B 号橡胶、B 号高黏和 C 号高弹。而 C 号高黏沥青老化前的拉伸柔度指标虽符合要求，但经高温老化后，其拉伸柔度下降较多。

综合以上，E 号高黏度改性沥青的拉伸柔度值在所测试沥青中属于中上水平。

2.3.7　−20℃低温弯曲抗拉模量和韧度

试验时采用−20℃的温度点，试验采用的加载装置是型号为 WDW-5 的万能试验机，试件长 120mm×宽 20mm×高 20mm 的沥青样条，试验时采用单点加载，加载速率为 100mm/min。

试验完成后，得到荷载和跨中挠度的关系曲线，按以下公式计算试件的最大抗弯拉应力 α 及最大抗弯拉应变 ε

$$\alpha = \frac{3l}{2bh^2} \times P \tag{2-2}$$

$$\varepsilon = \frac{6h}{l^2} \times d \tag{2-3}$$

式中　b——跨中断面试件的宽度，mm；

　　　h——跨中断面试件的高度，mm；

　　　l——试件的跨径，mm；

　　　P——最大荷载，N；

　　　d——最大荷载对应的挠度，mm。

如果单纯采用应力或应变对沥青进行低温性能评价，所得到的试验结果是不一致的，因此需要探寻新的指标对低温性能进行评价。采用弯曲抗拉韧度及弯曲抗拉模量两个指标对改性沥青进行评价，这两个指标都是最大抗弯拉应力 α 及最大抗弯拉应变 ε 的综合，可以有效避免单一指标评价时的矛盾，具体算法如下

（计算结果精确到小数点后一位）：

$$弯曲抗拉韧度（KPa）＝\alpha \times \varepsilon \tag{2-4}$$

$$弯曲抗拉模量（MPa）＝\alpha / \varepsilon \tag{2-5}$$

表 2-22 和图 2-26 给出了短期老化前后多种改性沥青低温弯曲抗拉试验的结果。

短期老化前后多种改性沥青低温弯曲抗拉试验的结果　　　表 2-22

沥青	C 号高黏	B 号橡胶	H 号高弹	F 号高黏	D 号高黏	B 号高黏	C 号高弹	A 号高黏	SBS	F 号SCR 型
沥青编号	1 号	2 号	3 号	4 号	5 号	6 号	7 号	8 号	9 号	10 号
模量(MPa)	480.5	494.8	569.4	768.7	603.8	560.7	660.3	393.6	494.7	369.3
韧度(kPa)	128.8	184.1	191.8	119.0	151.2	209.2	275.6	303.9	51.8	21.2

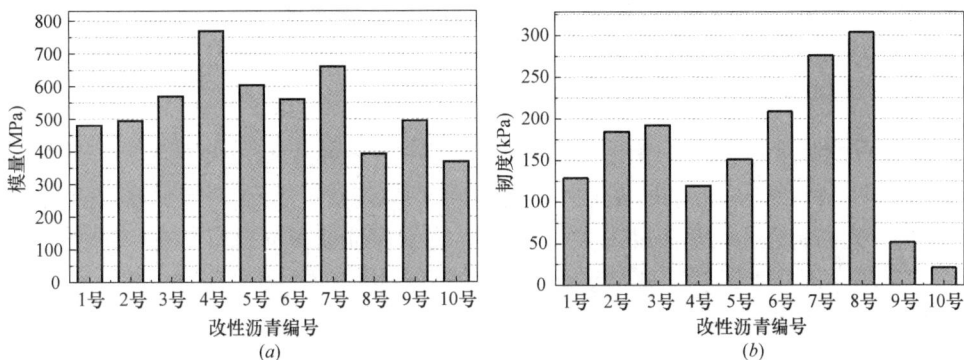

图 2-26　改性沥青的模量和韧度大小比较

（a）模量；（b）韧度

通过以上数据可以看出，改性后的沥青材料的模量和韧度大多是下降的，只有极个别的是增加的，例如 7 号沥青的模量和 10 号沥青的韧度，这种反常极有可能是试验室的误差引起的。一般情况下老化前的指标更能代表材料的使用性能，因此建议采用老化前的指标作为评价指标。不同改性沥青的模量大小排序为：4 号＞7 号＞5 号＞3 号＞6 号＞2 号＞9 号＞1 号＞8 号＞10 号，韧度大小排序为：8 号＞7 号＞6 号＞3 号＞2 号＞5 号＞1 号＞4 号＞9 号＞10 号，由此可以看出，不同改性沥青在模量较高的情况下，其韧度不一定是较高的，因此此项试验建议采用两指标共同控制。

通过对改性沥青的低温弯曲抗拉试验，可以看到市场上改性沥青该项性能的平均生产力水平如图 2-27 和图 2-28 所示，其中有 70% 沥青材料的模量值介于 450～650MPa 之间，模量值在 450MPa 以下和 650MPa 以上的仅占 30%，对于韧度的分布值，其中 50% 的改性沥青材料在 100～200kPa 之间，还有 30% 的达到了 200kPa 以上，仅有 20% 的改性沥青的韧度值在 100kPa 以下，因此对于该项试验的技术标准值，以一定的市场保证率为依据，提出模量不大于 450MPa，韧度不小于 100kPa 的技术标准要求。而且，E 号沥青（4 号）综合量指标是处于中等生产力水平的。

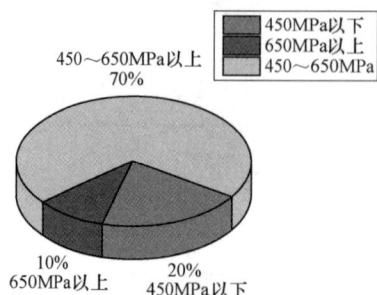

图 2-27　模量分布水平

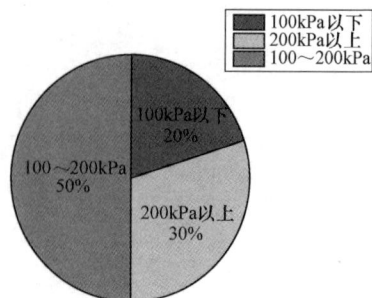

图 2-28　韧度分布水平

2.3.8　运动黏度

沥青的黏度随其化学组成和温度的高低在一个很大的范围内变化，当沥青加热熔融至 200℃时，沥青的黏度小至 10^{-1}Pa·s 数量级，而在严寒的冬季，沥青接近固体，黏度可高达 1011Pa·s。因此，为了保证沥青混合料具有一定的工作性而又不会因施工温度过高而使沥青发生过度老化，要求不同沥青具有适宜的施工拌合和碾压温度。

目前，常用的确定沥青施工温度的方法是采用布式旋转黏度计测量沥青 135℃等温度下的运动黏度。考虑到透水沥青路面所用沥青的黏度较高，因此该种沥青混合料施工温度相对基质沥青或普通改性沥青温度均较高。一般要求透水沥青混合料拌制时温度宜控制在 170~185℃，摊铺温度宜控制在 175~165℃，初压温度应控制在 160~140℃，复压温度应控制在 90~70℃。

除进行了 135℃黏度测试外，还对 140℃、150℃、160℃、170℃和 180℃五个温度进行了各种改性沥青老化前后的运动黏度测试，以期为透水沥青路面所用特种沥青提出一个合适的施工温度窗。表 2-23 和图 2-29 给出了短期老化前后 16 种改性沥青在不同温度下的运动黏度情况。

短期老化前后不同测试温度下沥青运动黏度情况（%）　　　　　表 2-23

沥青运动黏度（Pa·s）	H 号高黏	C 号高黏	C 号高弹	D 号高黏	D 号高弹	B 号高黏	B 号橡胶	E 号高黏	A 号高黏
沥青编号	1 号	2 号	3 号	4 号	5 号	6 号	7 号	8 号	9 号
TFOT 前,135℃	3.48	4.88	2.43	2.29	2.46	3.27	6.72	1.84	5.83
TFOT 后,135℃	3.1	5.63	3.4	2.99	2.89	3.84	5.5	2.26	4.2
变化幅度（%）	−10.9	15.4	39.9	30.6	17.5	17.4	−18.2	22.8	−28.0

续表

沥青运动黏度(Pa·s)	H号高黏	C号高黏	C号高弹	D号高黏	D号高弹	B号高黏	B号橡胶	E号高弹	A号高黏
TFOT 前,140℃	2.36	3.75	1.97	1.84	2	2.97	5.3	1.54	3.09
TFOT 后,140℃	2.29	3.62	2.64	2.38	2.37	3.16	4.43	1.81	3.37
变化幅度(%)	−3.0	−3.5	34.0	29.3	18.5	6.4	−16.4	17.6	9.1
TFOT 前,150℃	1.57	2.07	1.49	1.35	1.36	1.99	3.45	1.03	2.32
TFOT 后,150℃	1.42	1.95	1.67	1.53	1.86	1.94	2.63	1.08	2.21
变化幅度(%)	−9.6	−5.8	12.1	13.3	36.8	−2.5	−23.8	4.9	−4.7
TFOT 前,160℃	1.07	1.42	1.15	1.02	1.02	1.31	2.18	0.78	1.81
TFOT 后,160℃	0.93	1.32	1.21	1.06	1.11	1.26	1.72	0.81	1.64
变化幅度(%)	−13.1	−7.0	5.2	3.9	8.8	−3.8	−21.1	3.8	−9.4
TFOT 前,170℃	0.74	1.07	0.78	0.85	0.98	0.9	1.55	0.56	1.55
TFOT 后,170℃	0.64	0.9	0.81	0.71	0.85	0.88	1.19	0.58	1.25
变化幅度(%)	−13.5	−15.9	3.8	−16.5	−13.3	−2.2	−23.2	3.6	−19.4
TFOT 前,180℃	0.53	0.84	0.59	0.62	0.82	0.65	1.24	0.41	1.04
TFOT 后,180℃	0.45	0.65	0.57	0.5	0.66	0.63	0.91	0.42	0.94
变化幅度(%)	−15.1	−22.6	−3.4	−19.4	−19.5	−3.1	−26.6	2.4	−9.6

沥青运动黏度(Pa·s)	G号橡胶	SBS1301	F号MSBS	F号MSBS-CR	F号SBS-CR	F号SCR	I号高黏	国家标准	高弹要求
沥青编号	10号	11号	12号	13号	14号	15号	16号		
TFOT 前,135℃	2.13	4.92	2.59	7.81	2.3	3.91	1.96	≤3.0	≤4.0
TFOT 后,135℃	2.43	5.94	3.35	9.67	2.89	5.75	2.21		
变化幅度(%)	14.1	20.7	29.3	23.8	25.7	47.1	12.8		
TFOT 前,140℃	1.79	3.79	2.37	5.35	1.8	3.04	1.58		
TFOT 后,140℃	1.83	4.43	2.49	6.23	2.23	4.46	1.68		
变化幅度(%)	2.2	16.9	5.1	16.4	23.9	46.7	6.3		
TFOT 前,150℃	1.05	2.35	1.37	3.06	1.16	1.93	0.98		
TFOT 后,150℃	1.11	2.65	1.4	3.66	1.35	2.6	1.01		
变化幅度(%)	5.7	12.8	2.2	19.6	16.4	34.7	3.1		
TFOT 前,160℃	1	1.64	1	1.99	0.74	1.27	0.64		
TFOT 后,160℃	0.77	1.77	0.9	2.33	0.88	1.7	0.64		
变化幅度(%)	−23.0	7.9	−10.0	17.1	18.9	33.9	0.0		
TFOT 前,170℃	0.82	1.2	0.59	1.4	0.5	0.88	0.44		
TFOT 后,170℃	0.55	1.23	0.59	1.58	0.59	1.17	0.43		
变化幅度(%)	−32.9	2.5	0.0	12.9	18.0	33.0	−2.3		

注：变化幅度为正表示老化后运动黏度比老化前大，反之则更小。

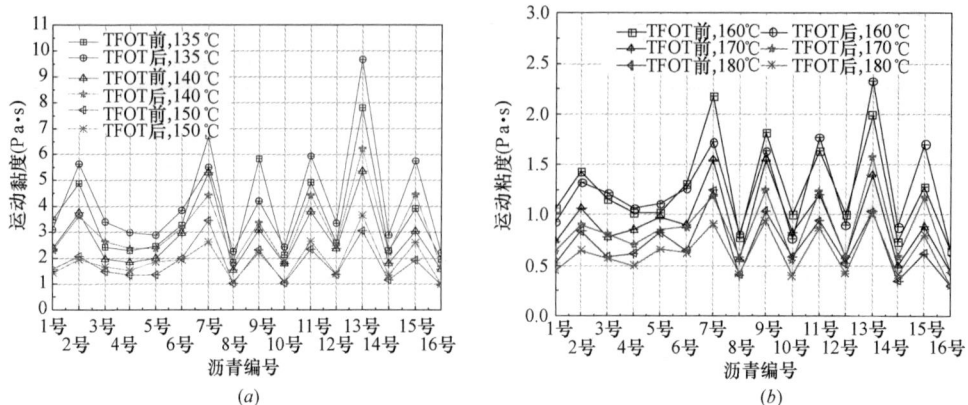

图 2-29　短期老化前后不同温度下改性沥青运动黏度水平

（a）135℃、140℃、150℃；（b）160℃、170℃、180℃

从图 2-29 可以看出：

（1）沥青的运动黏度随测试温度的升高而降低。以 C 号高黏度改性沥青短期老化前的运动黏度为例，135℃的运动黏度为 4.88Pa•s，当试验温度升高到 180℃时，运动黏度下降为 0.65Pa•s，降低了 87%。

（2）各种改性沥青的运动黏度差别较大，以老化前 135℃的运动黏度为例，仅 50%的改性沥青能满足国家相关规范对 SBS 聚合物改性沥青（I-D）135℃运动黏度不大于 3Pa•s 标准的要求，这部分沥青的运动黏度主要分布在 2~3 Pa•s，50%的沥青无法满足规范这一技术指标要求（见图 2-30），而 135℃运动黏度不小于 4Pa•s 的改性沥青在 68%以上。

（3）对于高黏度改性沥青应适当提高运动黏度指标的测试温度，宜以 160℃或 170℃为运动黏度指标的测试温度。图 2-31 和图 2-32 分别给出了 160℃、170℃两个温度不同黏度区间所占沥青数量的百分比。为保证高黏度或高弹性改性沥

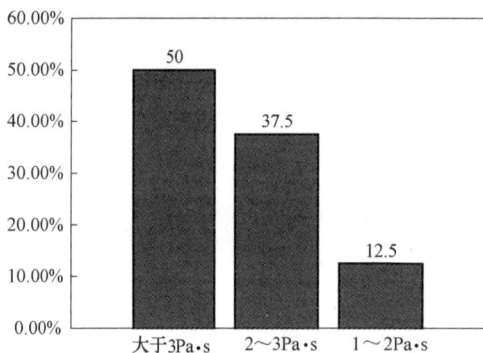

图 2-30　老化前 135℃的运动黏度分布水平

青具有一定的施工和易性且不因温度过高导致沥青严重老化，初步将 160℃老化前运动黏度标准定义为不大于 1.5Pa•s，170℃老化前运动黏度标准定义为不大于 1.0Pa•s。

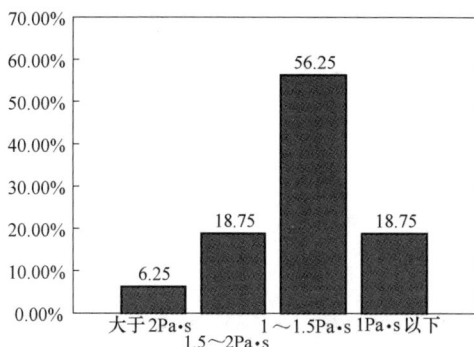

图 2-31 老化前 160℃ 的运动黏度水平　　　**图 2-32 老化前 170℃ 的运动黏度水平**

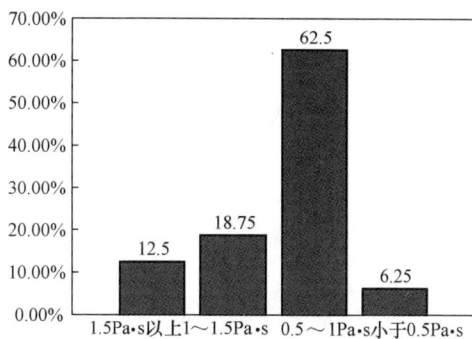

（4）经短期老化后，各测试温度下不同沥青老化前后运动黏度的变化情况差异较大，表现为有些沥青老化后运动黏度增大，有些减小，且变化幅度由 0% 到 47% 不等。16 种改性沥青黏温关系曲线如图 2-33 所示。

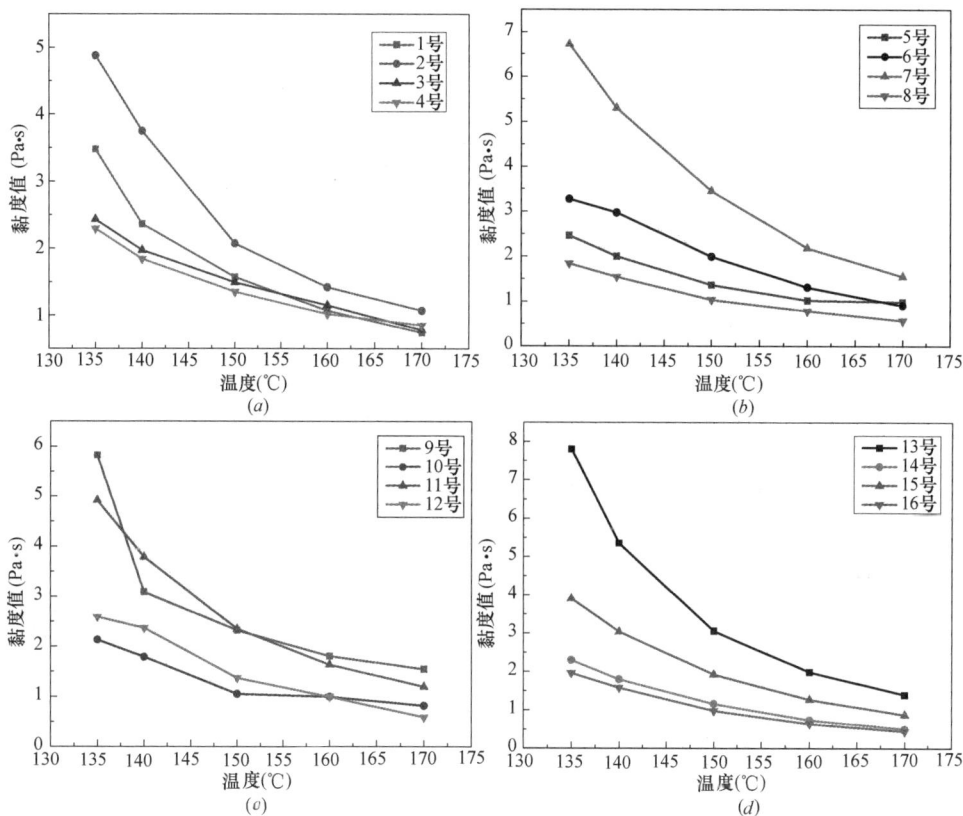

图 2-33 16 种改性沥青黏温关系曲线

（a）1～4 号改性沥青黏温关系曲线；（b）5～8 号改性沥青黏温关系曲线
（c）9～12 号改性沥青黏温关系曲线；（d）13～16 号改性沥青黏温关系曲线

从以上图形可以看出，各种改性沥青的黏温曲线相近，黏度都是随着温度的增加而减小。目前，对于黏温关系的研究较多，所形成的黏温关系表达式也较多，常用的是 Saal 公式，也是 ASTM D2493 采用的黏温关系式。

$$\lg\lg(\eta\times10^3)=n-m\lg(T+273.13) \tag{2-6}$$

式中　η——黏度值，Pa·s

　　　　T——温度，℃

　n，m——参数。

若将以上公式中的 $(T+273.13)$ 的对数值为横坐标，以该温度下的黏度双对数值为纵坐标，可以绘制如图 2-34 所示的 Saal 曲线图。从图中可以看出黏度双对数和 $(T+273.13)$ 的对数值具有较好的线性相关性，将该图中的数据点进行线性拟合可以得到如表 2-24 所示的 Saal 公式。

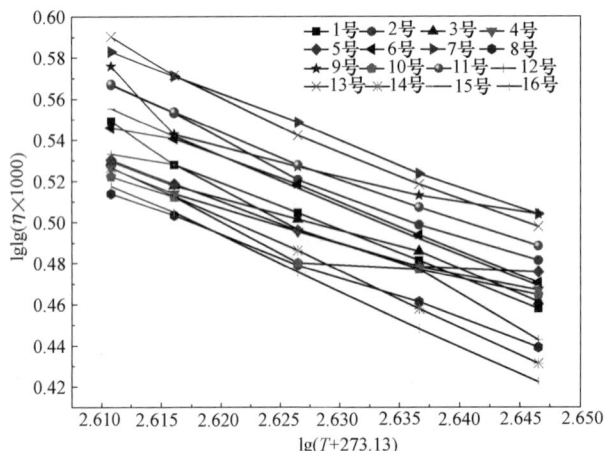

图 2-34　不同掺量 TRL 改性沥青的 Saal 曲线图

不同掺量 TRL 改性沥青 Saal 公式及相应参数　　　　表 2-24

编号	Saal 回归公式	线性相关系数	参数 m 值
1 号	$\lg\lg(\eta\times1000)=-2.4733\lg(T+273.13)+7.0023$	0.993	2.4733
2 号	$\lg\lg(\eta\times1000)=-2.4406\lg(T+273.13)+6.9363$	0.9875	2.4406
3 号	$\lg\lg(\eta\times1000)=-1.8328\lg(T+273.13)+5.3145$	0.9911	1.8328
4 号	$\lg\lg(\eta\times1000)=-1.6676\lg(T+273.13)+4.8775$	0.99	1.6676
5 号	$\lg\lg(\eta\times1000)=-1.6042\lg(T+273.13)+4.7146$	0.9431	1.6042
6 号	$\lg\lg(\eta\times1000)=-2.1682\lg(T+273.13)+6.2104$	0.9924	2.1682
7 号	$\lg\lg(\eta\times1000)=-2.2353\lg(T+273.13)+6.4189$	0.999	2.2353
8 号	$\lg\lg(\eta\times1000)=-2.085\lg(T+273.13)+5.9573$	0.9982	2.0851
9 号	$\lg\lg(\eta\times1000)=-1.824\lg(T+273.13)+5.3247$	0.8837	1.8241

编号	Saal 回归公式	线性相关系数	参数 m 值
10 号	$\lg\lg(\eta\times1000)=-1.6187\lg(T+273.13)+4.744$	0.918	1.6187
11 号	$\lg\lg(\eta\times1000)=-2.2108\lg(T+273.13)+6.3373$	0.9958	2.2108
12 号	$\lg\lg(\eta\times1000)=-2.5462\lg(T+273.13)+7.1851$	0.9855	2.5462
13 号	$\lg\lg(\eta\times1000)=-2.5697g(T+273.13)+7.2954$	0.9922	2.5697
14 号	$\lg\lg(\eta\times1000)=-2.671\lg(T+273.13)+7.5004$	0.9997	2.6711
15 号	$\lg\lg(\eta\times1000)=-2.4189\lg(T+273.13)+6.8702$	0.9998	2.4189
16 号	$\lg\lg(\eta\times1000)=-2.694\lg(T+273.13)+7.5516$	0.9997	2.6941

（1）不同改性沥青的黏度值随温度的变化趋势与基质沥青黏度随温度的变化趋势相同，黏度的双对数与温度的对数值具有较好的线性相关性，其中，除 9 号和 10 号改性沥青的线性相关系数外，其他改性沥青 Saal 公式的线性拟合结果的相关系数均在 0.99 以上。也就是说不同改性沥青能够很好地满足 Saal 公式。

（2）线性回归后的参数 m 能很好地说明改性沥青的温度敏感性，该值越大，说明该种沥青的温度敏感性越强，反之，则敏感性越弱。从表中 m 值的大小可以看到，温度敏感性排序为：5 号＜10 号＜4 号＜9 号＜3 号＜8 号＜6 号＜11 号＜7 号＜15 号＜2 号＜1 号＜12 号＜13 号＜14 号＜16 号。

根据美国 ASTM D1599DE 和我国相应规范的规定，沥青混合料的拌合温度为黏度（0.17±0.02）Pa·s 对应的温度范围，压实温度为（0.28±0.02）Pa·s 对应的温度范围。参考 Saal 回归公式，计算不同掺量 TRL 改性沥青的拌合和压实温度如表 2-25 所示。

计算所得拌合温度和压实温度　　　　　　　　　　　　表 2-25

编号	拌合温度（℃）		压实温度（℃）	
	上限 （$\eta=0.15$Pa·s）	下限 （$\eta=0.19$Pa·s）	上限 （$\eta=0.26$Pa·s）	下限 （$\eta=0.3$Pa·s）
1 号	221.9	212.8	201.5	196.6
2 号	232.3	222.9	211.2	206.2
3 号	246.2	233.3	217.5	210.7
4 号	254.5	240.2	222.6	215.1
5 号	261.9	246.8	228.3	220.4
6 号	237.9	227.2	214.0	208.3
7 号	252.3	241.6	228.4	222.7
8 号	222.6	211.8	198.5	192.8
9 号	269.0	255.5	238.9	231.8

编号	拌合温度(℃)		压实温度(℃)	
	上限 ($\eta=0.15Pa \cdot s$)	下限 ($\eta=0.19Pa \cdot s$)	上限 ($\eta=0.26Pa \cdot s$)	下限 ($\eta=0.3Pa \cdot s$)
10 号	254.3	239.5	221.4	213.7
11 号	244.2	233.5	220.4	214.8
12 号	215.8	207.1	196.2	191.6
13 号	236.9	227.8	216.6	211.8
14 号	207.2	199.0	188.9	184.5
15 号	228.8	219.3	207.6	202.6
16 号	202.9	194.9	184.9	180.6

综合以上，E 号高黏度改性沥青各个温度下老化前后的运动黏度处于所测试沥青中的中上水平，该种沥青的温度敏感性也处于中上水平，同时施工温度也处于中间温度范围，即该种改性沥青具有较好的施工和易性。

2.3.9　动力黏度

沥青黏度的大小反映其抵抗流动变形的能力，黏度越大，沥青路面抗车辙能力越强。沥青的黏度对其路用性能也有很大的影响，沥青的黏度越大，粘结力越强，所拌制的沥青混合料强度越高，稳定性和耐久性越好。

在通常使用状态下，沥青路面夏季最高温度可达 60℃ 左右。因此，为了使沥青混合料在使用阶段具有较好的高温抗车辙变形能力，要求沥青结合料在该温度下具有较高的黏度，所以，60℃ 的黏度常常作为反映沥青在夏季高温季节热稳定性的一个重要指标。考虑到深圳地区夏季沥青路面最高温度为 65℃ 左右，且该温度主要出现在夏季高温季节的沥青路面表层，在一年中的平均出现时数和影响范围相对较少，故在进行动力黏度测试时仍沿用规范测试温度，即 60℃。

60℃ 黏度作为透水沥青路面所用高黏度改性沥青的一个重要评价指标，最早由日本提出，当时规定 60℃ 黏度应在 20000Pa・s 以上。之后随着社会经济技术的发展，该指标得到了进一步提高，目前，日本使用的高黏度沥青 60℃ 黏度为 100000Pa・s 甚至更高。杭州排水式沥青混凝土面层技术规定中对高黏度改性沥青 60℃ 黏度要求也在 100000Pa・s 以上。分别测试了 16 种改性沥青老化前后 60℃ 动力黏度情况，见表 2-26。

短期老化前后不同改性沥青60℃动力黏度情况（Pa·s） 表2-26

沥青60℃动力黏度	H号高黏	C号高黏	C号高弹	D号高黏	D号高弹	B号高黏	B号橡胶	E号高黏	A号高黏
沥青编号	1号	2号	3号	4号	5号	6号	7号	8号	9号
TFOT前,Pa·s	106451.3	156639.6	437151.7	50774.7	61517.9	162597.3	5154.4	—	386330.6
TFOT后,Pa·s	13004.8	57367.9	161425.8	34809.1	34342.9	116375.2	4285.2	846255.5	361838.6
下降幅度(%)	87.8	63.4	63.1	31.4	44.2	28.4	16.9	—	6.3
沥青60℃动力黏度	G号橡胶	SBS1301	F号MSBS	F号MSBS-CR	F号SBS-CR	F号SCR	I号高黏	日本标准	
沥青编号	10号	11号	12号	13号	14号	15号	16号		
TFOT前,Pa·s	39068.8	35949.1	79993.3	67709.8	2479.7	2678.5	2175.8	≥100000	
TFOT后,Pa·s	—	38323.6	17742.2	51712	5522.6	6225.6	3849.1		
下降幅度(%)	—	−6.6	77.8	23.6	−122.7%	−132.4	−76.9		

从表2-26可以看出：所测试的16种沥青60℃动力黏度均在2000Pa·s以上，能够满足60℃动力黏度在100000Pa·s以上的改性沥青有H号高黏、C号高黏、C号高弹、B号高黏、E号高黏、A号高黏6种改性沥青，占改性沥青测试数量的37.5%，其中以深圳高黏度改性沥青的动力黏度最高；对于大部分改性沥青，老化后的动力黏度较老化前有所减小，表明沥青经反复高温老化后，沥青的粘结力减弱，抗车辙变形能力减小；由于60℃动力黏度是透水沥青路面改性沥青的一个重要指标，根据对目前市场上常用改性沥青在该温度下的动力黏度水平的试验调研，建议在透水沥青路面的高黏度改性沥青选择上增加60℃动力黏度指标，并建议不小于100000Pa·s。

2.3.10 弹性恢复

弹性恢复的大小表征了沥青或沥青混合料变形恢复的能力，是改性沥青的一个重要考察指标，国家相关规范对SBS改性沥青（I-D）要求25℃弹性恢复不小于75%。表2-27给出了25℃、30℃和40℃三个温度下各沥青老化前后弹性变形恢复情况。

短期老化前后不同测试温度下沥青弹性恢复情况（%） 表2-27

沥青弹性恢复	H号高黏	C号高黏	C号高弹	D号高黏	D号高弹	B号高黏	B号橡胶	E号高黏	A号高黏
TFOT前,25℃	99	100	100	100	100	100	93.3	100	100
TFOT后,25℃	92	99	100	97	100	100	82	100	100
TFOT前,30℃	100	100	100	100	100	100	94.3	100	100
TFOT后,30℃	96	97.7	100	97.7	100	100	94	100	100
TFOT前,40℃	100	100	100	100	100	100	100	100	100
TFOT后,40℃	100	100	100	99.3	100	100	87.3	100	100

续表

沥青弹性恢复	G号橡胶	SBS 1301	F号 MSBS	F号 MSBS-CR	F号 SBS-CR	F号 SCR	I号高黏	福州70号
TFOT前,25℃	100	99	94	97	99	80.5	90	18.5
TFOT后,25℃	97	96.5	90	95	82	83	84.5	28
TFOT前,30℃	100	98.5	97.5	97.5	98		97	
TFOT后,30℃	97	96	93	97	75	80.5	90.5	27
TFOT前,40℃	100	—	—	—	—	—	—	—
TFOT后,40℃	97	—	—	—	—	—	—	—

由表 2-27 可以看出：改性沥青的弹性恢复能力远远大于基质沥青的弹性恢复能力，说明改性沥青具有更好的抗变形和变形恢复能力；弹性恢复大小随试验测试温度的升高而增大，老化后的弹性恢复较老化前有所下降，特别是 B 号橡胶、F 号 SBS-CR 和 F 号 SCR 三种改性沥青老化后的弹性恢复有较大幅度的下降（见图 2-35）；所测试的 16 种改性沥青的老化前后 25℃的弹性恢复均满足不小于 75%的要求，即用 25℃或更高温度的弹性恢复并不能很好地区分目前市场上各种改性沥青的弹性变形恢复能力，建议下一步研究工作应根据深圳沥青路面温度场情况重点考察低温状态（例如 5℃、10℃）下各种沥青老化前后的弹性恢复能力。

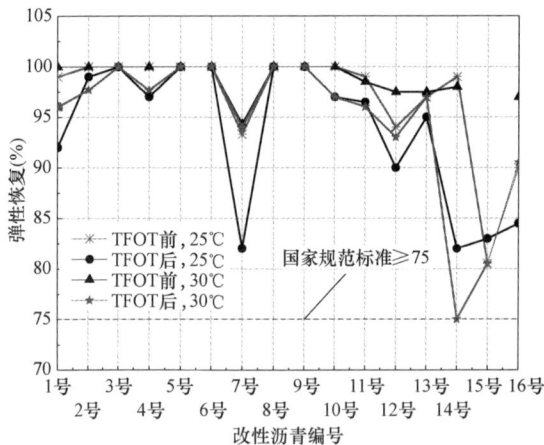

图 2-35　25℃、30℃老化前后改性沥青弹性恢复水平

2.3.11　黏韧性

透水沥青混合料基于骨架孔隙结构理论发展而来，该种结构粗集料含量较多，细集料含量较少，粗集料通过点接触形成骨架，混合料中剩余空隙率大（一

般为 15％～25％），易渗水。这种特殊的级配组成和大的空隙率就要求沥青与集料之间应具有高黏结力和抗剥落性，以保证足够的抗水损害能力。

沥青的黏韧性指标用以表征沥青结合料的抗拉伸能力和握裹力，其中韧性反映了沥青粘结力的大小。E 号透水沥青路面技术指标和杭州透水沥青路面指标均要求高黏度改性沥青 25℃的黏韧性应在 20N•m 以上，韧性应在 15N•m 以上。

以 60℃动力黏度性能较优的 5 种改性沥青为例（分别为 B 号高黏、H 号高黏、A 号高黏、C 号高弹、E 号高黏），测试了其老化前后 25℃的黏韧性水平。图 2-36 给出的是以 B 号老化前的黏韧性测试为例的试验数据图。其中阴影部分面积为韧性，总面积为黏韧性。

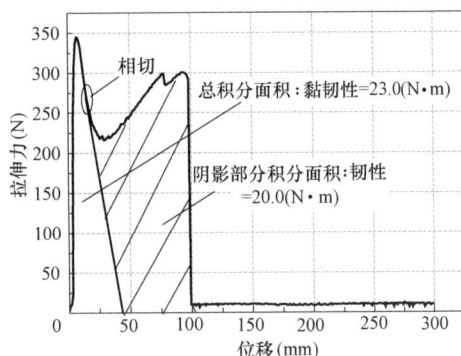

图 2-36　B 号老化前的黏韧性试验数据图

表 2-28 给出了 5 种改性沥青老化前后的黏韧性试验数据。

短期老化前后不同改性沥青 25℃黏韧性情况 （N•m）　　　　表 2-28

沥青黏韧性(N•m)		H 号 高黏	C 号 高弹	B 号 高黏	E 号 高黏	A 号 高黏	E 号 标准
沥青编号		1 号	2 号	3 号	4 号	5 号	
TFOT 前	韧性	19.3	17.5	19.0	20.1	15.0	≥15.0
	黏韧性	21.5	27.1	25.7	23.0	28.5	≥20.0
TFOT 后	韧性	16.0	20.2	16.2	25.0	20.5	
	黏韧性	19.0	26.2	25.2	33.0	24.4	

从表 2-28 可以看出，所测试的 5 种改性沥青均能满足相关技术规范对改性沥青 25℃黏韧性指标的要求。经高温热老化后，各种沥青黏韧性指标的升降幅度不一，波动水平较大，故建议以老化前的黏韧性试验测试指标为考察依据。

2.3.12　抗离析性能

聚合物改性沥青在停止搅拌、冷却过程中，聚合物可能从沥青中离析，导致沥青的储存稳定性下降。而离析试验可较好地评价聚合物改性沥青的储存稳定性。通过测量离析试管顶部和底部沥青软化点的差异值 ΔS，来表征沥青的离析程度。《公路沥青路面施工技术规范》(JTG F40—2004) 规定 SBS 类改性沥青 48h 软化点差不大于 2.5℃。表 2-29 给出了各改性沥青的储存稳定性水平。

16 种改性沥青离析情况 (ΔS/℃)　　　　　　　　　表 2-29

沥青 离析程度 ΔS	F 号 SCR	B 号 高黏	C 号 高弹	F 号 MSBS-CR	A 号 高黏	H 号 高黏	E 号 高黏	B 号 橡胶	D 号 高黏
48h 软化点差(℃)	0.5	0.6	1.3	2.05	2.3	2.75	3.45	6.05	8.3
沥青 离析程度 ΔS	SBS 1301	I 号 高黏	G 号 橡胶	F 号 SBS-CR	C 号 高黏	F 号 MSBS	D 号 高弹	国家 规范	
48h 软化点差(℃)	12.3	13.95	14.2	23.55	35.0	35.3	38.3	≤2.5	

从表 2-29 可以看出：各种改性沥青储存稳定性差别较大，D 号高弹改性沥青最差，48h 软化点差异值达到了 38.3℃；能满足国家规范对改性沥青储存稳定性指标（48h 软化点差不大于 2.5℃）要求的沥青不多，主要为 A 号高黏、C 号高弹等 5 种改性沥青。考虑到试验误差的存在，故将 48h 软化点差不大于 3.5℃ 的改性沥青均视为储存稳定性尚佳，这部分沥青达到了改性沥青试验总量的 43.75%（见图 2-37）。

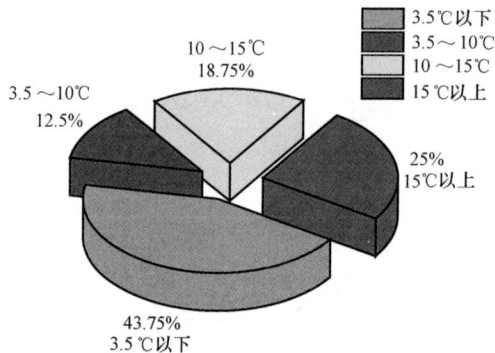

图 2-37　改性沥青 48h 软化点差异水平

2.3.13　普查试验的综合结果

对全国同类的高黏沥青、自制沥青进行了绝大多数关键技术指标的测试、调查和分析、微观测试分析，进一步把握了高黏沥青的技术特点和当前生产力水平下的技术特点和关键环节，研究发现：

（1）目前市场上常用的改性沥青软化点总体处于一个相对较高的水平，经改性后的沥青软化点明显高于基质沥青，老化前85%以上的改性沥青软化点大于80℃，沥青老化前后软化点的变化与改性品种、生产厂家有关，老化后软化点变化幅度大部分保持在10%以内，部分沥青软化点波动较大，达到了20%。

（2）75%的改性沥青老化前25℃针入度均能达到40指标要求，一般来讲，高黏沥青针入度越低，稠度越大，软化点越高，动力黏度越大，模量越大，黏韧性和韧性更好，但弹性恢复速率下降。也就是说，高黏和高弹性恢复速率有一定的冲突性，实现高弹性需降低稠度。与延度测试结果相类似，对于同一厂家生产的改性沥青，普遍呈现高弹性沥青的拉伸柔度值比高黏沥青的拉伸柔度值大的现象，这与不同目的的改性相吻合。

（3）测试60℃动力黏度目前常用的方法是真空毛细管法，不同黏度沥青根据在−300mm汞柱的试验时间挑选合适的毛细管，一般是一个样测三次，目前测试数据很不稳定，测试数据有的高达40多万Pa·s，低的只有几千Pa·s，说明这项指标需要调整。

（4）从车辙因子来看，在路面使用温度范围内，改性沥青的高温稳定性普遍大于甚至有些远远大于基质沥青，即改性沥青的高温稳定性能较普通沥青有大幅度的提高。

（5）针入度指数是沥青感温性的一个重要评价指标，针入度指数越大，表明沥青的温度敏感性越小。道路工程常用沥青一般属于溶凝胶型，其针入度指数一般在−2～+2范围内。所测试的17种改性沥青针入度指数均在−2～+2范围内。

（6）各种沥青5℃的延度水平差别较大，总体表现为改性沥青低温延度大于基质沥青低温延度。以国家相关规范对SBS类（I-D）改性沥青5℃延度要求为标准，仅62.5%的改性沥青能够满足5℃延度大于30cm的要求。

（7）通过对改性沥青的低温弯曲抗拉试验，可以看到市场上改性沥青有70%沥青材料的模量值介于450～650MPa之间。对于韧度的分布值，50%的改性沥青材料在100～200kPa之间，还有30%达到了200kPa以上，仅有20%改性沥青的韧度值在100kPa以下，因此对于该项试验的技术标准值，以一定的市场保证率为依据，提出模量不大于450MPa，韧度不小于100kPa的技术标准要求。

（8）各种改性沥青的运动黏度差别较大，以老化前135℃的运动黏度为例，仅50%的改性沥青能满足国家相关规范对SBS聚合物改性沥青135℃运动黏度不大于3Pa·s的标准要求，这部分沥青的运动黏度主要分布在2～3Pa·s，有50%的沥青无法满足规范这一技术指标要求，而135℃运动黏度不小于4Pa·s的改性沥青在68%以上。

　　沥青混合料的拌合温度为黏度（0.17±0.02）Pa·s 对应的温度范围，压实温度为（0.28±0.02）Pa·s 对应的温度范围，对于高黏沥青应加大高温黏度的下降研究，压实温度能够降到 200℃以下为宜。

　　（9）改性沥青的弹性恢复能力远远大于基质沥青的弹性恢复能力，说明改性沥青具有更好的抗变形和变形恢复能力，但技术指标考虑弹性恢复的速率时，差别很大。

　　（10）所测试改性沥青均能满足相关技术规范对改性沥青 25℃黏韧性指标的要求。经高温热老化后，各种沥青黏韧性指标的升降幅度不一，波动水平较大，故建议以老化前的黏韧性试验测试指标为考察依据。

2.4　湿热地区透水沥青路面高黏沥青技术指标

2.4.1　国内外透水沥青路面高黏沥青指标对比

　　（1）目前大多数高黏度和高弹性改性沥青基本上都是以 SBS 为主的改性沥青，主要性质指标可以参照《公路沥青路面施工技术规范》（JTG F40—2004）相关要求，见表 2-30。

SBS 聚合物改性沥青技术指标要求　　　　　　　　　　　　表 2-30

指　　　标	单位	技术要求	试验方法
针入度(25℃,5s,100g)	0.1mm	40～60	T 0604—2000
针入度指数 PI,不小于	—	0	T 0604—2000
延度 5℃,5cm/min,不小于	cm	20	T 0605—1993
软化点 TR&B,不小于	℃	60	T 0606—2000
运动黏度 135℃,不大于	Pa·s	3	T 0625—2000
闪点,不小于	℃	230	T 0611—1993
溶解度,不小于	%	99	T 0607—1993
弹性恢复 25℃,不小于	%	75	T 0662—2000
储存稳定性离析,48h 软化点差,不大于	℃	2.5	T 0661—2000
RTFOT(或 TFOT)后残留物			
质量变化,不大于	%	±1.0	T 0610 和 T 0609
针入度 25℃,不小于	%	65	T 0604—2000
延度 5℃,不小于	cm	15	T 0605—1993

（2）佐东奥排水性沥青技术指标如表 2-31 所示。

佐东奥排水性沥青技术指标　　　　　　　　表 2-31

试验项目	技术指标
针入度 25℃（0.1mm）	≥40
软化点（℃）	≥85
延度 15℃（cm）	≥90
闪点（℃）	≥260
薄膜加热质量损失率（%）	≤0.6
薄膜加热针入度比（%）	≥65
黏韧性（N·m）	≥20
韧性（N·m）	≥15
弯曲抗拉韧度－20℃（kPa）	≥400
弯曲抗拉模量－20℃（MPa）	≤100

（3）杭州透水沥青技术指标如表 2-32 所示。

杭州透水沥青路面高黏度改性沥青技术要求　　　　表 2-32

试验项目	标准值
针入度（0.1mm）	40 以上
软化点（℃）	85 以上
延度 15℃（cm）	90 以上
闪点（℃）	260 以上
薄膜加热质量损失率（%）	≤0.05
薄膜加热针入度比（%）	65 以上
* 黏韧性（N·m）	20 以上
* 韧性（N·m）	15 以上
* 60℃黏度（Pa·s）	100000 以上

注：* 为区别于普通道路石油沥青质量要求的试验项目。

（4）深圳海川高黏沥青技术指标如表 2-33 所示。

深圳海川高黏度沥青技术指标　　　　　　　表 2-33

试验项目	技术指标
针入度 25℃（0.1mm）	≥40
软化点（℃）	≥80
延度 15℃（cm）	≥50
闪点（℃）	≥260

续表

试验项目	技术指标
薄膜加热质量损失率(%)	≤0.6
薄膜加热针入度比(%)	≥65
韧度 25℃(N·m)	≥20
抗拉强度 25℃(N·m)	≥15

（5）其他相关指标如表2-34、表2-35所示。

我国高黏改性沥青的技术要求　　　　　　　　　　　表 2-34

技术指标		单位	技术要求	试验方法
零剪切黏度(60℃)		Pa·s	≥40000	附录2
针入度		0.1mm	≥40	T 0604—2000
软化点(环球法)		℃	≥85	T 0606—2000
延度(5℃)		cm	≥20	T 0605—1993
闪点(COC)		℃	≥260	T 0611—1993
薄膜烘箱试验 (163℃,5h)残留物	质量变化	%	±0.6	T 0609 或 T 0610—1993
	针入度比	%	≥70	T 0604—2000

注：技术要求来自《道路排水性沥青路面技术规范》DG/TJ 08-2074-2010，J11695-2010

日本高黏改性沥青技术标准　　　　　　　　　　　表 2-35

试验项目		标准性质	试验项目		标准性质
针入度(25℃)	1/10mm	＞40	薄膜加热残留针入度	%	＞65
软化点	℃	＞80.0	黏韧性	N·m	＞20
延度(15℃)	cm	＞50	韧性	N·m	＞15
闪点	℃	＞260	60℃黏度	Pa·s	＞20000
薄膜加热重量变化率	%	＜0.6			

　　从表2-30～表2-35可以看出：与普通的道路石油沥青和改性沥青相比，透水沥青路面用的高黏度改性沥青具有高的软化点和延度，同时其黏韧性、韧性及60℃黏度指标较高，这与该种沥青混合料具有大空隙率，长期与水接触有关；高的黏度、黏韧性是保证长时间与水接触作用下混合料具有较好的抗剥落性的关键；同时，引入−20℃时的弯曲抗拉韧度和模量作为高黏度沥青特有的评价指标，旨在减小因高温引起的试验数据不稳定性带来的试验误差；表2-30《公路沥青路面施工技术规范》（JTG F40—2004）中对改性沥青指标要求相对较低，规范的对象是当时的各类SBS改性沥青（I-D型）的全国性平均生产水平，在表征透水沥青路面用高黏度改性沥青和广东省区域特性时针对性欠佳；而

表 2-31～表 2-33 是专门针对高黏度改性沥青制定的相关技术标准，其中，深圳 I 号高黏度改性沥青的技术指标相对于前两种高黏度改性沥青在软化点、15℃延度和 60℃动力黏度指标上要求更低，特别是 60℃动力黏度的要求远小于杭州透水沥青道路技术指标的要求。这主要是由于深圳海川主要生产以高黏度改性剂为添加剂制备得到的改性沥青，故其 60℃动力黏度指标要求比成品改性沥青低。E 号高黏度改性沥青的技术指标中没有涉及 60℃动力黏度，而该指标是透水沥青路面用高黏度改性沥青技术水平的一个重要评价指标，故后续应对其进行重点研究。

综合以上，虽然国家规范和部分省份、城市、沥青供应商已经对高黏、高弹性改性沥青技术指标作出了相应的要求，但由于广东省具有特殊的地理气候环境特点，上述指标仅能借鉴参考，并不能照搬照抄，需要进行进一步的针对性研究。

2.4.2 透水沥青路面高黏沥青指标讨论

结合国内外现有研究理论成果、技术规范、工程案例的综合分析，目前透水沥青的技术难点和关键之处在于：路用性能保障与材料选择、设计技术指标关系理论研究和确定；地区区域特性环境对特定工程技术实施的影响和指标调整；"拌合、摊铺、施工、压实、检测、路用性能"全过程一体化考虑和控制。透水沥青路面沥青宜采用成品高黏改性沥青并应具备如表 2-36 所示特征。

透水沥青路面沥青应具备的主要特征　　　　　　　表 2-36

项目	混合料技术要求	沥青技术要求
集料抗飞散性	为了确保混合物的稳定性，要使其与集料牢固地结合，必须具有强大的包裹力和黏附力	黏附力大的沥青(高韧度，高抗拉强度)
气候适应性	由于混合物具有高的空隙率，因此易受日光及空气的影响，要求包裹集料的沥青膜要有足够的厚度	气候适应性好、能够形成厚薄膜的高黏沥青
耐水性	由于铺设体内雨水的渗透，为确保耐水性(抗剥离性)，有必要要求沥青具有极好的黏附性	对集料附着性高、抗剥离性好的沥青

根据路用性能保障与材料选择、设计技术指标关系理论，透水沥青的内聚力破坏和黏附性破坏双重破坏机制和转换机制是其飞散和耐久性不足的关键，需要通过控制软化点、动力黏度、黏韧性、韧性、低温模量和韧度等技术指标值和均衡性来保障材料路用性能。

第3章 高黏改性沥青的制备与性能

基于前期研究，提出一种高黏度改性沥青的配方：基质沥青＋SBS＋增塑剂＋交联剂。根据日本学者 Shigeki 的研究可以看出，传统的聚合物改性沥青的SBS 掺量约为 5％，然而对于特殊的聚合物改性沥青，SBS 掺量应更高，这可以大大提高沥青的寿命。高黏度改性沥青属于特殊的聚合物改性沥青。由于 SBS 掺量的增加，需调整交联剂和增塑剂的掺量，并且调整改性工艺。

3.1 高黏沥青控制指标

高黏度改性沥青是以热塑性橡胶如 SBS 为主要改性剂，同时添加其他增塑剂和交联剂作为助剂形成的一种新型改性沥青。对于高黏度改性沥青，日本最早给出了确切的定义，指在 60℃时绝对黏度大于 20000Pa•s 的沥青。这种改性沥青较为普遍地应用于 PA 沥青混合料中，PA 沥青混合料由于大孔隙、间断级配的特点，为了确保混合料的长期使用性能和抗松散性能，对结合料的选用提出了较高的要求，高黏度改性沥青与普通沥青相比具有更高的 60℃动力黏度、黏韧性和韧性，成为 PA 路面首选的结合料类型。

对南方地区而言，湿热多雨的气候类型决定了其修筑透水沥青路面的必要性，因此高黏度改性沥青也逐步成为应用较为广泛的改性沥青类型。高黏度改性沥青的以下性能，决定了其对于排水、降噪沥青路面的适用性：60℃ 动力黏度大，在高温情况下和石料之间具有较强的粘结力，使石料不至于在高温条件下产生位移；软化点高，沥青混合料耐高温性能强，抗车辙能力强；黏韧性大，保证沥青与集料在常温条件下具有较高的粘结力，避免石料剥落，提高水稳定性；抗老化能力强，可有效降低透水沥青混合料在大空隙率状况下的沥青老化。

南方地区高黏度改性沥青还应用于桥面防水粘结层、路面粘结层。应用高黏度的防水粘结层和改性沥青路面粘结层能有效解决乳化沥青防水粘结层层间粘结力差以及防水能力不足的问题。高温喷洒的高黏度改性沥青防水粘结层，由于其巨大的黏度值，在温度降到常温后能够形成弹性极大的薄膜，从而有效阻止水分的下渗，同时强大的黏度增加了上下结构层之间的粘结力，防止层间推移和滑移现象的发生。

综合以上可以看出，对于高黏度改性沥青的控制指标应该主要集中在软化点、60℃动力黏度以及黏韧性和韧性指标上。对于这些控制指标的技术标准方面，日本的要求是软化点不小于80℃，60℃动力黏度不小于20000Pa·s，黏韧性和韧性分别不小于20N·m和15N·m。结合我国南方地区的实际情况，沥青路面的温度场温度区间在9.78～67.34℃之间以及超重载现象严重，尤其是公路沥青路面超重载现象更为普遍，因此60℃动力黏度不小于20000Pa·s远远不能满足路面的使用要求。

基于以上分析，高黏度改性沥青控制指标的技术标准如表3-1所示。

高黏度改性沥青的主要技术指标 表3-1

项　　　目	技术标准
软化点(℃)	≥80
动力黏度(Pa·s)	≥8.0×10⁴
黏韧性(N·m)	≥20
韧性(N·m)	≥15

3.2 高黏度改性沥青试验室制备

3.2.1 试验材料

1. 基质沥青

基质沥青作为改性沥青的基体，其性质与复合改性沥青的性能密切相关。为使研究具有区域特性，采用油源为沙特阿拉伯的福州70号沥青作为基质沥青，对其物理性能指标进行测试，试验结果如表3-2所示。

基质沥青的主要技术指标 表3-2

项　　　目	福州70号	
	原样	TFOT
软化点(℃)	49.8	54.3
针入度(25℃,0.1mm)	60	34
动力黏度(Pa·s)	448	865.8
135℃黏度(Pa·s)	0.77	

基质沥青取样流程为：将大桶基质沥青放在烘箱内，温度为135℃，加热1～2h，然后倒入2000mL的量杯中500g，取样完成。

2. SBS改性剂

根据苯乙烯-丁二烯相嵌结构方式不同，SBS改性剂有不同的规格，主要分为星型和线型两类，一般来说，星型SBS改性沥青的改性效果好于线型SBS改性沥青，但是星型 SBS 改性沥青的加工性较差，对仪器的剪切力和剪切速度要求高。

SBS 在常温下具有较好的弹性，当温度升高到 170℃以上时容易变软、熔化，适宜加工。SBS 改性沥青在路面正常使用温度下为固体，具有高拉伸强度和高温下的抗拉伸能力，高温作用下网络结构会消失，适宜拌和施工，如图 3-1 所示。

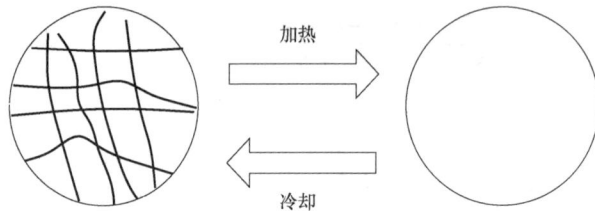

图 3-1 SBS 改性沥青结构示意图

主改性剂采用巴陵石化生产的线型 SBS1301，技术指标如表 3-3 所示。

巴陵石化 SBS 1301 技术指标   表 3-3

项　　目	单位	技术标准
S/B 比		30/70
充油率	%	0
挥发分	%	≤0.7
灰分	%	≤0.2
300%定伸应力	MPa	≥2
拉伸强度	MPa	≥15
扯断伸长率	%	≥700
扯断永久变形	%	≤40
邵氏硬度	A	≥68
熔体流动速率	g/10min	0.1～5

3. 其他掺加剂

除此之外，试验还采用了增塑剂和交联剂。

3.2.2 制备流程

对于 SBS，由于改性剂的分子量和化学结构与基质沥青不同，很难直接混溶，需要采用高速剪切机将改性剂进行研磨，从较大颗粒变成细小的颗粒，改性剂与基质沥青的接触面积增加，可以促进改性剂与基质沥青的相融。

采用高速剪切法加工改性沥青，一般都需要经过改性剂溶胀、分散磨细、继续发育三个阶段。不同阶段的工艺流程、时间和温度是不一样的，这与改性剂和加工设备有关。

采用上海启双机电有限公司生产的 AF25 型高剪切分散乳化机进行改性沥青制备。在试验室自制改性沥青时，制备的工艺主要包括剪切（搅拌）速率、剪切（搅拌）时间和剪切（搅拌）温度三个方面。方法步骤如下：

（1）称取试验所需质量的沥青，在烘箱中加热至 135℃软化备用，根据所需要质量称量好改性剂备用；

（2）将称取的基质沥青放置在电炉上加热到 185℃，加入按改性设计剂量对应的 SBS 和增塑剂，低速剪切 20min；

（3）低速剪切完成后，加入相应剂量的交联剂，保持温度稳定在 185℃，增加转速至 5000r/min，剪切 1h；

（4）剪切完成后，用机械搅拌 2h，过程中温度控制在 185～190℃，保证改性剂充分溶胀；

（5）改性沥青制备完成。

3.2.3 试验项目及方法

改性沥青试验的主要测试指标、使用仪器及试验方法如表 3-4 所示。通过薄膜老化烘箱来模拟沥青的短期热氧老化，将 50g 的沥青放置于直径为标准尺寸的老化盘，在 163℃下加热 5h。具体操作见《公路工程沥青及沥青混合料试验规程》（JTG E20—2011）。

主要测试指标、使用仪器及试验方法　　　　　　　　　表 3-4

测试指标	仪　　器	试验方法
软化点	WSY-025B 数显沥青软化点仪测定仪	T 0606—2011
针入度(25℃)	WSY-026 数显式沥青针入度测定仪	T 0604—2011
动力黏度(60℃)	WSY-08 沥青动力黏度试验仪	T 0620—2011
布氏黏度(135℃)	SP-0625 沥青布氏旋转黏度计	T 0625—2011
延度(5℃)	SY-2.0C 型低温延伸度仪	T 0605—1993
短期老化	SBX 型薄膜老化烘箱	T 0609—1993
弹性恢复(25℃)	SY-2.0C 型低温延伸度仪	T 0662—2011
黏韧性(25℃)	LKR-G 沥青黏韧性试验仪	T 0624—1993
离析(48h)	WSY-025B 数显沥青软化点仪测定仪	T 0661—2011
形貌观察	Nikon 荧光显微镜	—

3.3　试验结果与讨论

3.3.1　不同 SBS 掺量的改性沥青

不同掺量的 SBS 对沥青的改性效果是不同的，当 SBS 掺量较少时，SBS 与沥青之间呈单相或者聚合物相分布在呈连续相的沥青中；当 SBS 掺量较多时，SBS 与沥青之间形成贯通的网络，表现为两个连续相。本书主要研究高掺量对改性沥青性能的影响。试验方案如表 3-5 所示。

试验方案 表 3-5

样品	配方	工艺	试验温度
样品一	基质沥青+6%SBS	剪切 1h+搅拌 2h	180～190℃
样品二	基质沥青+8%SBS	剪切 1h+搅拌 2h	180～190℃
样品三	基质沥青+9%SBS	剪切 1h+搅拌 2h	180～190℃

注：以下对只掺加 SBS 的改性沥青称为 SM（SBS Modified Asphalt）。

对不同 SBS 掺量的改性沥青进行物理性能测试，试验结果如表 3-6 所示。

不同 SBS 掺量改性沥青的试验结果 表 3-6

项　　目		样品一	样品二	样品三
软化点（℃）		88.4	94.9	100
针入度（25℃，0.1mm）		38.5	36.8	33.3
延度（5℃，cm）		26.2	29.5	28.8
拉伸柔度（cm/N）		0.14	0.17	0.19
动力黏度（60℃，Pa·s）		9744	24511	31240
旋转黏度（135℃，Pa·s）		6.52	7.83	7.79
黏韧性（25℃，N·m）		24.5	25.7	25.8
韧性（25℃，N·m）		17.3	16.7	16.5
弹性恢复（%）	3min	85	88	90
	60min	100	100	100
离析（℃）		43.5	47.5	48.4
TFOT 老化后				
软化点（℃）		52.4	67.3	77.5
针入度（25℃，0.1mm）		40.3	36.3	33.9
延度（5℃，cm）		17.1	18.6	17.9
拉伸柔度（cm/N）		0.09	0.11	0.08
动力黏度（60℃，Pa·s）		1435	5125	6128
黏韧性（25℃，N·m）		16.7	23.7	20.1
韧性（25℃，N·m）		11.2	15.2	14.1
弹性恢复（%）	5min	69	70	75
	60min	91	94	97

基质沥青中加入 SBS 后，在温度和机械的作用下，聚苯乙烯（PS 段）软化流动，SBS 在沥青中溶解，聚丁二烯则充分吸收沥青中的油分和轻组分，体积变大。冷却后，PS 再度硬化，形成交联的聚合物网络结构，从而使沥青结合料的高低温性能得到很大的改善，并赋予沥青某些橡胶的特性。

从表 3-6 中可以看出，对于只掺加 SBS 的改性沥青而言，其物理性能有明显的改善。高温性能改善，软化点增加，并且 SBS 掺量越多，软化点越大；低温性能也明显改善，随着 SBS 掺量的增加，延度和拉伸柔度均先升高后下降；同时，沥青的动力黏度和黏韧性均得到改善。

但是，也可以看到，SBS 改性沥青的相容性较差，产生了严重的离析现象；老化前后的软化点差也较大，说明其抗老化性能比较差；135℃旋转黏度大于规范规定值，表明其混合料的施工性能较差；针入度值太低，说明该沥青稠度太大。

3.3.2　掺加增塑剂和交联剂的 SBS 改性沥青

针对上小节三个高掺量配方的 SBS 改性沥青，不管是 6％、8％或者是 9％，均存在一些缺点，主要有以下几个：针入度过低；相容性差，离析严重，旋转黏度太大，和易性差；老化后软化点损失大，抗老化性能差。

为了改善 SBS 改性沥青的抗老化性能，减小离析，考虑掺加交联剂以改善其性能；为了改善沥青的施工和易性，降低沥青的 135℃旋转黏度，增加改性剂和沥青之间的相容性，需掺加一定比例的增塑剂。试验方案如表 3-7 所示。

试验方案　　　　　　　　　　　　　　表 3-7

样品	配方	工艺	试验温度
样品一	基质沥青＋6％SBS＋4％增塑剂＋0.2％交联剂	剪切 1h＋搅拌 2h	180～190℃
样品二	基质沥青＋8％SBS＋6％增塑剂＋0.25％交联剂	剪切 1h＋搅拌 2h	180～190℃
样品三	基质沥青＋9％SBS＋6％增塑剂＋0.25％交联剂	剪切 1h＋搅拌 2h	180～190℃
样品四	基质沥青＋9％SBS＋6％增塑剂＋0.3％交联剂	剪切 1h＋搅拌 2h	180～190℃

注：1. 以下对掺加增塑剂和交联剂的 SBS 改性沥青称为 SPCM（SBS＋Plasticizer＋crosslinker Modified Asphalt）。

　　2. 样品四由于交联剂过多，导致沥青过分交联，沥青制备无法完成，故以下不作分析。

1. 物理性能试验结果分析

对掺加不同增塑剂和交联剂的改性沥青进行物理性能测试，试验结果如表 3-8 所示。

掺加增塑剂和交联剂 SBS 改性沥青的试验结果　　　　　表 3-8

	样品一	样品二	样品三
软化点（℃）	88.2	95.4	98.2

续表

	样品一	样品二	样品三
针入度(25℃,0.1mm)	56.1	54.9	52.4
延度(5℃,cm)	40.4	45.7	48.6
拉伸柔度(cm/N)	0.47	0.52	0.58
动力黏度(60℃,Pa·s)	160672	229442	280580
旋转黏度(135℃,Pa·s)	4.05	5.25	5.43
黏韧性(25℃,N·m)	21.3	16.2	15.8
韧性(25℃,N·m)	15.2	11.1	10.9
弹性恢复(%) 3min	89	94	95
弹性恢复(%) 60min	100	100	100
离析(℃)	0.4	0.9	0.6
TFOT 老化后			
软化点(℃)	81.3	82.8	83.6
针入度(25℃,0.1mm)	52.8	58.7	50.8
延度(5℃,cm)	26.7	33.7	31.2
拉伸柔度(cm/N)	0.26	0.46	0.42
动力黏度(60℃,Pa·s)	45129	95452	127784
黏韧性(25℃,N·m)	20.8	16.5	16.1
韧性(25℃,N·m)	14.1	11.6	11.1
弹性恢复(%) 5min	80	84	86
弹性恢复(%) 60min	100	100	100

表 3-8 和表 3-6 对不同掺量的 SBS 改性沥青是否掺加增塑剂和交联剂进行了对比,以下对各个指标分别进行说明。

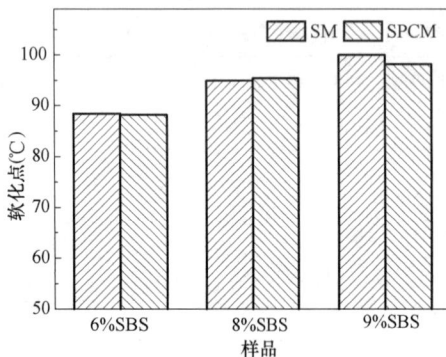

图 3-2 SBS 改性沥青软化点变化情况

（1）软化点

不同掺量的 SBS 改性沥青及其掺加增塑剂和交联剂的软化点变化如图 3-2 所示。从图中可以看出，不同掺量的 SBS 改性沥青软化点不同，随着掺量的增加，软化点逐渐增加，但是掺加增塑剂和交联剂对 SBS 改性沥青的软化点影响很小，这说明增塑剂和交联剂的掺加对 SBS 改性沥青的高温稳定性影响不大。

（2）针入度

不同掺量的 SBS 改性沥青及其掺加增塑剂和交联剂的针入度变化如图 3-3 所示。从图中可以看出，SPCM 改性沥青相比 SM 改性沥青来说，针入度提高了 20 左右（小于 60），这主要是由于增塑剂的作用，增塑剂的加入使得沥青中 SBS 可以吸收的轻质组分变多，导致沥青变软，所以针入度会显著增加。

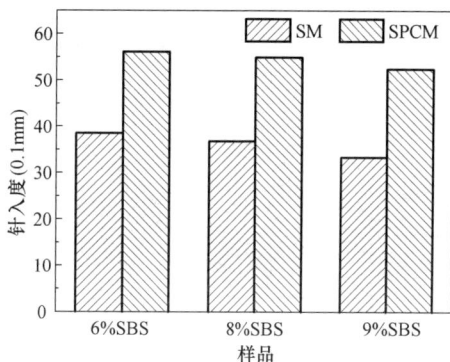

图 3-3　SBS 改性沥青针入度变化情况

（3）延度和拉伸柔度

不同掺量的 SBS 改性沥青及其掺加增塑剂和交联剂的延度和拉伸柔度变化如图 3-4 所示。从图中可以看出，随着 SBS 掺量的增加，沥青的延度和低温拉伸柔度均有所提高，但不是很明显。但是对比 SM 和 SPCM 改性沥青，可以看到掺加了增塑剂和交联剂可以明显提高沥青的延度和拉伸柔度。这说明 SBS 改性沥青掺加增塑剂和交联剂可以改善低温性能。

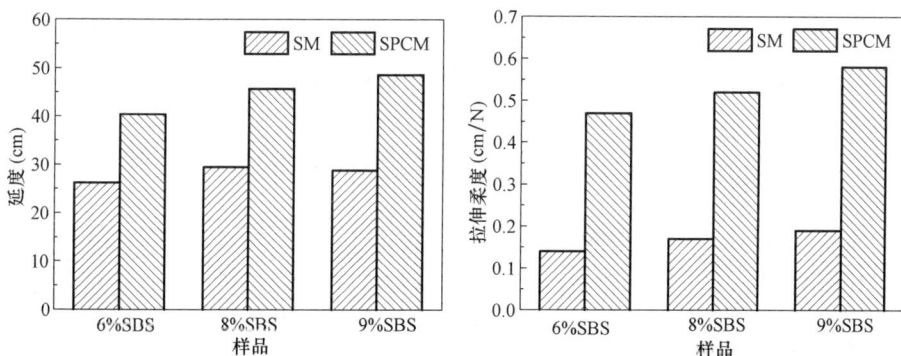

图 3-4　SBS 改性沥青延度和拉伸柔度变化情况

（4）弹性恢复

不同掺量的 SBS 改性沥青及其掺加增塑剂和交联剂的弹性恢复变化如图 3-5 所示。由于 SBS 改性沥青的 1h 弹性恢复均可达到 100%，故不作对比分析。主要分析老化前 3min 弹性恢复，也就是弹性恢复速率。这对高黏高弹沥青来说是十分重要的。从图 3-5 可以看出，随着 SBS 掺量的增加，SM 的弹性恢复速率逐渐增加，但是效果不明显。对比 SM 和 SPCM 可以看出，掺加增塑剂和交联剂对 SBS 改性沥青弹性恢复速率的改善更为明显。

（5）135℃旋转黏度

不同掺量的 SBS 改性沥青及其掺加增塑剂和交联剂的 135℃旋转黏度变化如图 3-6 所示。从图中可以看出，三种 SM 改性沥青的旋转黏度均过大，这不利于施工和易性。对比 SM 和 SPCM 改性沥青，可以看到，掺加增塑剂和交联剂可以改善沥青的施工和易性。

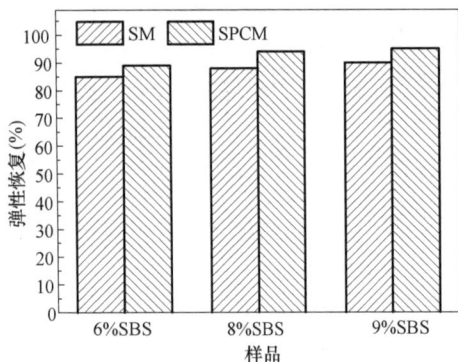

图 3-5　SBS 改性沥青弹性恢复变化情况

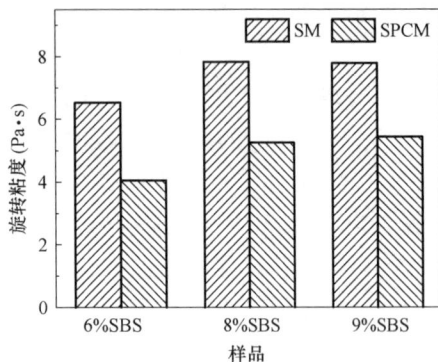

图 3-6　SBS 改性沥青旋转黏度变化情况

（6）黏韧性和韧性

不同掺量的 SBS 改性沥青及其掺加增塑剂和交联剂的黏韧性和韧性变化如图 3-7 所示。从图中可以看出，不同 SBS 掺量的 SM 改性沥青的黏韧性和韧性差异不大，但是对比 SM 和 SPCM 可以看到，掺加增塑剂和交联剂会降低沥青的黏韧性和韧性，并且只有 6％SBS 掺量的 SPCM 改性沥青的黏韧性和韧性满足高黏高弹沥青的要求。

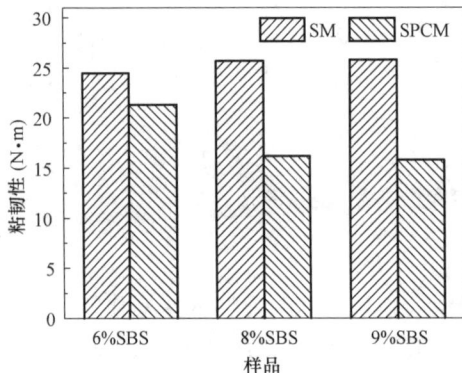

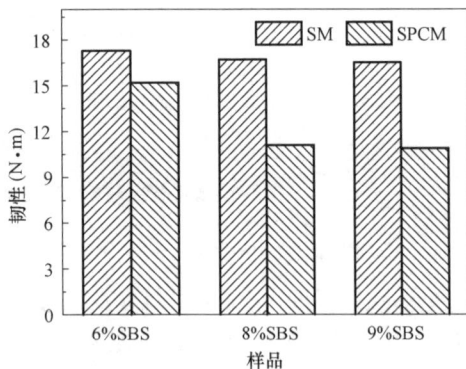

图 3-7　SBS 改性沥青黏韧性和韧性变化情况

（7）60℃动力黏度

不同掺量的 SBS 改性沥青及其掺加增塑剂和交联剂的 60℃动力黏度变化如图 3-8 所示。从图中可以看出，随着 SBS 掺量的增加，SM 改性沥青的动力黏度逐渐增加。掺加增塑剂和交联剂可以显著改善沥青的动力黏度，并且对 SPCM 改性沥青而言，SBS 的掺量增加，动力黏度也会增加。

（8）离析

不同掺量的 SBS 改性沥青及其掺加增塑剂和交联剂的软化点差如图 3-9 所示。从图中可以看出，对比 SM 改性沥青和 SPCM 改性沥青的软化点差可以看出，掺加增塑剂和交联剂的 SBS 改性沥青的相容性明显得到改善。这主要是因为交联剂与 SBS 形成了交联的聚合物网络结构，使得沥青的相容性变好。

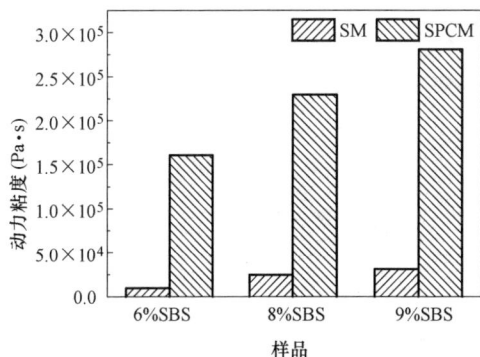

图 3-8　SBS 改性沥青动力黏度变化情况　　图 3-9　SBS 改性沥青离析软化点差变化情况

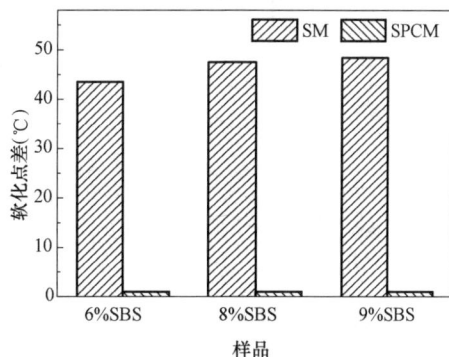

2. 综合分析

综合以上结果分析可以看出，SM 改性沥青虽然相比基质沥青而言性能有不少的改善，但仍然有一些不足，比如抗老化性能差、离析严重等。通过掺加增塑剂和交联剂可以显著改善这些不足。

这是因为，加入增塑剂能增加沥青的溶胀程度，增大各链段间的距离，改变聚合物的柔性，使其运动能力增强，促进改性剂更均匀地分散并相互搭成网格状，增加了沥青与改性剂的相容性。加入交联剂能使 SBS 改性剂和沥青进行交联，形成性能稳定的 SBS 改性沥青。有研究指出，加入交联剂后，SBS 与沥青发生化学反应，形成 SBS-沥青接枝物，降低 SBS 相和沥青相界面的表面张力，防止 SBS 聚集结团，防止聚合物微粒上浮与沥青分离造成的离析现象。

3.3.3　不同加工工艺对 SBS 改性沥青的影响

由于 SBS 改性剂掺量较高，改性剂在沥青中的分散情况可能也会影响沥青的改性效果，针对这种情况，通过改变加工工艺来研究改性工艺对 SBS 改性沥青的影响，试验方案见表 3-9。

1. 物理性能试验结果分析

对不同加工工艺的改性沥青进行物理性能测试，试验结果如表 3-10 所示。

试验方案　　　　　　　　　　　　　　　　　　　　　表 3-9

样品	配方	工艺	试验温度
样品一	基质沥青＋8％SBS＋6％增塑剂＋0.25％交联剂	剪切 1h＋搅拌 2h	180～190℃
样品二	基质沥青＋8％SBS＋6％增塑剂＋0.25％交联剂	剪切 1h＋搅拌 4h	180～190℃
样品三	基质沥青＋8％SBS＋6％增塑剂＋0.25％交联剂	剪切 1h＋搅拌 6h	180～190℃

不同加工工艺改性沥青的试验结果　　　　　　　　　　表 3-10

		样品一	样品二	样品三
软化点（℃）		95.4	93.3	86.8
针入度（25℃，0.1mm）		66.3	64.9	68.2
延度（5℃，cm）		45.7	44.1	39.2
拉伸柔度（cm/N）		0.52	0.53	0.48
动力黏度（60℃，Pa·s）		229442	＞300000	＞300000
旋转黏度（135℃，Pa·s）		5.25	7.95	7.68
黏韧性（25℃，N·m）		16.2	16.9	17.6
韧性（25℃，N·m）		11.1	11.9	12.6
弹性恢复（%）	3min	94	93	95
	60min	100	100	100
离析（℃）		0.9	0.8	0.8
TFOT 老化后				
软化点（℃）		82.8	84.5	79.2
针入度（25℃，0.1mm）		58.7	49.9	57.7
延度（5℃，cm）		33.7	30.5	29.3
拉伸柔度（cm/N）		0.46	0.41	0.38
动力黏度（60℃，Pa·s）		95452	165582	131968
黏韧性（25℃，N·m）		21.8	17.6	18.9
韧性（25℃，N·m）		16.3	12.6	12.9
弹性恢复（%）	5min	84	87	85
	60min	100	100	100

　　为了更直观地分析加工工艺对 SBS 改性沥青的影响，以样品一为基准，对三个样品进行归一化处理，得到归一化系数。归一化系数＞1.0，说明该指标变大；归一化系数＜1.0，说明该指标变小。以下对各个指标随加工工艺的变化情况依次分析说明。

　　（1）软化点

　　沥青软化点随着加工工艺的不同而变化。软化点表征了沥青的软硬程度，软化点越高说明沥青变软时的温度越高，沥青的高温稳定性越好。从表 3-10 可以看出，老化前软化点均大于 85℃，沥青的高温性能均较好。如图 3-10 可以看出，沥青的软化点随搅拌时间的增加而下降，并且搅拌 6h 时软化点下降更明显。就软化点而言，样品一和样品二较好。

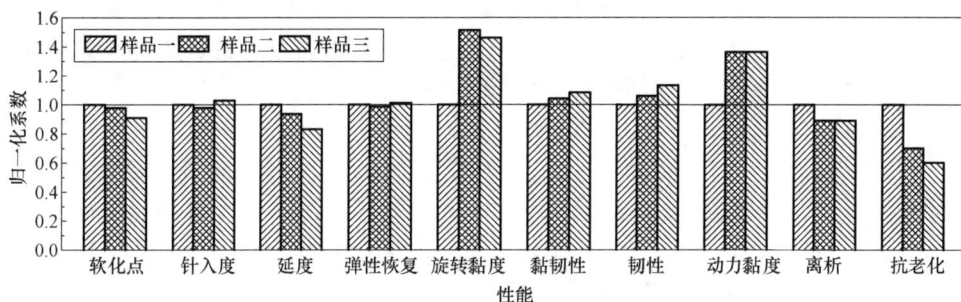

图 3-10　加工工艺对沥青的性能影响

（2）针入度

沥青针入度随着加工工艺的不同而变化。针入度用来表征沥青的抗剪切能力和稠度。针入度值越小，沥青的抗剪切能力越强。从图 3-10 可以看出，随着搅拌时间的增加，沥青的针入度先降后升，就针入度而言，样品二的性能最好。

（3）延度与拉伸柔度

沥青延度与拉伸柔度随着加工工艺的不同而变化。采用的测力延度是在 5℃ 的试验条件下测得的，用来表征沥青的低温性能。对于南方地区而言，部分地区冬季温度会降到 5℃ 以下，因此采用 5℃ 延度评价低温性能是必要的。从图 3-10 可以看出，随着搅拌时间的增加，沥青的延度有所下降，说明过多的搅拌对沥青的低温性能不利。

（4）弹性恢复

沥青弹性恢复随着加工工艺的不同而变化。弹性恢复表征沥青受到外力后恢复到原状态的能力，主要研究 3min 和 60min 的弹性恢复。从表 3-10 可以看出，对于 60min 弹性恢复，不同搅拌时间的沥青弹性恢复都为 100%；3min 弹性恢复表征的是沥青的弹性恢复速率，三者的弹性恢复速率均大于 82%，都能满足路用性能要求。从图 3-10 可以看到，搅拌时间对弹性恢复的影响不大。

（5）135℃旋转黏度

沥青 135℃ 旋转黏度随着加工工艺的不同而变化。从表 3-10 可以看出，三个样品的旋转黏度均大于 5Pa·s，这不利于施工和易性，并且从图 3-10 可以看出，随着搅拌时间的增加，沥青的旋转黏度会显著增加，这对沥青更加不利。

（6）黏韧性和韧性

沥青黏韧性和韧性随着加工工艺的不同而变化。从图 3-10 可以看出，随着搅拌时间的增加，沥青的黏韧性和韧性均有所增加，但是不同搅拌时间对沥青的黏韧性和韧性的影响不是特别大。

（7）60℃动力黏度

沥青60℃动力黏度随着加工工艺的不同而变化。从图3-10可以看出，随着搅拌时间的增加，沥青的动力黏度会显著增加。从表3-10可以看到，老化前沥青的动力黏度均大于200000Pa·s，远远大于高黏度改性沥青的技术要求，这对于路面在高温使用阶段的性能是有利的。

（8）存储稳定性

沥青离析软化点差随着加工工艺的不同而变化。沥青的离析试验用来表征沥青的储存稳定性，试验采用软化点差这一技术指标来评价改性沥青的储存稳定性。从表3-10可以看出，三个样品均没有产生离析现象。从图3-10可以看出，不同的搅拌时间对沥青的储存稳定性没有影响，均没有出现离析现象。

2. 综合分析

综合以上可以看到，搅拌时间会影响沥青的物理性能。可以改善某些物理性能，也会对沥青的一些性能产生不良影响。从图3-10可以看出，加工工艺不同对沥青135℃旋转黏度、60℃动力黏度和抗老化性能影响较为显著，而对其他性能的影响较小。因此，在实际生产中，针对高掺量的SBS改性沥青，不建议通过增加加工时间来改善沥青的性能。

综合以上分析，对SBS掺量为8％和9％的改性沥青，通过增加搅拌时间，与SBS掺量为6％的改性沥青相比，其物理性能没有起到改善作用。因此，得到试验室制备的最佳配方为：70号基质沥青＋6％SBS＋4％增塑剂＋0.2％交联剂。制备温度为180～190℃，制备工艺为剪切1h，搅拌2h。

3.4 中试生产

基于试验室小试确定的配方，确定了高黏度改性沥青中试的生产配方。目的在于确定大规模生产中改性剂的掺量及加热温度的控制，对生产配方及方案进行微调。制备过程中各个阶段的温度见试验流程。

3.4.1 生产设备

试验采用的是上海威宇公司提供的改性沥青反应釜设备，其技术参数如表3-11所示。反应釜结构示意图如图3-11所示。

3.4.2 原材料

1. 基质沥青

试验采用的基质沥青为厦门新立基生产的70号道路石油沥青（油源为沙特

阿拉伯）。此次中试生产沥青用量为 80kg。其物理性能如表 3-12 所示。

反应釜技术参数   表 3-11

编号	设备名称	规格	数量	技术参数
1	沥青熔融罐	$\phi500\times770$、$V=130L$	2 台	平盖锥底，导热油加热
2	加料斗	200×150	1 台	方扣锥形
3	沥青配料罐	$\phi600\times800$	2 套	平盖锥底，导热油加热
4	剪切机	IBE405 乳化剂	1 台	公路 5kW
5	搅拌器	二叶桨，0.45kW	2 套	桨叶式搅拌，转速<50rpm
6	高速剪切机	100L，0.55kW	1 台	
7	导热油池	$\phi300\times800$	1 台	内设两支 9kW 加热管
8	导热油膨胀罐	$\phi200\times330$	1 台	锥底敞口容器
9	导热油循环泵	2CY-3.3/0.33	1 台	流量 3.3m³/h，压力 3.3kg
10	管路、阀门系统	DN50、DN25	1 套	沥青管路为 DN50 管阀、导热油管路为 DN25 管阀
11	操作平台	$2000\times1000\times400$	1 套	台式
12	电控柜	$600\times400\times600$	1 套	内置控制剪切机、搅拌机、导热油泵和加热控制装置

2. SBS 改性剂

试验采用的 SBS 改性沥青为巴陵石化分公司供应的线型 SBS1301，其技术指标如表 3-12 所示。

3. 增塑剂和交联剂

试验采用的增塑剂和交联剂均为外购。

3.4.3 生产流程

生产流程主要分为以下几个步骤，每个步骤都要严格控制剪切（搅拌）的时间和温度。

（1）将桶装的基质沥青加热至 130℃ 倒入沥青熔融罐中以备取用；

（2）对导热油进行加热，同时打开油泵对导热油进行循环。为了避免基质沥青的过度加热，只打开要取用的沥青熔融罐的导热油阀门进行导热油循环。另外一个沥青熔融罐不进行导热油循环，同时要打开乳化泵的导热油阀门，乳化泵的阀门不可长时间处于加热状态；

（3）当温度达到 150～155℃ 时，方可将沥青倒入加料斗，开启乳化泵，将加料斗里面的沥青通过乳化泵导入沥青配料罐，同时升高导热油的温度，将沥青加热至 170～180℃，控制温度不大于 180℃；

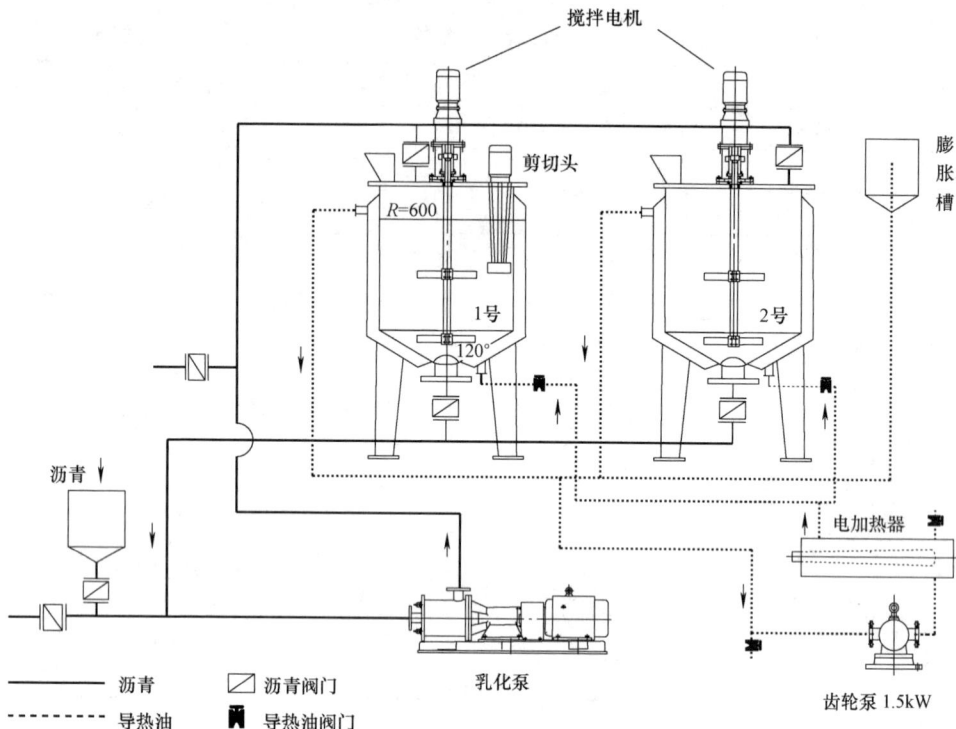

图 3-11　反应釜结构示意图

（4）当配料罐里的沥青温度达到 170～180℃时，先加入增塑剂，低速搅拌10min 使增塑剂和沥青充分混合；

（5）加入 SBS 改性剂，SBS 按 100g/min 的速度投入，增塑剂和 SBS 加入完成后，低速搅拌 30min；

（6）搅拌结束后，打开配料罐的阀门，同时打开乳化泵，对沥青进行高速剪切，并导入沥青溶胀罐，沥青经过一次乳化泵，算剪切 1 次，连续剪切 4 次；

（7）待第 4 次剪切完成后，在配料罐中加入交联剂，同时打开剪切机和搅拌机，通过剪切机的翻滚作用使交联剂充分分散，剪切时间为 20min；

（8）待剪切结束后，将沥青由乳化泵导入溶胀罐，搅拌 1.5h，使沥青和SBS 充分反应；

（9）用准备好的铁桶把沥青接出来，同时进行倒样，准备进行物理性能测试。

以上（4）、（5）、（6）是 SBS 溶胀分散过程，这个过程中，SBS 吸收了沥青和增塑剂里面的轻质组分，充分溶胀，从而使 SBS 分散得更加均匀；步骤（7）和（8）主要是 SBS 的反应稳定阶段，在这个阶段，SBS 与交联剂产生交联反应，形成空间网络结构，生成 SBS-沥青接枝物。

3.4.4 性能比较

对比试验室和中试生产样品的物理性能测试，其测试结果如表 3-12 所示。

试验室制备和中试生产样品的试验结果　　　　表 3-12

项目		试验室样品	中试生产样品
软化点(℃)		88.7	88.8
针入度(25℃,0.1mm)		56	59.1
延度(5℃,cm)		40.4	43.9
拉伸柔度(cm/N)		0.47	0.46
动力黏度(60℃,Pa·s)		120672	87700
旋转黏度(135℃,Pa·s)		4.08	3.59
黏韧性(25℃,N·m)		21.3	26.2
韧性(25℃,N·m)		15.2	21.1
弹性恢复(%)	3min	89	89
	60min	100	100
离析(℃)		0.4	0.9
TFOT 老化后			
软化点(℃)		81.3	76.9
针入度(25℃,0.1mm)		52.8	53.1
延度(5℃,cm)		26.7	27.8
拉伸柔度(cm/N)		0.26	0.25
动力黏度(60℃,Pa·s)		65129	38784
黏韧性(25℃,N·m)		17.5	19.2
韧性(25℃,N·m)		12.3	12.6
弹性恢复(%)	5min	80	77
	60min	100	100

从试验室制备和中试生产的改性沥青样品的测试结果可以看出，中试结果符合预期。这说明，以 70 号基质沥青＋6％SBS＋4％增塑剂＋0.2％交联剂为高黏度改性沥青配方进行生产是可行的。合理的投料顺序为：先将相容剂加入基质沥青，搅拌 10min，温度控制在 170～180℃，然后在此温度下加入 SBS，溶胀 30min，剪切 4 遍（过 4 次乳化泵），然后加入稳定剂，剪切 15min，最后搅拌 1.5h 进行充分反应。

3.5　本章小结

综合以上研究，根据日本高黏度改性沥青的技术标准，结合南方地区的区域特性，确定高黏度改性沥青的具体控制指标为：软化点、针入度、60℃动力黏度、黏韧性和韧性。其中最主要的是要严格控制沥青的 60℃动力黏度、黏韧性和韧性。

通过对 SBS 单一改性沥青进行物理性能测试，可以看到 SBS 能够明显改善沥青的动力黏度，并且对沥青的黏韧性也有所增加。但是也存在着一些缺点，其中最主要的就是沥青的 135℃旋转黏度太大，施工和易性差；老化前后软化点损失严重，说明沥青的抗老化性能差，并且沥青的储存稳定性差，离析严重。

对于单一 SBS 改性沥青的一些缺点，可以通过掺加增塑剂和交联剂进行改善，增塑剂可以改善沥青的 135℃旋转黏度，交联剂可以改善沥青的抗老化性和储存稳定性。通过对比两种不同的增塑剂，确定最佳增塑剂类型和用量。

对比各种不同的 SBS 改性沥青性能可以得到试验室最佳配方为：6％SBS＋4％增塑剂＋0.2％交联剂，试验方案为：180～190℃剪切 1h，180～190℃搅拌 2h。

为了确定试验室配方是否适合工厂化生产，采用上海威宇供应的反应釜进行中试测试，测试结果发现，采用试验室配方进行中试生产的改性沥青与试验室制备的沥青物理性能大部分相同，60℃动力黏度会下降，下降幅度大概为 25％，但依然满足高黏度改性沥青的技术要求。

第 4 章　高黏度改性沥青流变性能与形貌

基于第三章提出的高黏度改性沥青最佳配方，研究增塑剂和交联剂在 SBS 复合改性沥青中的作用，以及沥青的黏弹性行为与其材料结构、物理性质和化学性质之间的关系。沥青是一种比较复杂的黏弹性材料，黏弹性材料的特点就是它的力学特性随荷载时间和温度而变化。为了清楚地了解沥青的黏弹性能，揭示增塑剂和交联剂在 SBS 改性沥青中的作用，进行流变性能测试。

4.1　基本原理

4.1.1　动态流变试验原理

不同性质的材料力学响应是不一样的。对于线弹性体，输入与响应具有相同的频率和相位，$\delta=0°$；对于线黏性体，输入与响应频率相同但相位不同，$\delta=90°$，如图 4-1 所示。

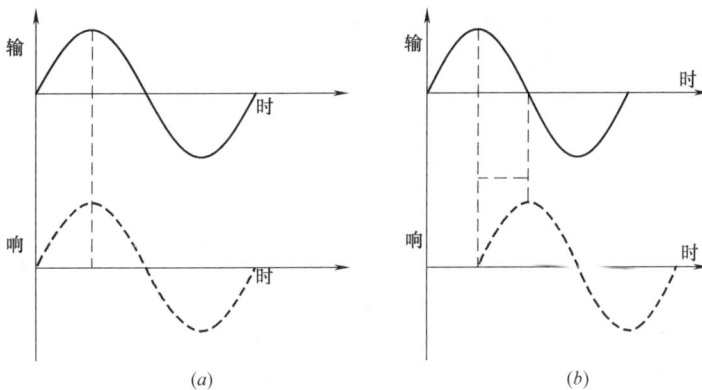

图 4-1　完全弹性和完全黏性材料的力学响应
(a) 完全弹性 $\delta=0°$；(b) 完全黏性 $\delta=90°$

在道路实际应用中，沥青通常不是完全弹性或完全黏性体，而是表现出典型的黏弹特性。对于黏弹性材料，响应滞后于输入一个相位角 δ（$0°<\delta<90°$）。

动态剪切流变仪 DSR 是美国战略公路研究计划用于研究沥青材料线黏弹性的基本试验设备，其工作原理为：将沥青试样放在固定板和振荡板之间，在振荡

71

板上施加正弦荷载。振荡板从 O 点到 A 点，再回到 O 点，然后震荡到 B 点，最后再回到 O 点，算一个周期，如此循环加载。试验采用的平板直径为 $\phi25mm$ 或 $\phi8mm$，平板间距离对应为 $1mm$ 或 $2mm$，如图 4-2 所示。

DSR 有两种控制模式：应力控制和应变控制。应力控制是输入固定的扭矩，由于沥青的抗剪切劲度有差异，在一定频率下维持摆动所需要的扭矩也不一样；应变控制是以规定的频率摆动，并测量所需要的扭矩。应力控制是扭矩相同，而板转动的弧度有所差异；应变控制则是摆动的距离一定，而扭矩略有差异。

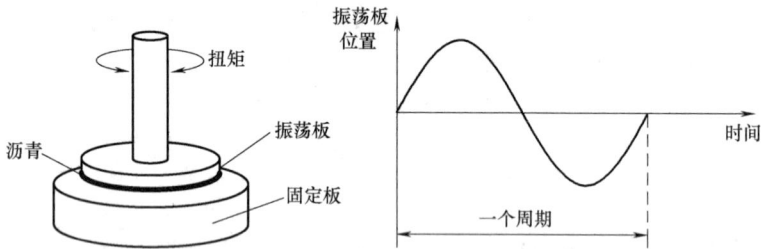

图 4-2　动态剪切流变仪示意图

通过对试样施加动态交变正弦剪切荷载（或剪切应变）来获得试样的复数剪切模量 G^* 和相位角 δ，用来表征沥青结合料的黏性和弹性性质。

主要的评价指标有：复数剪切模量 G^* 和相位角 δ，以及通过计算得到的评价指标：车辙因子 $G^*/\sin\delta$ 和疲劳因子 $G^*\sin\delta$。

复数剪切模量 G^* 是剪切应力峰值的绝对值（τ）和剪切应变峰值的绝对值（γ）的比值。

$$G^* = \frac{\tau}{\gamma} = G' + iG'' \tag{4-1}$$

$$G' = G^*\cos\delta \tag{4-2}$$

$$G'' = G^*\sin\delta \tag{4-3}$$

复数剪切模量包括弹性部分 G' 和黏性部分 G'' 两部分：G' 代表复数模量在相位中的成分，是在荷载循环中储存能量的量度，称为动弹性模量或储存弹性模量；G'' 表示复数模量的成分，是损失能量（在荷载循环中消耗的）的量度，称为损失弹性模量。如图 4-3 所示。

相位角 δ 是由于应力跟应变之间不同步产生的滞后的角度，是因沥青材料的黏性特

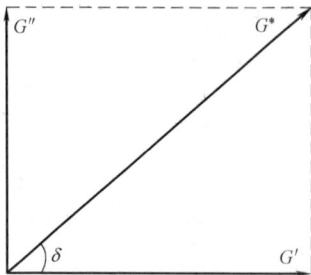

图 4-3　复数剪切模量示意图

性而产生的，反映了沥青的弹性与黏性成分的比例与影响程度。

$$\tan\delta=\frac{G''}{G'} \tag{4-4}$$

4.1.2　重复蠕变试验原理

美国 SHRP 计划的研究成果认为，DSR 试验中采用的控制应变小于沥青结合料的真实应变，为了解决这个问题，SHRP 计划提出了一种合理有效的评价沥青结合料高温性能的测试方法，即"重复蠕变试验"。

重复蠕变试验仪器采用动态剪切流变仪，试验采用应力控制模式，应力水平为 30Pa，加载方式采用"加载 1s 蠕变变形→卸载 9s 变形恢复"，记为 1 个周期，重复循环 100 个周期。采用 Burgers 模型对测试的第 50 次和第 51 次蠕变数据进行拟合。

Burgers 模型是目前最适合用于描述沥青蠕变行为且简单直观的黏弹性模型，是 Maxwell 模型和 Kelvin 模量的串联组合体，可清楚地表示沥青的黏弹特性，如图 4-4 所示。

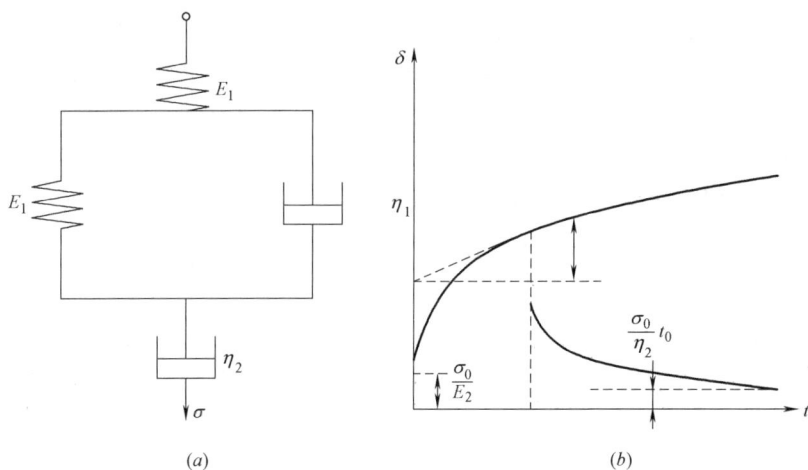

图 4-4　Burgers 模型与蠕变恢复曲线
（a）Burgers 模型；（b）蠕变恢复曲线

Burgers 模型的本构方程为：

$$\gamma(t)=\frac{\tau_0}{G_0}+\frac{\tau_0}{G_1}(1-e^{-tG_1/\eta_1})+\frac{\iota_0}{\eta_0}t \tag{4-5}$$

式中　$\gamma(t)$——剪应变；

τ_0——恒定剪应力，即蠕变荷载；

G_0——Maxwell 模型中的弹性模量，Pa；

G_1——Kelvin 模型中的弹性模量，Pa；

η_1——Kelvin 模型中的黏性系数，即黏度，Pa·s；

η_0——Max Well 模型中的黏性系数，即黏度，Pa·s；

t——蠕变时间，即加载时间，s。

为了求解 η_0，可将式（4-5）两边同除以常量 τ_0，方程变形为

$$\frac{\gamma(t)}{\tau_0} = \frac{1}{G_0} + \frac{1}{G_1}(1 - e^{-tG_1/\eta_1}) + \frac{1}{\eta_0}t \tag{4-6}$$

若用柔量表示，则方程可表达为：

$$J(t) = J_e + J_{de}(t) + J_r(t) \tag{4-7}$$

式中　$J(t)$——蠕变柔量；

J_e——弹性分量；

$J_r(t)$——延性分量，不可逆转；

J_{de}——延迟弹性分量。

重复蠕变试验是评价沥青结合料高温抗变形能力较好的方法。通过对 J_r 进行求倒数，可以用 $G_v = 1/J_r(t)$ 作为蠕变劲度的黏性分量（G_v 为蠕性劲度的黏性成分），是沥青结合料永久应变累计速率的一个好的参数，可以用来评价不同沥青的高温路用性能。

对于所有的沥青样品均采用如下三种测试模式：

（1）温度扫描：30～138℃，间隔为 2℃，频率为 10 rad/s。

（2）频率扫描：0.01 ～ 100rad/s，测试温度：25℃、30℃、40℃、50℃、60℃。

（3）蠕变试验：采用反复加载和卸载循环的模式，加载压力为 30Pa，时间为 1s，卸载时间为 9s，循环次数为 100 次。

4.2　动态剪切流变特性分析

为了研究不同改性剂对沥青的改性作用，利用流变试验对改性沥青进行测试，主要进行温度扫描试验、频率扫描试验和重复蠕变试验。

试验仪器为动态剪切流变仪（奥地利安东帕 DSR MCR102），如图 4-5 所示。

试验材料为改性沥青 SM（SBS Modified Asphalt）、SPM（SBS＋ Plasticizer Modified Asphalt）、SPCM（SBS＋ Plasticizer ＋Crosslinker Modified Asphalt）。

每个试验的沥青用量均约为 1g。具体参数如表 4-1 所示。

图4-5　动态剪切流变仪

不同试验的参数　　　　　　　　　　　　　　　　表4-1

试验		平板直径(mm)	试样厚度(mm)	荷载频率(rad/s)	试验温度(℃)
温度扫描试验	高温扫描	25	1.0	10	30~140
	低温扫描	8	2.0	10	−20~30
频率扫描试验		25	1.0	0.1~100	30、40、50、60
重复蠕变试验		25	1.0	100*(1/9)	60

100*(1/9)表示加载1s，卸载9s，重复100个循环。

SM、SPM和SPCM三种沥青的物理性能如表4-2所示。

SM、SPM和SPCM的物理性能　　　　　　　　表4-2

	SM	SPM	SPCM
软化点(℃)	91.7	89.4	88.2
针入度(25℃,0.1mm)	38.5	45.6	56.1
延度(5℃,cm)	26.2	49.9	40.4
动力黏度(60℃,Pa·s)	9744	7559	150672
旋转黏度(135℃,Pa·s)	6.52	2.75	4.05
老化前后软化点差(℃)	36.1	31.5	6.9
残留针入度(%)	101.1	101.1	94.1

4.2.1　温度扫描

为了了解增塑剂和交联剂对改性沥青温度敏感性的影响，对SM、SPM和

SPCM 改性沥青进行温度扫描，温度扫描具体分为低温扫描和高温扫描。

1. 低温扫描

（1）对老化前沥青进行低温扫描，测试结果如图 4-6、图 4-7 所示。

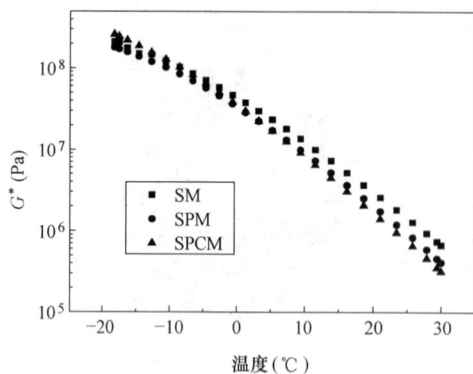

图 4-6　老化前 G^* 随温度的变化　　　　图 4-7　老化前 δ 随温度的变化

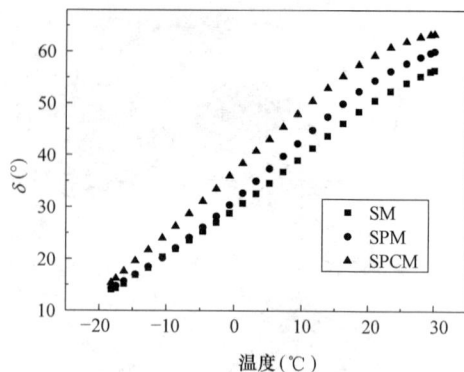

从图 4-6 可以看出，在整个低温区间内，SPCM 和 SPM 的 G^* 都小于 SM。这一方面是由于交联作用下，SBS 变成丝状，形成了蓬松的聚合物网络结构。另一方面，增塑剂的分散作用也导致了沥青变软。

从图 4-7 可以看出，SPCM 的相位角最大，SPM 的次之，SM 的最小，这说明 SBS 改性沥青的黏性性能在低温区间随着增塑剂和交联剂的加入而增加。

（2）对老化后的沥青进行低温扫描，测试结果如图 4-8、图 4-9 所示。

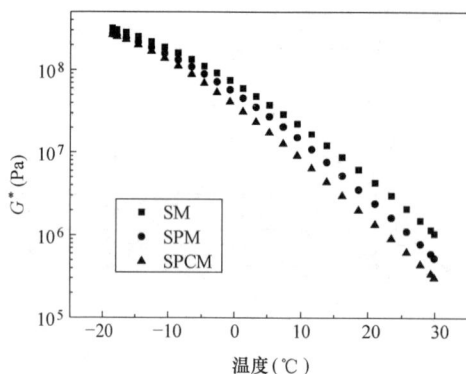

图 4-8　老化后 G^* 随温度的变化　　　　图 4-9　老化后 δ 随温度的变化

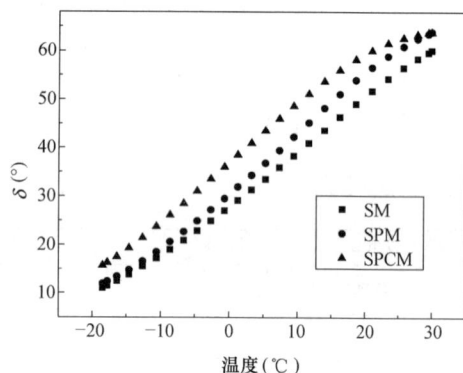

从图 4-8 可以看出，在整个低温区间，SCM 和 SPCM 的 G^* 都小于 SM，这说明虽然老化了，但是在低温区间范围内增塑剂和交联剂依然起着作用。

从图 4-9 可以看出，SPCM 的相位角也大于 SM 和 SPM，老化作用对掺加增塑剂和交联剂的 SBS 改性沥青的低温黏性没有影响。

2. 高温扫描

（1）对老化前的沥青进行高温扫描，测试结果如图 4-10、图 4-11 所示。

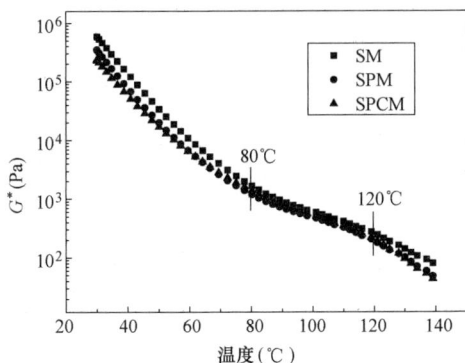

图 4-10　老化前 G^* 随温度的变化

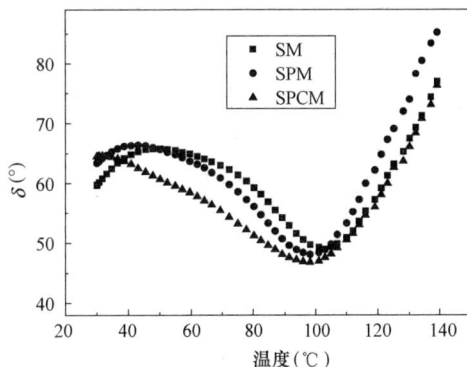

图 4-11　老化前 δ 随温度的变化

从图 4-10 可以看到不同沥青 G^* 随温度的变化而变化，在 30～80℃ 和在 120～140℃，SPCM 改性沥青的 G^* 最小，SM 的最大。这是因为，加入少量的交联剂，产生交联反应，导致 SBS 颗粒变小。但是在 80～120℃ 之间，SM、SPM 和 SPCM 的 G^* 大小差距较小，这表示在这个区间交联剂的作用最小。

从图 4-11 可以看到不同改性沥青的相位角随温度的变化而变化，在整个温度变化范围内，SPCM 的相位角都小于 SM 和 SPM，特别在 105℃ 以前，SPCM 更是远远小于 SM 和 SPM。这是交联剂的交联作用导致的。相位曲线的最小值越小意味着沥青中形成了越完整的连续聚合物网络结构，意味着 SPCM 形成了更完整的聚合物网络结构，这是由于交联剂和 SBS 的充分反应。

（2）对老化后的沥青进行高温扫描，测试结果如图 4-12、图 4-13 所示。

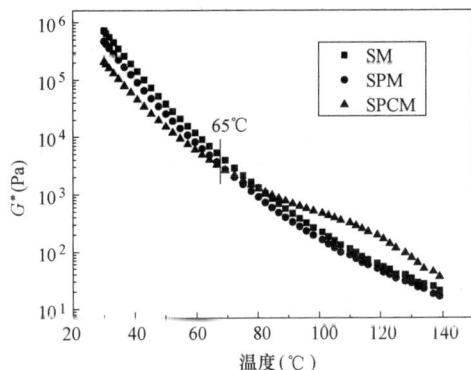

图 4-12　老化后 G^* 随温度的变化

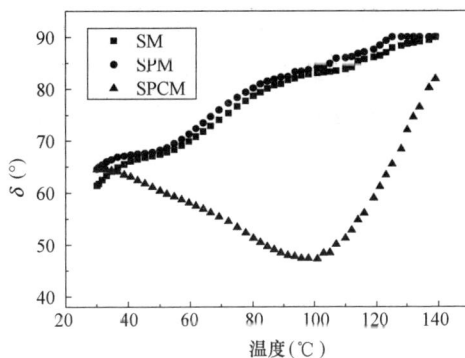

图 4-13　老化后 δ 随温度的变化

从图 4-12 可以看出，在 65℃ 之前，SPCM 的 G^* 小于 SM 和 SPM，但是在

65℃之后，SPCM 的 G^* 仍然大于 SM 和 SSM，这说明在老化后，SPCM 仍然残留有交联的聚合物网络结构。在 65℃之后，SM 和 SFM 的曲线向下凹，SPCM 向上凸，对比老化前，可以看出，这时沥青中仍有残留的聚合物网络结构。

从图 4-13 可以看出，在所有温度范围内，SM 和 SPM 的相位角远远大于 SPCM，这是由于 SBS 在老化过程中的严重分解，对老化过程十分敏感。但是 SPCM 在整个温度区间内下凹的相位角表明沥青中依然保留有聚合物网络结构。

4.2.2　频率扫描

为了了解增塑剂和交联剂与改性沥青对加载频率的敏感性之间的关系，对 SM、SPM 和 SPCM 改性沥青进行频率扫描。试验温度为 60℃，因为沥青在夏季高温的极限温度接近 60℃。

（1）对老化前的沥青进行频率扫描，测试结果如图 4-14、图 4-15 所示。

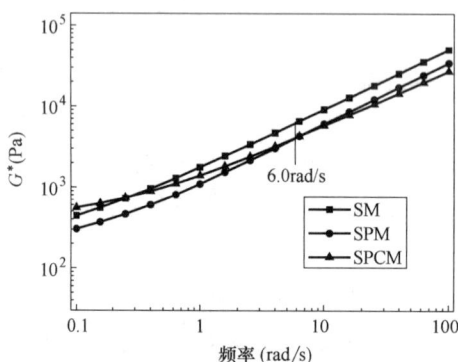

图 4-14　老化前 G^* 随频率的变化

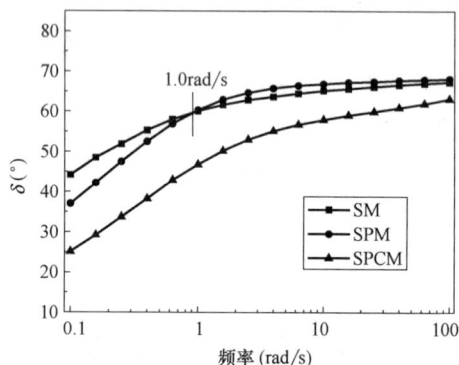

图 4-15　老化前 $δ$ 随频率的变化

从图 4-14 可以看出，掺加交联剂的改性沥青对动态剪切更加敏感。交联的 SPCM 和未交联的 SPM 在频率为 6.0rad/s 时产生交叉点，在 6.0rad/s 之前，由于交联反应形成了塑性的聚合物网络结构，SPCM 的 G^* 大于 SPM 的 G^*，但是随着频率的增加，SPCM 的 G^* 下降速度大于 SM 的 G^*，在大于 6.0rad/s 时，SPCM 的 G^* 开始小于 SPM 的 G^*，这就意味着，交联的聚合物改性沥青对动态剪切是十分敏感的。

从图 4-15 可以看出，在整个加载频率区间范围内，SPCM 的相位角小于 SM 和 SPM。这是因为 SPCM 形成了弹性聚合物网络结构。对 SM 和 SPM 而言，在频率为 1.0rad/s 处产生了交叉点，在频率小于 1.0rad/s 时，SPM 的相位角小于 SM，这说明在较低的频率下增塑剂会降低沥青的黏性；在频率大于 1.0rad/s 时，SPM 的相位角大于 SM，这意味着 SPM 在频率大于 1.0rad/s 的时候仍然具有较大的黏性。

（2）对老化后的沥青进行频率扫描，测试结果如图 4-16、图 4-17 所示。

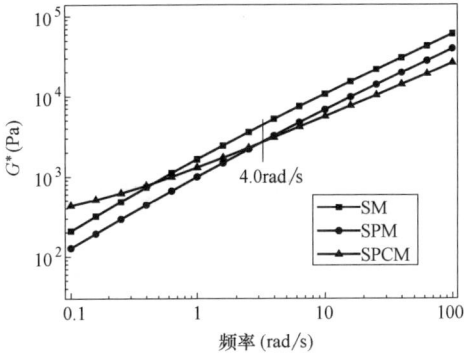

图 4-16 老化后 G^* 随频率的变化

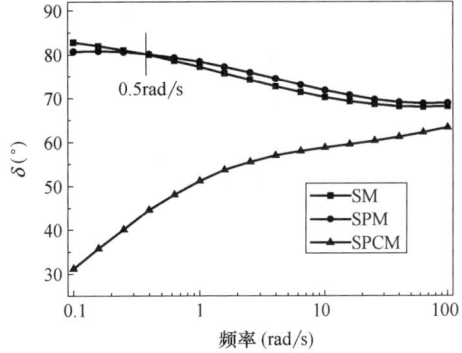

图 4-17 老化后 δ 随频率的变化

从图 4-16 可以看出，对比老化前，SPCM 和 SPM 产生交叉点的频率从 6.0rad/s 下降到 4.0rad/s，说明了交联的改性沥青对动态剪切的敏感性增加。

从图 4-17 可以看出，SPCM 改性沥青的相位角仍然小于 SM 和 SPM，跟老化前相似。这说明在老化后，SPCM 中残留有聚合物网络结构。SPM 和 SM 在 0.5rad/s 处产生交叉点，对比老化前的交叉点为 1.0rad/s，说明 SPM 的黏性有所增加。但是老化后的 SM 和 SPM 相位曲线的斜率小于老化前的，说明老化过程使改性沥青对动态剪切的敏感性有所下降。

（3）活化能 E_a

为了研究在正常路面使用情况下，沥青黏弹性跟温度的关系，以下采用五个不同工况下的温度进行频率扫描，分别为 20℃、30℃、40℃、50℃和 60℃，以 40℃为基准温度。根据时温等效原理，计算三种沥青的移动因子。

根据阿伦尼乌斯公式 ［式 (4-8)］，计算三种沥青的活化能 E_a 来研究沥青组分间的作用力，结果如表 4-3 所示。

$$\alpha_T = \exp\left[\frac{E_a}{R(1/T - 1/T_0)}\right] \tag{4-8}$$

式中　E_a——活化能，kJ/mol；

　　　α_T——移动因子；

　　　T_0——基准温度，K；

　　　T——计算温度，K；

　　　R——气体常数，$R = 8.314$kJ/(mol·K)。

由图 4-18 可以看出，老化前的活化能 E_a，SM＞SPM＞SPCM。这是由于增塑剂的加入，沥青中聚合物分子被增塑剂分散，因此 SPM 的活化能小于 SM。对于交联剂同样，由于掺加交联剂，沥青中的聚合粒由粗糙变为光滑，沥青分子

79

和聚合物之间的反应减小，分子作用力也减小，因此 SPCM 的活化能小于 SPM。

SM、SPM 和 SPCM 的活化能计算结果　　　　　　表 4-3

	E_a(kJ/mol)	
	老化前	老化后
SM	178.4	181.3
SPM	168.3	110.7
SPCM	159.5	165.1

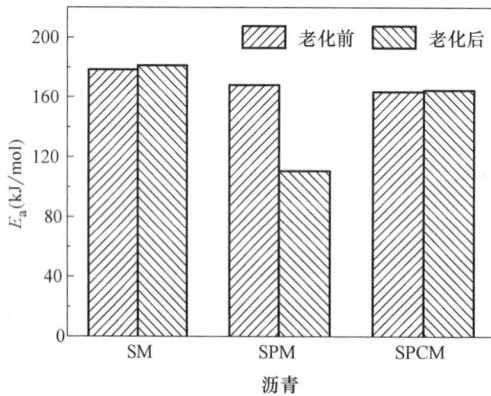

图 4-18　不同沥青的 E_a 值对比

对于老化后的沥青，SM 和 SPCM 改性沥青的活化能均有不同程度的增加，这是因为老化作用使沥青的硬组分增多，沥青分子之间的反应变强，分子间作用力变大。但是 SPM 改性沥青的活化能却大幅度减小，这是由于掺加增塑剂使溶胀的 SBS 在老化过程中老化十分严重，因此分子间的作用力有大幅减小。

4.2.3　重复蠕变试验

根据美国 NCHRP（美国公路合作研究组织）研究成果，重复蠕变试验可以用来评价沥青的高温稳定性，蠕变劲度的黏性成分 G_v 可以很好地表征沥青的永久累计变形量。因此，对沥青进行重复蠕变测试并进行 G_v 值分析。沥青作为黏弹性材料，响应具有延迟效应。在一定次数循环以后，沥青的延迟弹性逐渐稳定，G_v 的拟合消除了延迟弹性的影响，故选择第 51 个循环拟合的 G_v 值。为了更清楚地了解三种沥青的蠕变变形恢复能力，将三种沥青卸载后恢复阶段的应变进行归一化处理。归一化即以卸载瞬间的应变作为基准值进行归一处理。

对 SM、SPM 和 SPCM 进行 60℃重复蠕变试验，采用应力控制模式，应力水平为 30Pa。三种沥青的第 51 次蠕变恢复测试结果如图 4-19 所示，对蠕变恢复过程的应变恢复量归一化测试结果如图 4-20 所示。

从图 4-19 可以看出，不同改性沥青在加载、卸载模式下的应变是不一样的。SPM 改性沥青的应变最大，SM 改性沥青次之，SPCM 改性沥青的应变最低，说明掺加增塑剂会使沥青变软，所以高温变形最大，但是同时掺加增塑剂和交联剂，应变变小了，这主要是由于掺加交联剂会使 SBS 在沥青中形成空间网络结构，因此其高温抗变形能力最好。对比表 4-4 可以看到，软化点结果跟重复蠕变试验结果没有呈正相关，说明只靠软化点对沥青的高温性能进行评价并不合理。

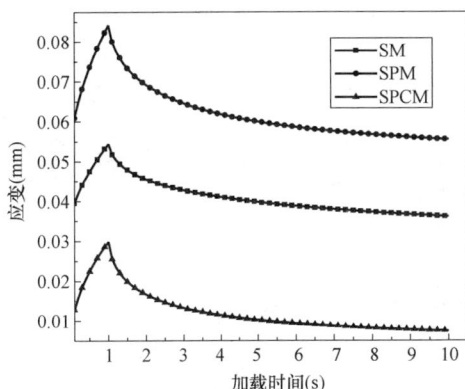

图 4-19　第 51 个周期的蠕变恢复测试结果　　图 4-20　第 51 个周期的归一化测试结果

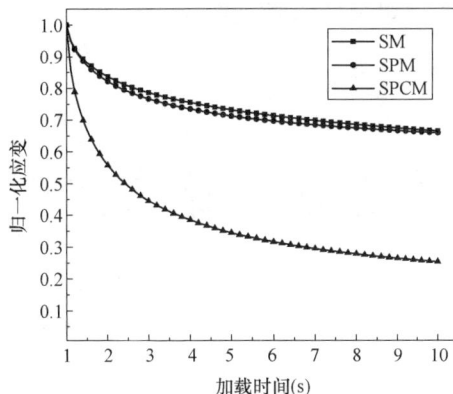

为了了解沥青在高温条件卸载情况下的蠕变变形恢复能力，对第 51 个周期卸载下的应变进行归一化处理，测试结果如图 4-20 所示。从图中可以看出，SM 和 SPM 在卸载下的残余变形高达 70％以上，而 SPCM 在卸载下的残余变形只有 25％左右。这是因为 SPCM 中存在着聚合物网络结构，其恢复能力较好。而 SM 和 SPM 两者的恢复性能均较差。这说明交联剂对 SBS 改性沥青的蠕变恢复性能起决定性作用。

利用 ORIGIN9.0 数学软件，基于 Burgers 模型本构关系式（4-6）对第 51 蠕变试验数据进行拟合，可以得到三种沥青老化前后蠕变劲度的黏性分量 G_v，这可以用来评价不同沥青的高温路用性能。三种沥青蠕变劲度的黏性分量 G_v 如表 4-4 所示。

SM、SPM 和 SPCM 的 G_v 试验结果　　　　　　表 4-4

	G_v（Pa）	
	老化前	老化后
SM	3915.7	6116.4
SPM	2253.4	4005.8
SPCM	2531.2	4518.5

由图 4-21 可以看出，三种沥青老化前的 G_v 值，SM 最大，表明其高温抗变形能力最好，由于加入增塑剂对 SBS 的溶胀作用，SPM 的 G_v 值小于 SM，约为 SM 的 58％。而随着交联剂的加入，SPCM 的 G_v 值相比 SPM 有所增加，增加大约 20％。而对于三种沥青老化后的 G_v 值，由于老化作用，沥青中的硬组分如沥青质的含量增加，沥青的高温抗变形性能增加，因此老化后的 G_v 值均大于老化

前的。这与通过软化点的测试结果来表征沥青的高温抗变形性能的结果不同，因此，改性沥青的高温性能用流变试验进行测试，结果更加可靠。同时，老化后的 G_v 值也与掺加增塑剂和交联剂有关，有同样的趋势：SM＞SPCM＞SPM。

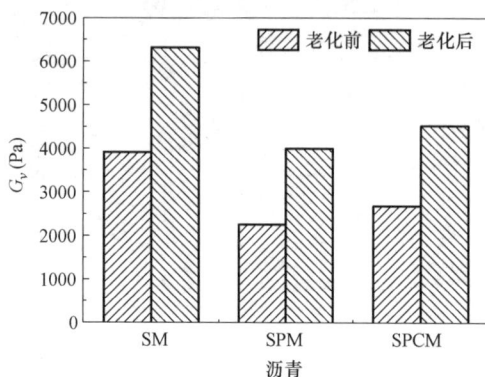

图 4-21　不同沥青的 G_v 值对比

4.3　弯曲梁流变性能分析

为了了解增塑剂和交联剂对 SBS 改性沥青低温性能的影响，对 SM、SPM 和 SPCM 沥青进行弯曲梁流变试验。采用的仪器是美国 Cannon 公司生产的弯曲梁流变仪 TE-BBR，如图 4-22 所示。

美国 SHRP 计划规定，弯曲梁蠕变劲度的评价指标为蠕变劲度 S 和 m 值。其中蠕变劲度以 8.0s、15.0s、30.0s、60.0s、120.0s 和 240.0s 处测量的劲度的对数为纵坐标，以时间为横坐标作图得到弯梁蠕变劲度。m 值为劲度对数与时间对数曲线的斜率的绝对值。如

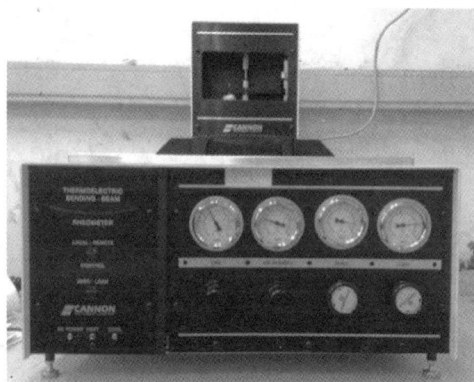

图 4-22　弯曲梁流变仪 TE-BBR

图 4-23所示。

对试验样品进行低温弯曲梁流变（BBR）试验，试验温度为－10℃。试验数据采集系统自动计算加载时间分别为 8.0s、15.0s、30.0s、60.0s、120.0s 及 240.0s 的蠕变劲度 S（MPa）和 m 值。试验结果如图 4-24、图 4-25 所示。

从图 4-24 可以看出，m 值的大小：SPM＞SM＞SPCM，蠕变劲度 S 大小：

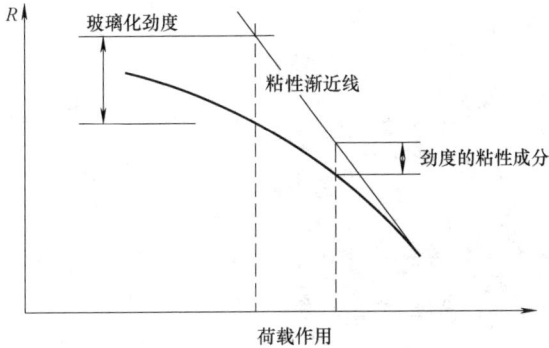

图 4-23 弯曲蠕变曲线

SPM＜SM＜SPCM。因此可以得到老化前沥青的低温性能：SPM＞SM＞SPCM，这说明由于增塑剂的加入，SBS改性沥青的低温性能有所增加，相反的，由于交联剂的加入，SBS改性沥青的低温性能有所降低。这与通过低温延度和动态剪切流变试验低温扫描的结果吻合。

从图4-25可以看出，老化后沥青的低温性能较老化前的趋势有所不同，老化后三个样品的低温性能大小：SPCM＞SPM＞SM。这主要是硫磺的加入增加了老化后沥青的黏性。

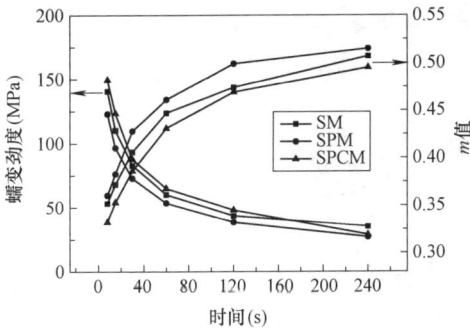

图 4-24 老化前沥青的低温性能

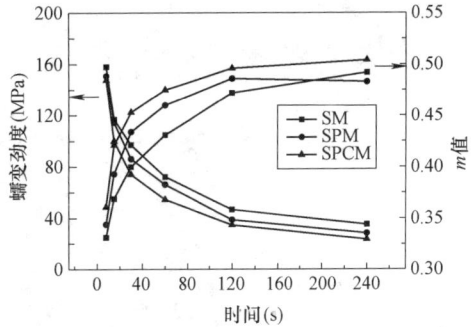

图 4-25 老化后沥青的低温性能

4.4 显微镜形貌分析

显微镜主要是观察改性剂的微观形态结构以及改性剂在基质沥青中的分布状况，利用DFM-20C型荧光显微镜对SM、SPM和SPCM改性沥青进行观察，如图4-26所示。

4.4.1 样本制作

根据光学显微镜的原理，先用镊子挑取少量改性沥青置于载玻片上，再用盖

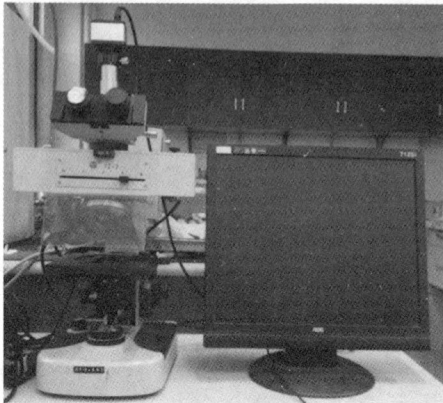

图 4-26　DFM-20C 型荧光显微镜

玻片将沥青试样压实，盖玻片下无气泡，沥青均匀地摊铺在载玻片上。

4.4.2　显微形貌观察

（1）使用荧光显微镜观察老化前 SM、SPM 和 SPCM 三种改性沥青的显微形貌，如图 4-27（*a*）（*b*）（*c*）所示。荧光显微镜放大倍数为 400 倍。

从图 4-27（*a*）可以看到，SM 改性沥青在剪切及搅拌作用下，SBS 颗粒尺寸较大，粗糙的 SBS 颗粒聚合物连续相均匀地分布在沥青中，颗粒轮廓十

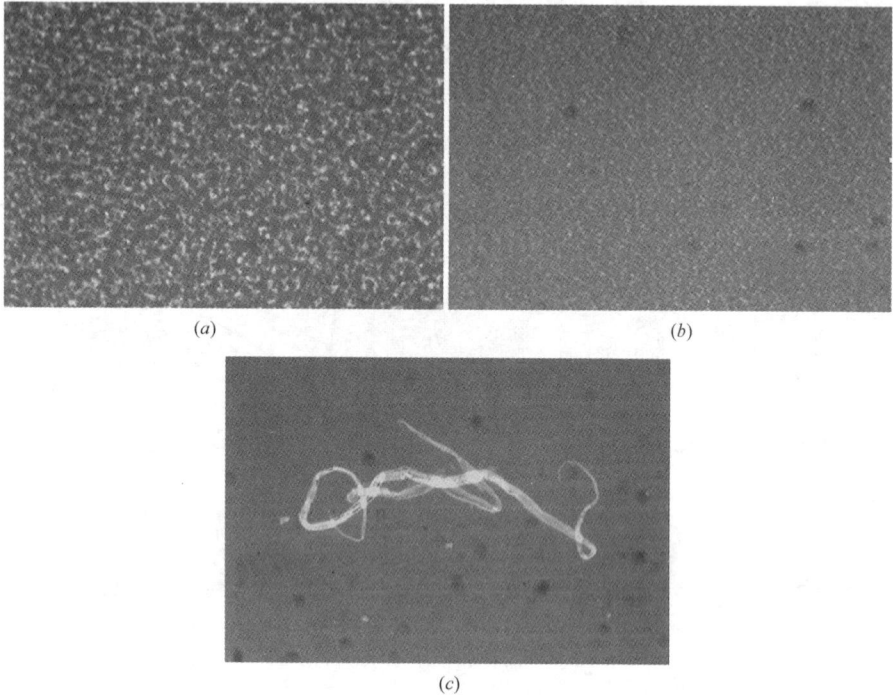

（*a*）

（*b*）

（*c*）

图 4-27　三种改性沥青老化前的形貌

（*a*）SM；（*b*）SPM；（*c*）SPCM

分明显，SBS 与沥青之间的相界面十分明显，说明 SBS 与沥青之间的相容性差。

从图 4-27（*b*）可以看到，掺加增塑剂可以使 SBS 充分溶胀，溶胀的 SBS 颗粒在充分剪切和搅拌后，形成更细的颗粒，分散得更加均匀。SBS 与沥青之间的

相界面变得模糊，说明 SBS 与沥青之间的相容性变好。

从图 4-27（c）可以看到，SPCM 的形貌对比 SM 和 SPM 有很大的变化，SBS 颗粒形成丝状，并且稀疏地分布在沥青中，纤维状的 SBS 缠绕在一起。这说明 SBS 在沥青中充分膨胀并且与交联剂充分反应生产网络状结构。

（2）使用荧光显微镜观察老化后 SM、SPM 和 SPCM 三种改性沥青的显微形貌，如图 4-28（a）（b）（c）所示。荧光显微镜放大倍数为 400 倍。

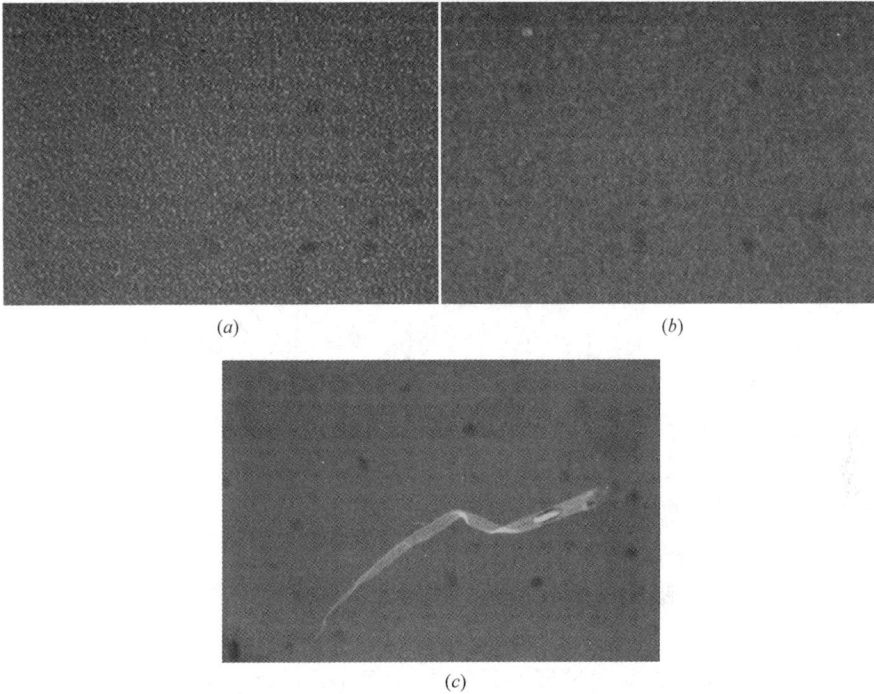

（a）   （b）

（c）

图 4-28   三种改性沥青老化后的形貌

（a）SM；（b）SPM；（c）SPCM

对比图 4-27（a）和 4-28（a）可以看到，老化过程使 SBS 颗粒变小，这说明 SBS 发生降解。

同样的，对比图 4-27（b）和 4-28（b）可以看到，SPM 改性沥青中的 SBS 颗粒轮廓变得更加模糊，大部分 SBS 颗粒已经降解。

从图 4-28（c）可以看到，老化后分布在沥青中的纤维状 SBS 变少，大部分聚合物网络结构分解并溶于沥青中。

4.4.3 物理性能-流变性能-形貌观测

沥青的物理性能和流变性能是沥青的宏观性能，形貌观测是沥青的微观性能。下面主要对沥青的宏观性能和微观性能进行关联分析，建立宏观性能和微观性能二者之间的联系。

（1）高温性能

对于沥青结合料的高温性能而言，物理性能主要是通过 60℃动力黏度和软化点来评价。其中用软化点评价高黏度沥青的高温性能更符合实际路用情况。

从流变性能的角度来看，沥青的高温性能主要通过计算 60℃重复蠕变下的 G_v 来表征，从表 4-4 可知，SM 的 G_v 值也大于 SPM 和 SPCM 的 G_v，这与通过软化点表征的结果相同。

从图 4-27 可以看出，SM 沥青中沥青与聚合物互成连续相，因此其高温性能最好，而 SPM 由于增塑剂的加入，沥青被稀释，因此高温性能大大降低，而交联剂的加入，由于交联作用，聚合物在沥青相中形成聚合物网络结构，因此 SPCM 的高温性能相比较 SPM 有所增加，但还是小于 SM。这与通过物理性能和流变性能评价得到的结果一致。

综合以上分析可知，针对高黏度改性沥青，由于其 60℃动力黏度较大，因此通过对沥青的高温性能进行评价并不合理。建议通过软化点和重复蠕变测试，结合形貌观测进行综合评价。

（2）低温性能

物理性能指标评价系统中，沥青的低温性能主要通过低温延度进行评价。从表 4-2 可知，低温延度大小：SPM＞SPCM＞SM。

从流变性能的角度来看，沥青的低温性能主要是通过低温弯曲梁流变试验进行评价，评价指标为蠕变劲度 S 和 m 值。从图 4-24 可以看出，蠕变劲度 S 大小：SPM＜SM＜SPCM，m 值的大小：SPM＞SM＞SPCM。说明低温性能：SPM＞SM＞SPCM，这与通过低温延度进行评价的结果有差别。可能是由于试验温度的差距造成的。

综合以上分析，低温延度和低温弯曲梁流变试验均可以用来表征沥青低温性能，低温延度的试验温度是固定的，而低温弯曲梁流变试验的试验温度则是根据沥青使用地区气候条件确定。因此，两者得到的低温性能会有所差别，建议在环境低温较低的情况下使用流变性能进行评价。

4.5 本章小结

通过对三种不同 SBS 改性沥青进行低温扫描可以发现，掺加增塑剂和交联剂可以改变 SBS 的低温抗裂性。

通过对三种不同 SBS 改性沥青进行高温扫描可以发现，交联后沥青中形成的 SBS 网络结构一定程度上改善了高温性能。

通过对三种不同 SBS 改性沥青进行频率扫描可以发现，交联的 SBS 改性沥青对动态剪切比较敏感。

计算三种不同 SBS 改性沥青的活化能用来表征分子间的作用力，发现老化前 SBS 改性沥青的分子间作用力 SM＞SPM＞SPCM，但是老化后，SM 和 SPCM 的分子间作用力略有增加，而 SPM 的分子间作用力却大幅减少。

通过对三种不同 SBS 改性沥青进行重复蠕变试验可以发现，交联的 SBS 改性沥青的高温性能有明显改善。

通过对三种不同 SBS 改性沥青进行低温弯曲梁流变测试，结果显示，老化前的低温性能：SPM＞SM＞SPCM，而老化后：SPCM＞SPM＞SM，SPCM 老化后表现出明显的黏性。

对 SM、SPM 和 SPCM 进行显微结构分析可以发现，增塑剂可以溶胀 SBS 颗粒，交联剂可以使 SBS 在沥青相中形成聚合物网络结构。

第 5 章　高黏沥青路用性能

自制高黏沥青样品（自制）和三种市售成品高黏沥青样品（样品一、样品二、样品三）进行老化前后沥青的基本物理性能、高温性能、低温性能、疲劳性能等路用性能进行研究。自制高黏沥青配方采用的是 SBS 复合改性沥青，市售成品沥青也均为高黏沥青。样品一、样品二为进口，样品三为国产。可以看出，四种沥青的配方不尽相同。研究不同厂商、不同配方高黏沥青的路用性能，可以更好地了解自制高黏沥青的优缺点。

5.1　物理性能试验研究

试验样品为自制高黏沥青和市售高黏沥青。自制高黏沥青样品为中试生产的沥青，三种市售沥青均为福建省常用的高黏沥青，样品一、样品二为国外知名沥青厂商生产的成品沥青，样品三为国内沥青厂商生产的成品沥青。对四种沥青进行物理性能试验，试验结果如表 5-1 所示。

<table>
<tr><td colspan="5">四种高黏沥青的物理性能</td><td>表 5-1</td></tr>
<tr><td></td><td>自制</td><td>样品一</td><td>样品二</td><td>样品三</td></tr>
<tr><td>软化点(℃)</td><td>88.8</td><td>87.2</td><td>93.6</td><td>84.4</td></tr>
<tr><td>针入度(25℃,dmm)</td><td>59.1</td><td>49.3</td><td>42.2</td><td>49.2</td></tr>
<tr><td>延度(5℃,cm)</td><td>43.9</td><td>42.1</td><td>41.8</td><td>35.5</td></tr>
<tr><td>动力黏度(60℃,Pa・s)</td><td>87700</td><td>113063</td><td>97032</td><td>47066</td></tr>
<tr><td>旋转黏度(135℃,Pa・s)</td><td>3.6</td><td>3.9</td><td>4.7</td><td>4.8</td></tr>
<tr><td>黏韧性(25℃,N・m)</td><td>22.9</td><td>18.3</td><td>20.5</td><td>19.3</td></tr>
<tr><td>韧性(25℃,N・m)</td><td>15.7</td><td>10.4</td><td>15.8</td><td>14.6</td></tr>
<tr><td>老化前后软化点差(℃)</td><td>11.9</td><td>3.7</td><td>3.3</td><td>9.4</td></tr>
<tr><td>残留针入度(%)</td><td>89.8</td><td>76.9</td><td>83.9</td><td>82.5</td></tr>
</table>

1. 结果分析

从图 5-1 可以看出，四种沥青的软化点都大于80℃，这说明高黏沥青的高温性能均较好。软化点大小依次为：样品二＞自制＞样品一＞样品三，说明样品二的高温性能最好，自制高黏沥青的高温性能次之。

从图 5-2 可以看出，四种沥青的针入度都在 40～60dmm 区间，说明沥青的抗剪性能均较好，稠度适中。对比针入度最大的自制样品和针入度最小的样品二，两者相差 17dmm，说明不同高黏沥青的针入度差异较大。

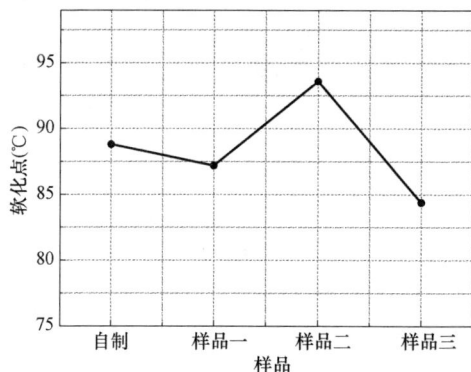

图 5-1　四种沥青的软化点

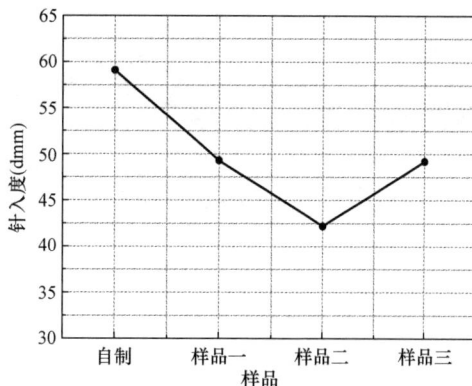

图 5-2　四种沥青的针入度

从图 5-3 可以看出，样品三的延度明显小于其他三种样品，延度越小，沥青的低温性能越好，这说明样品三的低温性能最差。

从图 5-4 可以看出，四种沥青的动力黏度均大于 45000Pa·s，均大于高黏沥青的技术标准（20000Pa·s），说明四种沥青的高温路用性能较好。

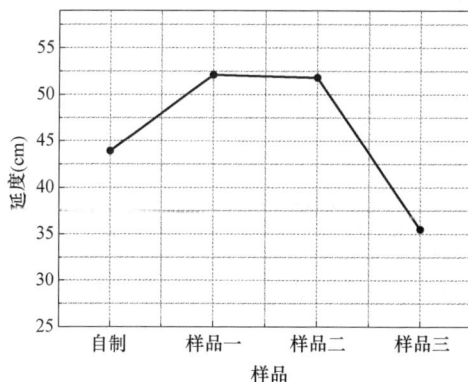

图 5-3　四种沥青的延度

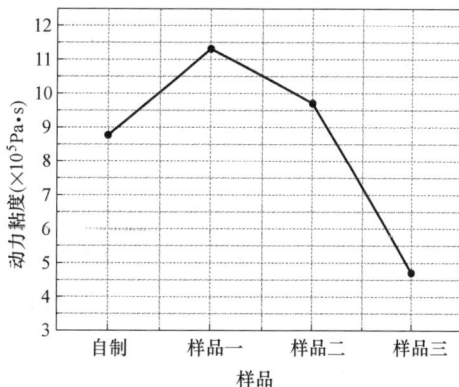

图 5-4　四种沥青的动力黏度

从图 5-5 可以看出，虽然高黏沥青的动力黏度都较大，但是旋转黏度都较小。这说明高黏沥青通过合理的配方可以明显改善其施工和易性。

从图 5-6 可以看出，自制高黏沥青的黏韧性和韧性均最大。黏韧性最大，说明自制高黏沥青的抗冲击破坏能力和握裹力最大；韧性最大，说明自制高黏沥青的黏结力最大，在外力作用下产生塑性变形时吸收能量的能力最强。

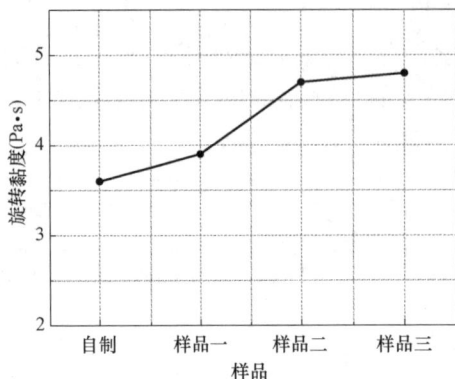

图 5-5　四种沥青的旋转黏度

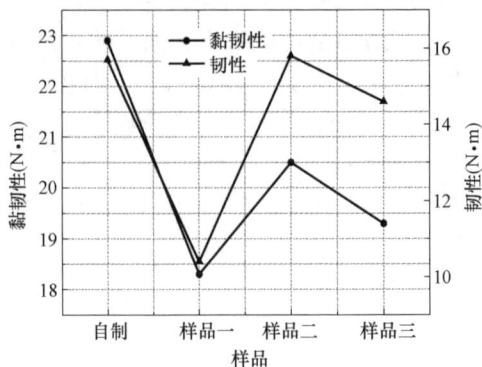

图 5-6　四种沥青的黏韧性和韧性

从图 5-7 可以看出，通过老化前后软化点变化得到自制高黏沥青的抗老化性能最差，通过残留针入度也得到自制高黏沥青时的抗老化性能最差。这说明高黏沥青的老化性能比较复杂，很大程度上和 SBS 的含量有关。

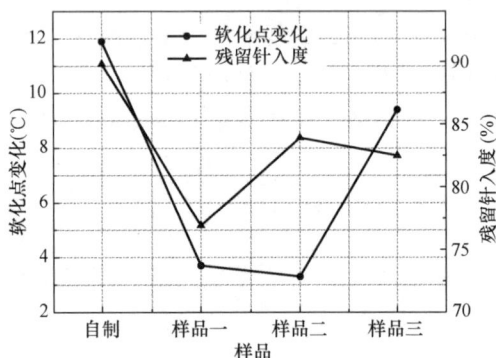

图 5-7　四种沥青的软化点变化和残留针入度

综合以上分析可知，不同高黏沥青的物理性能是不一样的，因此在选择高黏沥青时应综合区域特性和使用位置进行考虑。湿热地区应选择抗高温性能较好的沥青，北方寒冷地区应选择低温性能较好的沥青。

2. 长期老化性能

短期老化是模拟拌和、摊铺过程中的老化行为，而长期老化是沥青在道路使用过程中的老化行为。美国 SHRP 计划研究成果 Super pave 提出压力老化试验（PAV）可以用来模拟沥青在道路长期使用过程中发生的氧化老化。

压力老化试验（PAV）采用高温和压缩空气在压力容器中对沥青进行加速老化，通过模拟沥青的长期老化来评价不同沥青在试验温度和压力条件下的抗氧化老化能力。试验仪器为美国 Prentex 公司生产的 PAV 9500，如图 5-8 所示。

压力老化试验的试验参数为：压力值 2.1MPa，温度 100℃，老化时间 20h。压力老化过程为：原样沥青→进行 TFOT 老化→进行 PAV 老化，样品如图 5-9 所示。

对压力老化后的残留物进行性能测试，包括针入度及软化点指标测试、动态剪切流变试验和低温弯曲梁流变试验。软化点和针入度、延度指标测试结果如表 5-2 所示。

图 5-8　PAV9500 压力老化仪

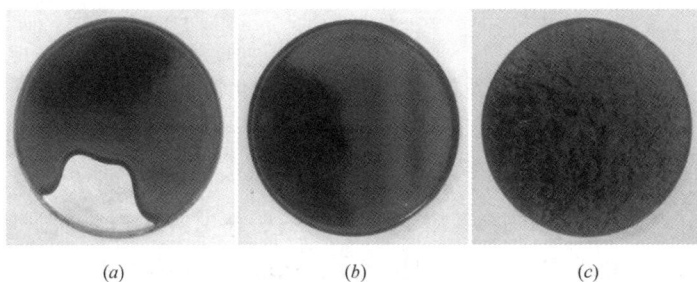

(a)　　　　　　　　(b)　　　　　　　　(c)

图 5-9　不同老化状态下的沥青样品

(a) 原样沥青；(b) TFOT 老化后沥青；(c) TFOT＋PAV 老化后沥青

四种沥青压力老化后性能指标　　　　　　　　表 5-2

		软化点(℃)	针入度(dmm)	延度(cm)
自制	原样沥青	88.8	59.1	43.3
	TFOT 老化后	76.9	53.0	28.3
	TFOT＋PAV 老化后	67.9	33.7	—
样品一	原样沥青	87.2	49.3	42.1
	TFOT 老化后	83.5	38.1	23.6
	TFOT＋PAV 老化后	77.2	25.5	—
样品二	原样沥青	93.6	42.2	41.8
	TFOT 老化后	90.3	35.5	31.7
	TFOT＋PAV 老化后	80.6	29.3	—
样品三	原样沥青	84.4	49.2	35.5
	TFOT 老化后	75.0	40.6	18.4
	TFOT＋PAV 老化后	64.6	24.8	—

通过老化前后软化点变化和老化后残留针入度对沥青的抗老化性能（包括 TFOT 和 TFOT＋PAV 老化）进行分析，如图 5-10 所示。

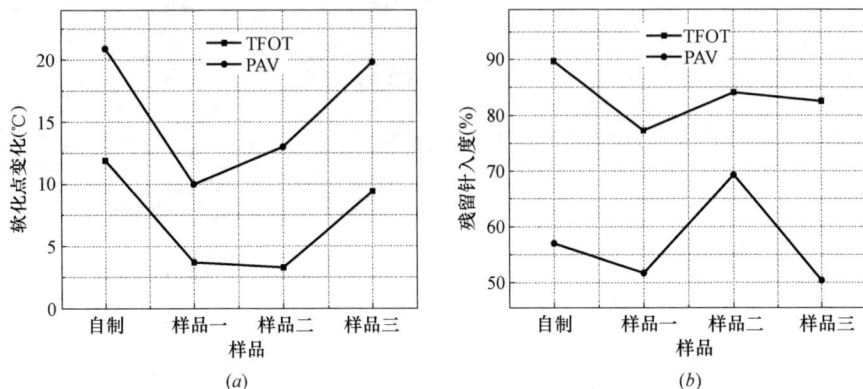

图 5-10 四种沥青的抗老化性能

（a）软化点变化；（b）残留针入度

老化前后软化点变化和残留针入度可以用来评价沥青的抗老化性能。从图 5-10（a）可以看出，在 TFOT 和 TFOT＋PAV 老化条件下，自制高黏沥青和样品三的软化点变化最大，样品一的软化点变化最小，样品二次之。从图 5-10（b）可以看到，在 TFOT 条件下，四种沥青的残留针入度相差不大，在 TFOT＋PAV 老化条件下，样品二的残留针入度最大。

综合以上分析可知，样品一的抗老化性能最好，自制高黏沥青和样品二次之，样品三的抗长期老化性能最差。

5.2 高温性能分析

在美国 SHRP 中，使用动态剪切流变仪测试沥青的高温性能，认为车辙因子 $G^*/\sin\delta$ 可以用来表征沥青结合料的高温性能，并且认为车辙因子越大，沥青结合料的高温性能越好。对四种高黏沥青进行温度扫描，得到沥青的动态剪切模量 G^* 和相位角 δ，计算其车辙因子并进行分析。

1. 不同老化条件的高温性能分析

测试同一沥青在不同老化条件下（未老化和 TFOT、TFOT＋PAV 老化）的高温性能，结果如图 5-11 所示。

从图 5-11（a）可以看出，自制沥青随着温度的增加车辙因子逐渐下降。对于自制沥青，在 30～70℃和 110～140℃区间，车辙因子：原样沥青＜TFOT 老化后沥青＜PAV 老化后沥青，这说明此区间，SBS 复合改性沥青的车辙因子随着老化变大，这是因为沥青氧化变硬，SBS 的老化降解，使得分子量减小，从而

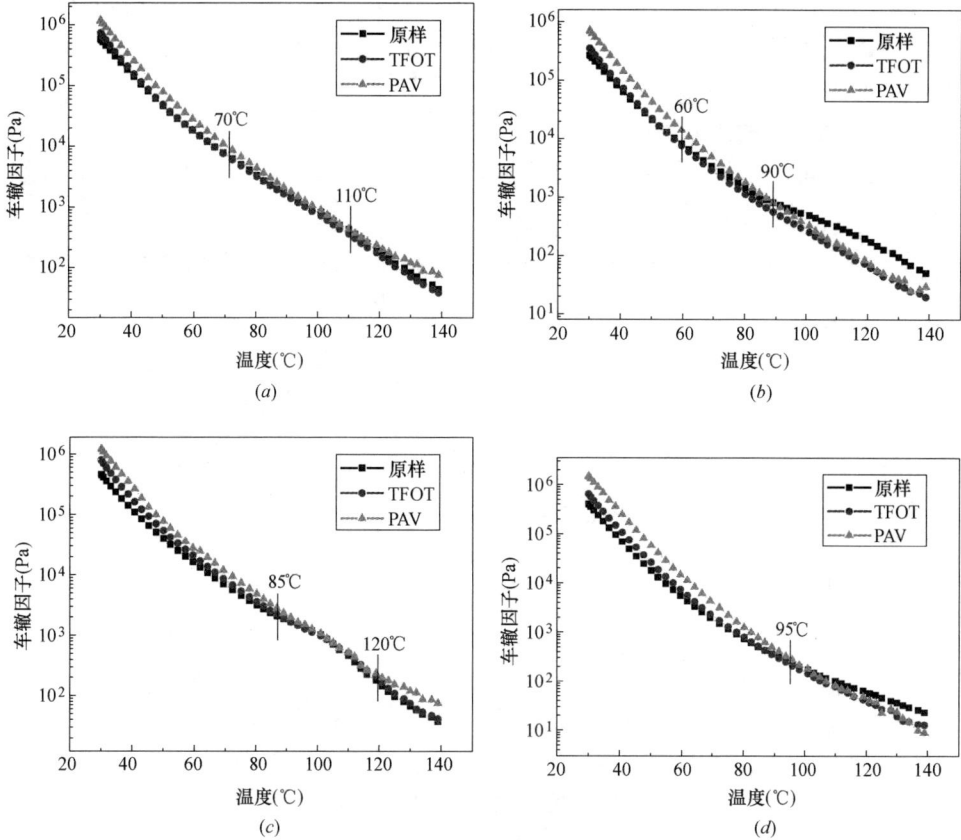

图 5-11　同一沥青在不同老化条件下的车辙因子
(a) 自制沥青；(b) 样品一；(c) 样品二；(d) 样品三

使沥青逐渐呈现出较强的弹性，抗变形能力逐步增强。在 70～110℃ 区间，三者的车辙因子大小相近，这说明 SBS 复合改性沥青在此区间对老化作用并不敏感。

从图 5-11 (b) 可以看出，样品一在温度为 60℃ 时，原样沥青与 TFOT 老化后沥青产生交叉点，在温度为 90℃ 时，原样沥青与 PAV 老化后沥青产生交叉点，在 30～60℃ 区间，原样沥青的车辙因子最小，而在 90～140℃ 区间，原样沥青的车辙因子远远大于其他两个沥青的车辙因子。

从图 5-11 (c) 可以看出，样品二原样沥青、TFOT 老化后沥青和 PAV 老化后沥青在 85～120℃ 区间车辙因子大小比较接近，在 30～85℃ 区间和 120～140℃ 区间，PAV 老化后沥青的车辙因子则大于其他两种沥青。说明在 85～120℃ 区间，样品二对短期老化和长期老化并不敏感，而在 30～85℃ 区间，车辙因子：PAV 老化后沥青＞TFOT 老化后沥青＞原样沥青，说明老化过程使沥青的抗变形能力增强。

从图 5-11（d）可以看出，样品三在温度为 95℃时，原样沥青同时与 TFOT 老化后沥青和 PAV 老化后沥青产生交叉点，在 95℃之前，原样沥青的车辙因子最小，在温度大于 95℃时原样沥青的车辙因子最大。

2. 不同沥青的高温性能分析

对比不同沥青在相同老化条件下（未老化和 TFOT、PAV 老化）的高温性能，结果如图 5-12 所示。

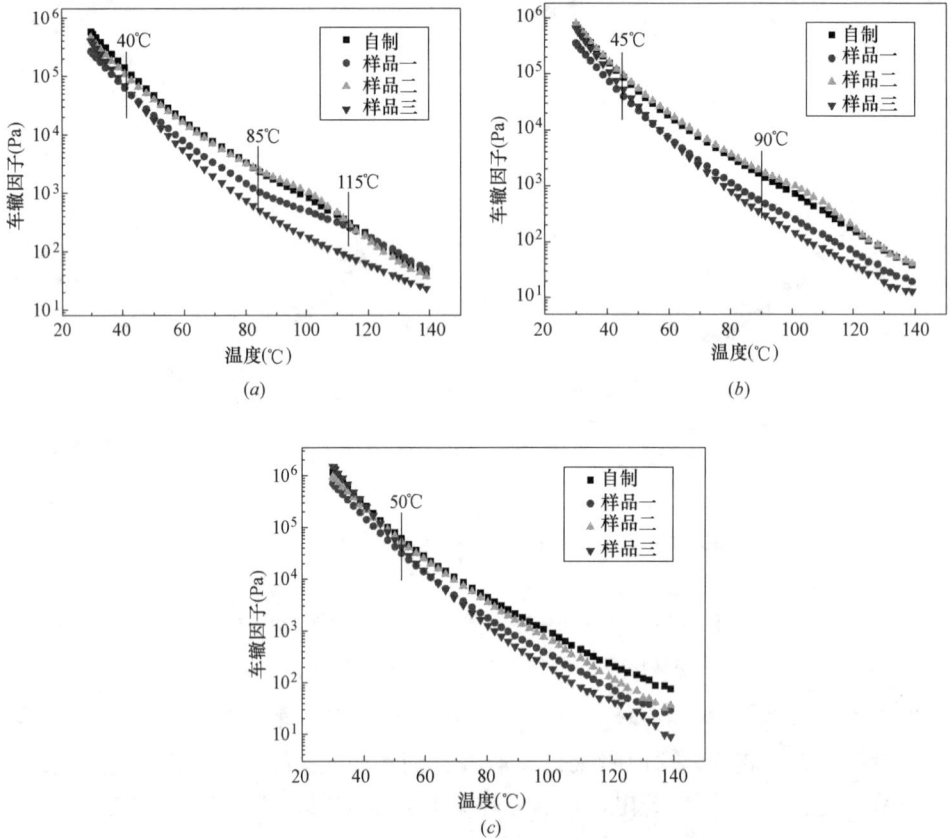

图 5-12　不同沥青在同一老化条件下的车辙因子
（a）原样沥青；（b）TFOT 老化后沥青；（c）PAV 老化后沥青

从图 5-12（a）可以看出，四种沥青在温度扫描下的车辙因子随着温度的增加逐渐减小。在温度 30～40℃之间，四种沥青的车辙因子大小相近，说明在这个温度区间下，沥青具有相似的抗车辙能力。在温度大于 50℃时，样品三的车辙因子均小于其他三种沥青，这说明样品三的抗变形能力较差。样品一在 85℃时存在拐点，说明 85℃是样品一抗变形能力的敏感点。自制沥青和样品二在整个温度扫描区间的车辙因子大致相等，在 30～115℃区间，车辙因子：样品一＜自制≈样品二，在 115～140℃之间，车辙因子：样品一≈自制≈样品二。这说明未老化的样品二对温度较为敏感。

从图 5-12（b）可以看出，沥青的车辙因子随着温度的增加而逐渐减小。在温度 30～45℃之间，四种沥青的车辙因子大小相近。但是在温度大于 45℃后，四种沥青的车辙因子两极分化，车辙因子：自制沥青≈样品二＞样品一≈样品三，并且随着温度的增加，两者之间的差距越来越大，这说明 TFOT 老化后的自制沥青和样品二的抗变形能力优于样品一和样品三，特别是高温条件下。同时可以看到，样品二在温度大于 90℃时，车辙因子迅速增加又迅速减小，这说明在此区间，样品二对温度的敏感性大于自制沥青。

从图 5-12（c）可以看出，对于 PAV 老化后的样品，四个样品在温度小于 50℃时的车辙因子大小相近，说明在温度 30～50℃区间，四种沥青的抗变形能力相似。在温度大于 50℃时，自制沥青和样品二的车辙因子明显大于样品一和样品三，说明自制沥青和样品二的高温抗变形能力相对较强。

3. 结果讨论

通过对四种沥青不同老化条件下的车辙因子分析，可以得到自制 SBS 复合改性高黏沥青的抗变形能力，无论在低温还是高温下，均高于样品一和样品三，这说明自制沥青的配方优于国产和进口的高黏改性沥青。对比自制沥青和样品二，可以看出，自制高黏沥青与样品二的高温稳定性相近，但是样品二在高温条件下的温度敏感性较高。

同时可以看出，自制高黏沥青在短期老化条件下的高温抗变形能力优于市售成品高黏沥青样品，同时，在长期老化条件下，自制高黏沥青的高温抗变形能力也高于市售成品高黏沥青，这是因为老化过程中沥青氧化变硬，因此其抗变形能力变强。特别是在极限高温条件下，自制高黏改性沥青的抗变形能力的优越性更明显。

5.3 低温性能分析

由于南方冬季极限低温温度较低，沥青路面或在短期内产生低温裂缝，这对路面的长期使用来说是不利的。因此拟研究自制沥青的低温性能。

沥青的低温性能可以用低温弯曲梁试验（BBR）进行评价，BBR 试验是美国 SHRP 的重要研究成果。BBR 试验是用蠕变劲度 S 及蠕变速率 m 值来评价沥青低温性能。沥青的蠕变劲度 S 越大，沥青越脆，沥青路面越容易开裂；而蠕变速率 m 值越大，沥青开裂的可能性越大，因此 m 值越大越好。

试验温度选择−10℃，因为南方地区冬季的最低温度为−10℃左右。

1. 不同老化条件下的低温性能分析

测试同一沥青在不同老化条件下（未老化和 TFOT、TFOT＋PAV 老化）

的低温性能，结果如图 5-13 所示。

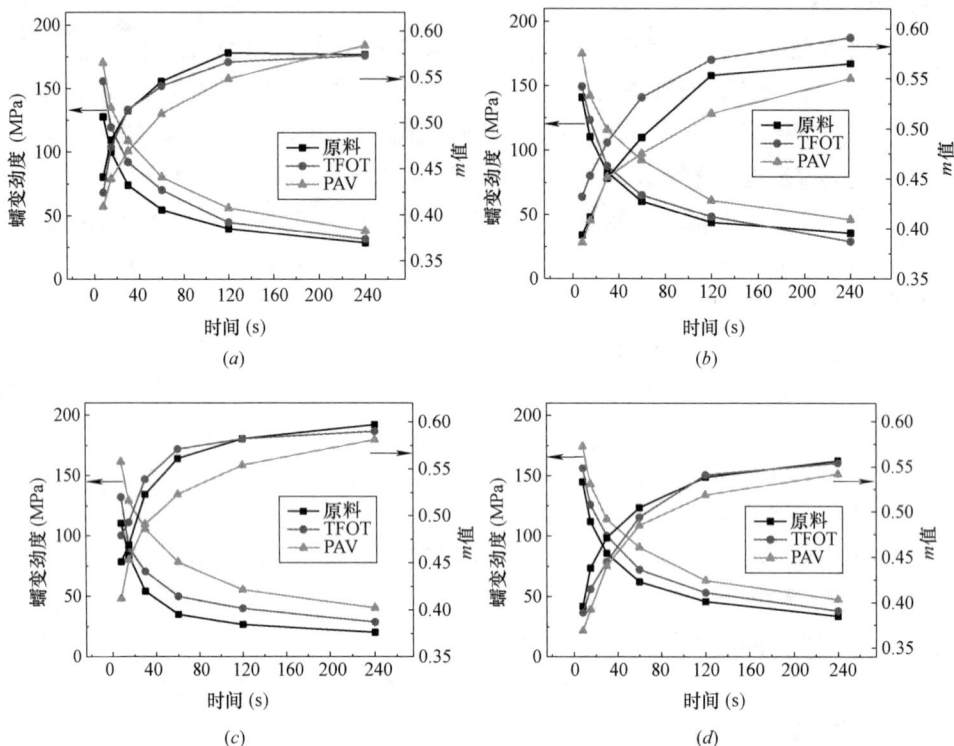

图 5-13　同一沥青在不同老化条件下的蠕变劲度和 m 值
(a) 自制沥青；(b) 样品一；(c) 样品二；(d) 样品三

从图 5-13 可以看到，沥青的蠕变劲度：原样沥青＜TFOT 老化后沥青＜PAV 老化后沥青；m 值：原样沥青＞TFOT 老化后沥青＞PAV 老化后沥青，说明短期老化和长期老化过程使自制沥青的低温抗裂性降低。这是因为沥青在老化过程轻组分挥发，沥青变硬，同时由于 SBS 颗粒在老化过程中降解，使其结构被破坏。因此，老化后沥青的低温抗裂性会明显降低。

从图 (b) (c) 可以看到，对于原样沥青和 TFOT 老化后沥青的低温抗裂性，通过蠕变劲度进行评价：原样沥青＞TFOT 老化后沥青，而通过 m 值进行评价：原样沥青＜TFOT 老化后沥青，两个评价结论相悖。这可能是因为样品一和样品二的成分比较复杂。

同时，对比图 (a) (b) (c) (d) 可以看出，对于低温抗裂性，长期老化过程的损失远大于短期老化。

2. 不同沥青的低温性能分析

对比不同沥青在相同老化条件下（未老化和 TFOT、PAV 老化）的低温性能，结果如图 5-14 所示。

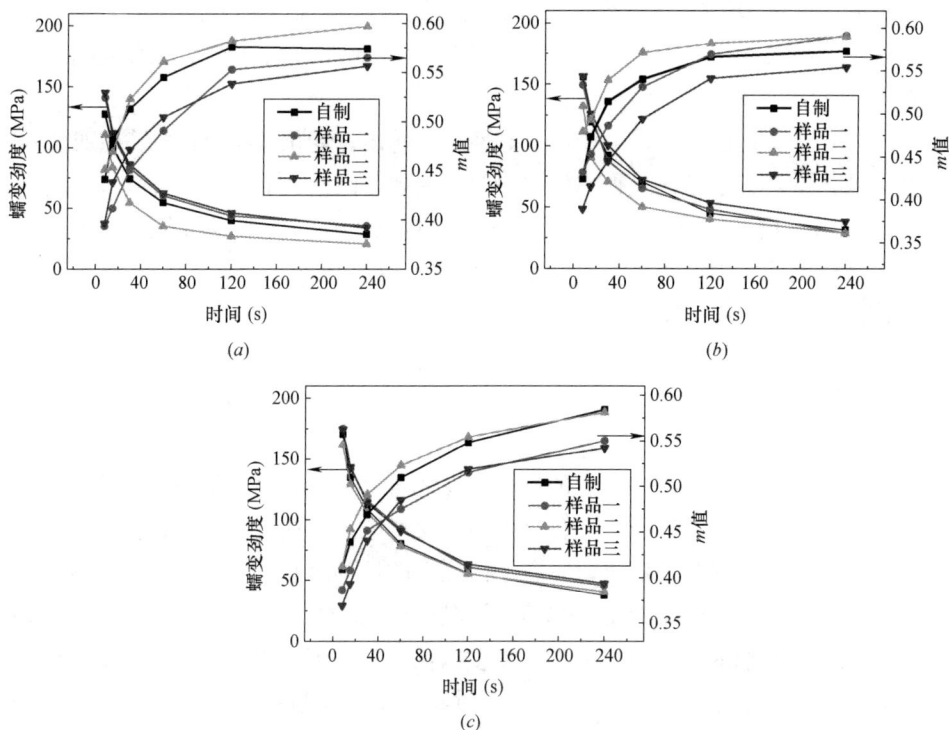

图 5-14 不同沥青在同一老化条件下的蠕变劲度和 m 值

(a) 原样沥青；(b) TFOT 老化后沥青；(c) PAV 老化后沥青

从图 5-14（a）蠕变劲度和 m 值来看，四种原样沥青的低温抗裂性均为：样品二＞自制沥青＞样品一≈样品三，并且样品二的低温抗裂性远大于其他三种沥青。

从图 5-14（b）蠕变劲度和 m 值来看，四种 TFOT 老化后沥青的低温抗裂性：样品二＞自制沥青≈样品一＞样品三，并且样品三的低温抗裂性远小于其他沥青。

从图 5-14（c）可以看出，四种 PAV 老化后沥青的低温抗裂性：样品二≈自制沥青＞样品一≈样品三。

对比图（a）（b）（c）可以看出，对于原样沥青，各种沥青低温抗裂性的差距较大；对于 TFOT 老化后沥青，各种沥青低温抗裂性之间的差距较原样沥青有所降低；而对于 PAV 老化后沥青，各种沥青低温抗裂性之间的差距已经很小。

3. 结果讨论

通过对四种沥青在不同老化条件下的蠕变劲度和 m 值的分析可知，自制高黏沥青的低温抗裂性优于样品一和样品三。但是自制 SBS 复合改性沥青的低温性能次于样品二，结合基本物理性能，说明自制沥青的配方优于市售成品高黏沥青。

通过对比老化前后沥青的低温抗裂性可以看出，老化过程会使沥青的低温抗裂性降低，这是由于老化过程中沥青会氧化变硬，因此其低温抗裂性变差。对比三种 SBS 改性沥青的低温抗裂性可以发现，自制高黏沥青低温抗裂性对老化过程的敏感程度低于国产和进口 SBS 改性沥青，这也说明了自制沥青的配方相对比其他高黏沥青具有一定的优越性。

5.4　技术建议

综合以上对高黏度改性沥青的制备与性能研究，技术建议如下：

（1）高黏度改性沥青的工厂化生产主要通过胶体磨法或高速剪切法。胶体磨法和高速剪切法一般都要经过以下三个阶段：改性剂溶胀、分散磨细和发育。具体如图 5-15 所示。改性沥青的加工质量控制十分重要。主要通过控制研磨循环次数来控制改性剂的细度；控制加工温度以保证沥青不至于老化，一般加工前基质沥青的温度控制在 160～170℃，加工过程中温度控制在 180～190℃，并且严格控制温度不大于 190℃，以免沥青过度老化。

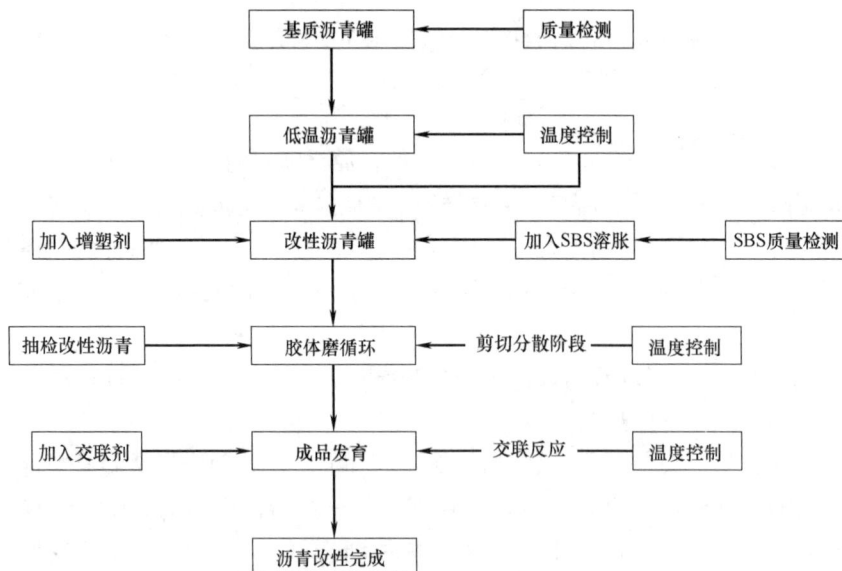

图 5-15　高黏度改性沥青的现场生产流程

（2）研究显示，高黏改性沥青的材料性能优越，抗短期老化和长期老化性能较好，高温稳定性能优异，温度敏感性较高。改性沥青弹性恢复能力远大于基质沥青，说明改性沥青具有更好的抗变形和变形恢复能力，但技术指标考虑弹性恢复的速率时，则差别很大。未老化的沥青的低温性能差距较大，长期老化后，不同沥青的低温性能差距很小。

第6章 透水沥青混合料材料特性及孔结构关系

6.1 透水沥青混合料设计要求

6.1.1 基本要求

透水沥青混合料应当符合以下几点要求：

(1) 具有较高的空隙率，尤其是较高的连通空隙率，提供良好的排水性能；

(2) 具有足够的抗水损害能力，防止水在孔隙中流动时产生松散剥落等病害；

(3) 具有一定的力学强度和耐久性，能够承受外界环境影响和车辆等荷载的一次性作用及频繁作用。

6.1.2 设计指标

目前我国透水沥青混合料的相关设计指标主要借鉴日本的《排水性路面技术指南》，结合我国实际情况对其进行优化。根据《公路沥青路面施工技术规范》（JTG F40—2004）的规定，透水沥青混合料的设计指标要求见表6-1。

透水沥青混合料设计指标要求 表6-1

试验项目	技术要求	试验方法
马歇尔试件击实次数	双面击实50次	T0702
马歇尔稳定度(kN)	≥3.5	T0709
流值(mm)	20~50	T0709
空隙率(%)	18~25	T0705
析漏损失率(%)	≤0.3	T0709
20℃飞散损失率(%)	≤20	T0733
动稳定度(次/mm)	1500	T0719
渗水系数(mL/15s)	实测	T0730

（试验方法列合并单元格内容：《公路工程沥青及沥青混合料试验规程》（JTG E20—2011)）

6.2 级配设计思路和方法

首先对各种不同粒径的石料进行逐级筛分，参考日本《排水铺装技术指南

（案）》给出的级配范围；然后选取三种试验级配（粗级配、中间级配、细级配），通过空隙率与级配的关系找出空隙率为目标空隙率时的级配，通过谢伦堡析漏试验和肯塔堡飞散试验，找到最佳沥青用量，得到最终矿料级配和最佳沥青用量；最后进行透水沥青混合料路用性能检测。如果性能满足规范要求，则配合比设计完成，否则重新调整矿料级配和沥青用量。

具体步骤如下：

（1）选择原材料，设定目标空隙率，以 2.36 通过量（标准级配范围是 8～25％）12％左右为中间级配，以中间级配为中心±3％变化设定三组级配。

（2）通过计算确定初始沥青用量。

（3）对三组初始级配进行马歇尔试验，得出空隙率与 2.36mm 通过率的关系曲线，确定目标空隙率所对应的 2.36 通过率，确定最终混合料的矿料级配。

（4）根据确定的矿料级配，在 4％～6％ 的沥青含量之间选取 5 个点进行析漏试验和飞散试验，确定最大沥青含量和最小沥青含量，取最大沥青含量和最小沥青含量的平均值作为最佳沥青含量。

（5）对透水沥青混合料的物理力学性能和路用性能进行验证，包括空隙率、稳定度、流值、车辙、飞散、渗水性、抗滑性等。

6.3 矿料级配的确定

6.3.1 目标空隙率确定

确定透水沥青混合料的空隙率需要根据路面性能的要求。透水沥青路面性能一般包括结构性能和功能性能。空隙率太小，达不到排水降噪抗滑的功能；空隙率太大，容易导致混合料高温稳定性不足，车辙严重，耐久性降低。

一般认为空隙率在 8％～15％ 水流动较缓慢，当车辆经过时，容易产生相当高的动水压力，会使结合料内聚失效或使结合料与集料之间的附着失效，从而发生水损害。空隙率大于 25％，集料颗粒间的接触面积小，剪切强度不足，容易造成路面松散。表 6-2 为各国对透水沥青路面空隙率的要求。空隙率一般为15％～25％。

各国对透水沥青路面空隙率的要求 表 6-2

国家或机构	空隙率(%)	说明
美国国家沥青技术中心	＞18	主要考虑抗滑要求
美国联邦公路管理局	＞15	主要考虑抗滑要求
日本	20 左右	主要考虑排水和安全要求

续表

国家或机构	空隙率(%)	说明
西班牙	>20	考虑降噪需要
比利时	>21	实际在9%～25%范围内波动
德国	15～20	考虑抗滑和降噪要求

考虑到南方湿热地区的特殊气候条件，排水性是透水沥青混合料首先要确保的功能。南方湿热地区年平均降雨量800～1900mm，在全国属于降雨量很高的地区。根据相关研究，要满足大雨降雨强度的要求，空隙率要在18.7%以上，如表6-3所示。

不同降雨强度透水沥青路面空隙率要求　　　　　　　　　　　　　表6-3

降雨强度等级	降雨量(mm/h)	所需空隙率
暴雨	≥16	≥22
大雨	8.1～16	18.7～21.6
中雨	2.6～8	14.1～18.6
小雨	≤2.5	—

综合结构性与功能性的要求，以及参考国内外对空隙率的要求，确定的目标空隙率为18%、20%、22%。

6.3.2　级配选择

透水沥青混合料配合比设计过程中，级配主要是根据目标空隙率来确定的。各国在对透水沥青混合料配合比设计研究和总结中，发现在18.5%～22.5%范围内空隙率与2.36mm筛孔的通过率存在良好的线性关系。日本透水沥青混合料也是基于此结论进行矿料级配设计的，初选级配A、B、C对应的筛孔如表6-4所示。

初选级配　　　　　　　　　　　　　表6-4

筛孔(mm)	通过质量百分率(%)									
	16	13.2	9.5	4.75	2.36	1.18	0.6	0.3	0.15	0.075
A级配	100.0	97.0	63.8	21.6	16.2	13.1	9.4	6.6	5.6	5.1
B级配	100.0	96.8	63	18.4	13.2	11.2	8.4	5.9	5.4	5.0
C级配	100.0	97.5	64.2	15.6	10.2	9.3	7.6	5.8	5.2	4.8
级配范围	100.0	90～100	—	11～35	10～20	—	—	—	—	3～7
标准级配范围	100.0	90～100	62～81	11～35	8～25	—	5～17	4～14	3～10	3～7

6.3.3 初始沥青用量确定

目前针对初始沥青用量的计算方法有三种，一是经验法，根据当地所用的材料，建立一定的用量规律，该方法要求具有长期从事沥青混合料配合比设计的经验；二是沥青膜厚法，日本和我国基本都在用该方法；三是表面能力法，该方法是美国早先估算沥青用量的方法，随着改性沥青的使用，该方法适用性受到质疑。

采用沥青膜厚法，通过理论计算公式（6-1）和（6-2）计算求得初始沥青用量，然后通过马歇尔试验调整矿料级配。

$$P_a = d \times A/48.8 \tag{6-1}$$
$$A = 2 + 0.02a + 0.04b + 0.08c + 0.14d + 0.3e + 0.6f + 1.6g \tag{6-2}$$

式中　d——沥青膜厚，μm；

　　　P_a——油石比，%；

　　　A——矿料表面积，mm^2。

a、b、c、d、e、f、g 分别对应 4.75mm 筛孔、2.36mm 筛孔、1.18mm 筛孔、0.6mm 筛孔、0.3mm 筛孔、0.15mm 筛孔、0.075mm 筛孔的通过率。

沥青膜厚度一般在 $6 \sim 15\mu m$ 之间，不同混合料类型和沥青，膜厚是不同的。根据相关混合料的经验值，透水沥青混合料的沥青膜厚度取 $14\mu m$。针对三种初选级配，以 E 号高黏改性沥青为例，计算所得初始沥青用量见表 6-5。

初始沥青用量　　　　　　　　　　　　　　　　　　　　表 6-5

项目	A 级配	B 级配	C 级配
暂定沥青用量（%）	5.1	4.9	4.7

6.3.4 马歇尔试验

我国规范规定对透水沥青混合料采用双面 50 次击实次数，由于采用高黏改性沥青，黏度较大，拌和和击实温度比普通改性沥青混合料高，所以高黏改性沥青加热温度确定为 175℃，矿料加热温度确定为 180℃，透水沥青混合料拌和温度确定为 175℃，进行马歇尔试验。

1. 理论最大相对密度的确定

透水沥青混合料采用空隙率作为关键参数设计，而空隙率又与沥青混合料的最大理论相对密度有关。有研究指出，真空实测法变异性小，相对准确。采用真空法测试混合料的理论最大相对密度，为使沥青混合料充分分散，确定抽真空时间为 15min。

2. 毛体积相对密度的确定

依照有关试验规程的规定，采用体积法测定透水沥青混合料马歇尔试件的毛体积密度，通过游标卡尺量取试件的高度，然后根据试件的重量直接算出试件的密度。

3. 空隙率计算

采用试验规程规定的真空法测试高黏改性沥青的透水沥青混合料理论最大相对密度，体积法测试高黏改性沥青混合料试件的毛体积密度，通过式（6-3）求得高黏改性沥青混合料的空隙率。试验结果见表6-6。

$$VV = (1 - P_s/P_t) \tag{6-3}$$

式中　VV——空隙率，%；

　　　P_s——试件密度，采用体积法测量，g/cm^3；

　　　P_t——理论最大密度，采用真空法测量，g/cm^3。

体积参数

表 6-6

级配	密度 （g/cm³）	理论最大密度（真空法， g/cm³）	空隙率 （%）	2.36mm 通过率（%）
A级配	2.009	2.492	19.4	16.2
B级配	1.929	2.499	22.8	13.2
C级配	1.908	2.504	23.8	10.2

空隙率与2.36mm筛孔通过率的曲线如图6-1所示。

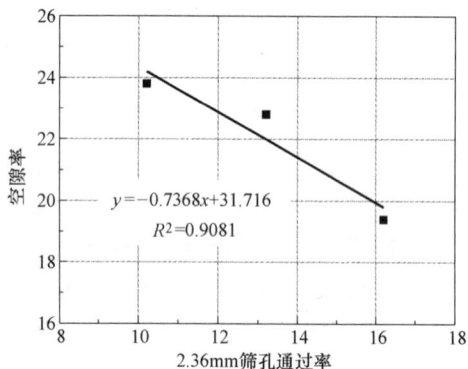

$y = -0.7368x + 31.716$
$R^2 = 0.9081$

图 6-1　2.36mm筛孔通过率与空隙率关系曲线

6.3.5　最终级配确定

通过确定目标空隙率所对应的2.36mm筛孔通过率，调整矿料级配，确定最终矿料级配，如表6-7所示，最终级配曲线如图6-2所示。

最终矿料级配										表 6-7

筛孔（mm） 通过率	通过质量百分率（%）									
	16	13.2	9.5	4.75	2.36	1.18	0.6	0.3	0.15	0.075
18%	100.0	96.8	65.9	26.2	21.6	13.1	8.9	6.7	5.6	5.1
20%	100.0	96.9	63.8	21.2	15.9	10.3	7.6	6.2	5.5	5.1
22%	100.0	96.9	62.6	18.5	13.2	9	6.9	5.8	5.3	5.0
级配范围	100.0	90~100	—	11~35	10~20	—	—	—	—	3~7
标准级配范围	100.0	90~100	62~81	11~35	8~25	—	5~17	4~14	3~10	3~7

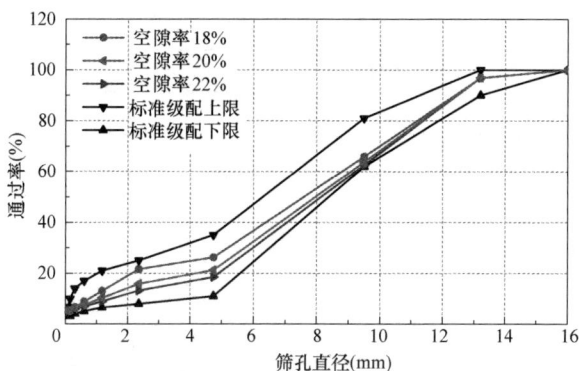

图 6-2　最终级配曲线

对确定的最终级配进行空隙率验证。通过真空法测试高黏改性沥青混合料的理论最大相对密度，体积法测试高黏改性沥青混合料试件的毛体积密度，计算求得多孔隙沥青混合料的空隙率，试验结果见表 6-8。试验结果表明该级配符合空隙率的要求。

体积参数			表 6-8
级配	密度（g/cm³）	理论最大密度（真空法，g/cm³）	空隙率（%）
18%级配	2.030	2.484	18.3
20%级配	1.995	2.499	20.2
22%级配	1.942	2.515	22.5

6.4　最佳沥青用量确定

马歇尔试验作为确定最佳沥青用量的方法，得到了广泛的使用，但对于透水沥青混合料，马歇尔稳定度-沥青用量的曲线没有峰值点，无法确定最佳沥青用量，故对两种高黏改性沥青（E 号高黏沥青和 A 号高黏沥青）采用析漏试验和飞散试验确定最大沥青用量和最小沥青用量。

6.4.1 析漏试验

沥青谢伦堡析漏试验的目的是确定透水沥青混合料是否存在多余的自由沥青，以此确定最大沥青用量。沥青析漏试验目前有烧杯法、瓷盘法、网篮析漏法。考虑到烧杯法是目前使用最普遍的试验方法，所以采用烧杯法。

以 E 号高黏沥青 18％空隙率为例，以 5％沥青含量为基础，以 0.5％为间隔选择 4％、4.5％、5％、5.5％、6％五组沥青含量进行试验，析漏试验结果见表6-9 和如图 6-3。通过谢伦堡析漏试验关系曲线拐点确定最大沥青用量为 5.2％。

析漏试验结果   表 6-9

沥青含量(%)	不同油石比(%)下的析漏值(%)				
	4	4.5	5	5.5	6
析漏值(%)	0.16	0.22	0.59	0.77	1.77

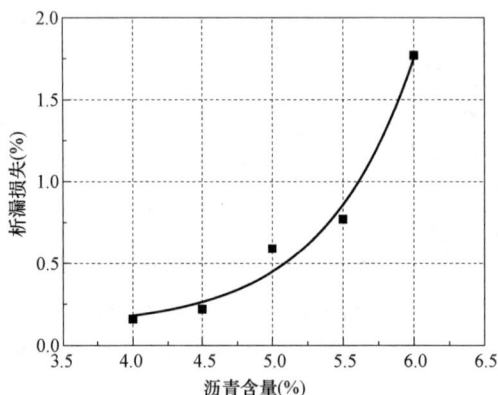

图 6-3 沥青含量与析漏值关系

6.4.2 飞散试验

为了确定最小沥青用量，防止集料黏结不足而脱落，进行肯塔堡飞散试验。以 E 号高黏沥青 18％空隙率为例，以 5％沥青含量为基础，以 0.5％为间隔选择 4％、4.5％、5％、5.5％、6％五组沥青含量进行试验，飞散试验结果见表 6-10 和图 6-4。肯塔堡飞散试验关系曲线拐点对应的最小沥青用量为 4.73％。

飞散试验结果   表 6-10

沥青含量(%)	不同油石比(%)下的飞散值(%)				
	4	4.5	5	5.5	6
飞散值(%)	25.9	14.2	12.3	9.4	9.3

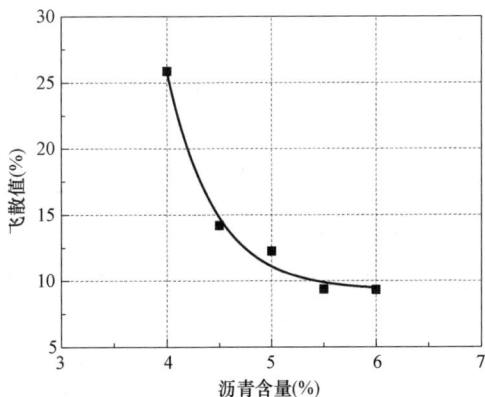

图 6-4 沥青用量和飞散值的关系

谢伦堡析漏试验关系曲线拐点对应的最大沥青用量为 5.2%，肯塔堡飞散试验关系曲线拐点对应的最小沥青用量为 4.73%，综合二者结果，取 4.97% 为最佳沥青用量。

同样方法，对 E 号高黏沥青和 A 号高黏沥青在三种级配下进行谢伦堡析漏试验和肯塔堡飞散试验。三个目标空隙率的最佳沥青用量如表 6-11 所示。

最佳沥青用量　　　　　　　　　　　　　　表 6-11

沥青种类	目标空隙率 18%	目标空隙率 20%	目标空隙率 22%
E 号高黏	4.97	4.82	4.66
A 号高黏	5.1	4.9	4.8

6.5 路用性能检验

以 E 号高黏改性沥青 18% 空隙率的透水沥青混合料为例，检测空隙率、马歇尔稳定度、析漏损失、飞散损失、高温稳定性、水稳定性、渗水性等性能，结果见表 6-12。

E 号高黏改性沥青路用性能检测　　　　　　　表 6-12

技术指标	实测值	技术要求
空隙率(%)	18.5	18~25
马歇尔稳定度(kN)	11.6	≥3.5
析漏损失(%)	0.65	≤0.3
飞散损失(%)	10.81	≤20
动稳定度(次/mm)	—	1500
渗水系数(mL/15s)	1670	实测

分析表 6-12 可以发现，采用 E 号高黏改性沥青的透水沥青混合料析漏损失和动稳定度不满足规范要求，分析可能的原因是 E 号高黏沥青的 60℃动力黏度达不到高黏度沥青的要求，故改换成 A 号高黏沥青，其测试结果见表 6-13。

A 号高黏改性沥青路用性能检测　　　　　　　　　　　表 6-13

技术指标	实测值	技术要求
空隙率(%)	17.9	18～25
马歇尔稳定度(kN)	13.57	≥3.5
析漏损失(%)	0.28	≤0.3
飞散损失(%)	4.45	≤20
动稳定度(次/mm)	3706	1500
渗水系数(mL/15s)	1608	实测

分析表 6-13 可以发现，采用 A 号高黏沥青的各项技术指标均满足规范要求，即配合比设计完成。

6.6　讨论分析

以上通过室内试验，基于日本的配合比设计方法，进行了透水沥青混合料配合比设计，了解了透水沥青混合料配合比设计的特性，试验表明：

（1）空隙率与 2.36mm 筛孔通过率呈现良好的正相关，随着 2.36mm 筛孔通过率增加，空隙率逐渐减小。

（2）在空隙率确定的情况下，影响透水沥青混合料配合比设计最敏感的两个因素是沥青类型（沥青技术指标）和油石比，显著影响析漏和飞散效果。特定空隙率下级配范围内的波动变化影响并不显著。

（3）日本采用析漏试验和飞散试验确定最佳沥青用量，在沥青用量 4%～6%范围内，以 0.5%增量变化，测试沥青析漏损失和飞散损失，以沥青的析漏损失与沥青含量关系曲线中的拐点为最大沥青用量，反映出日本技术有尽可能保证沥青膜厚度的思想。日本对析漏没有下限，只尊重拐点。

（4）透水沥青混合料最佳沥青用量的确定基于马歇尔方法，不容易找到峰值点，需要通过析漏试验和飞散试验确定拐点，处理拐点的经验性较强，差异较大。对于不同高黏沥青，最佳沥青用量有所不同。

（5）飞散试验要求在 20℃条件下进行，但洛杉矶磨耗仪在运行过程中的温度变化目前缺乏观察。

（6）最佳沥青用量为 5%左右，与美国的 6%相比略小，分析认为，这与日本和我国使用高指标的高黏沥青有关，美国较常用 SBS＋纤维的组合，进而沥青用量也可以较大而不流淌。

综合以上，可以看到油石比基本固定，级配取决于空隙率，对路用各个性能显著影响的最关键的因素是胶结材料：沥青和外加剂。

6.7 性能试验

6.7.1 空隙率、稳定度、飞散、析漏

1. 测试方法与试验结果

连通空隙率采用网篮法测试。用游标卡尺测定马歇尔试件的厚度，计算出试件的体积（V）；称取试件常温、干燥状态下的试件质量（A）和常温水中的质量（C）；通过公式（6-4）计算连通空隙率。

$$V_c = \frac{V-B}{V} \times 100\% \qquad (6-4)$$

式中　V_c——连通空隙率，%；

　　　B——骨架和独立孔隙的容积（cm^3），$B=(A-C)/\gamma_\omega$；

　　　A——试件空中质量，g；

　　　C——试件水中质量，g；

　　　γ_ω——常温水的密度，取 $1.0g/cm^3$。

马歇尔稳定度、流值、肯塔堡飞散损失值、谢伦堡析漏损失值根据《公路工程沥青及沥青混合料试验规程》（JTG E20—2011）规程相关要求进行试验。

根据第二章确定的级配和最佳沥青用量，选取两种高黏改性沥青（E 号高黏沥青、A 号高黏沥青），选定三种目标空隙率（18%、20%、22%），测试透水沥青混合料的基本物理力学性能，试验结果见表 6-14。

物理力学性能试验结果　　　　　　　　　　　　　　　表 6-14

沥青种类	级配类型	沥青用量（%）	空隙率（%）	连通空隙率（%）	稳定度（kN）	流值（0.1mm）	析漏值（%）	飞散值（%）
E 号	1	4.97	18.6	13.4	11.60	68.3	0.65	10.81
	2	4.82	21.88	17.15	9.64	62.60	0.51	11.13
	3	4.66	22.9	18.1	8.48	44.90	0.3	13.42
A 号	1	5.1	17.9	15.5	13.57	34.13	0.28	4.45
	2	4.9	19.7	17.6	11.47	24.90	0.23	4.90
	3	4.8	22	20.4	11.05	23.50	0.16	6.35

2. 连通空隙率

透水沥青混合料的孔隙包括全连通孔隙、半连通孔隙以及全封闭孔隙三种，

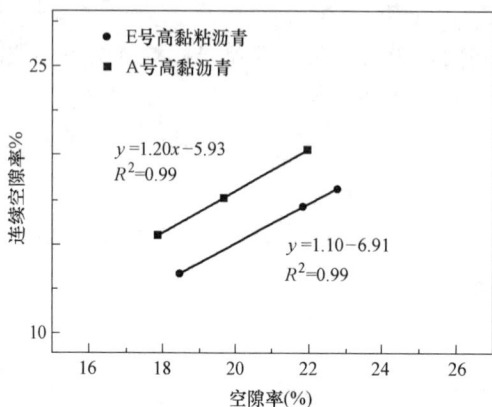

图 6-5　空隙率与连续空隙率的关系图

三种孔隙的作用各不相同。其中，全封闭孔隙既不能储水、排水又不能吸声；半连通孔隙可以储水、吸声但无法排水；全连通孔隙既能排水又可以吸声。因此连通孔隙（半连通空隙和全连通孔隙的统称）与透水沥青混合料的透水能力和降噪能力直接相关，研究透水沥青混合料的连通空隙率显得相当重要。如图 6-5为两种高黏沥青三种空隙率下的空隙率与连通空隙率关系图。

（1）对于相同的混合料，连续空隙率随混合料的总空隙率增大而增大，两者基本呈线性关系。

（2）对于相同级配，不同改性沥青和不同改性沥青含量，透水沥青混合料空隙率差别不大。说明在一定范围内，沥青的品种和含量对混合料的空隙率影响不大。

3. 马歇尔稳定度

透水沥青混合料空隙率、沥青类型对马歇尔稳定度、流值的影响如图 6-6 所示。

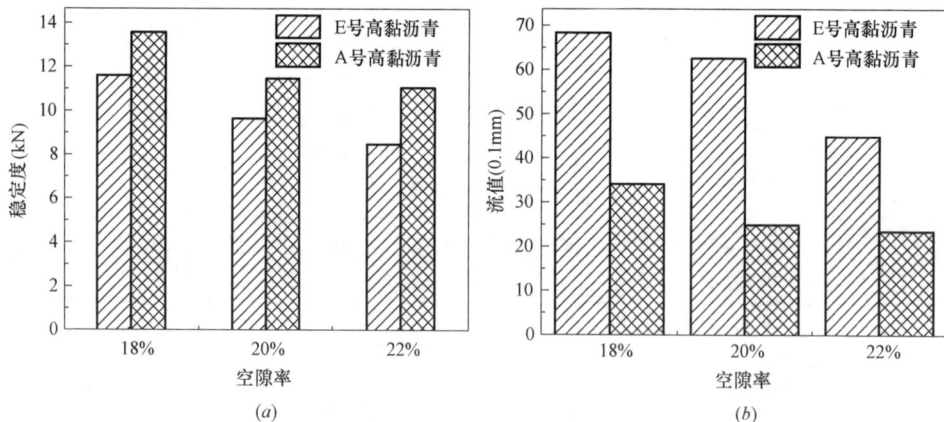

图 6-6　空隙率、沥青类型与马歇尔稳定度、流值关系图

（a）空隙率、沥青类型与稳定度关系图；（b）空隙率、沥青类型与流值关系图

分析可以得到：

（1）随着空隙率增大，透水沥青混合料的稳定度在不断减小。采用不同的改性沥青，稳定度差别较大。E 号高黏沥青混合料的稳定度小于 A 号高黏沥青混

合料，但两种高黏沥青混合料稳定度均满足规范规定透水沥青混合料稳定度大于3.5kN 的要求，表明规范要求偏低。

（2）随着空隙率的增大，多孔隙沥青混合料的流值也在减小。采用不同的改性沥青，流值差别较大。E 号高黏沥青混合料的流值大于 A 号高黏沥青混合料的，由于我国规范对流值不作要求，建议采用实测值。

4. 析漏和飞散

透水沥青混合料空隙率、沥青类型对析漏、飞散损失的影响如图 6-7 所示。

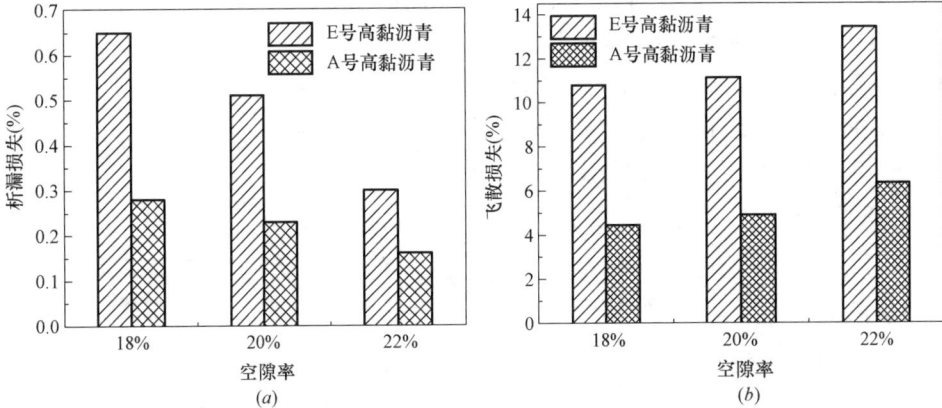

图 6-7　空隙率、沥青类型与析漏损失、飞散损失关系图
（a）空隙率、沥青类型与析漏损失关系图；（b）空隙率、沥青类型与飞散损失关系图

从图 6-7 可以得到：

（1）随着空隙率增大，透水沥青混合料的析漏损失逐渐减小，可能的原因是细集料减少，所需要的沥青用量也减少，因此析漏值减小。采用不同改性沥青，析漏损失差别很大。A 号高黏沥青在空隙率 18％、20％、22％的析漏值均能满足规范要求，不超过 0.3％，E 号空隙率 22％时，能够满足规范要求，导致析漏值不同的原因也是由于沥青的黏度。不同的高黏沥青的黏度不同，其与集料之间的黏结力也不同，黏结力越大，其析漏值可能越小。A 号高黏沥青比 E 号高黏沥青具有更大的 60℃动力黏度，因此其析漏值小于 E 号高黏沥青。

（2）随着空隙率增大，透水沥青混合料的飞散损失逐渐增大。因为空隙率越大，其沥青用量越少，同时集料颗粒之间点接触越明显，摩擦力减弱，更多地依赖沥青结合料的黏结力，导致其飞散损失增大。采用不同的改性沥青，飞散损失差别很大。由于 A 号高黏的 60℃动力黏度远大于 E 号高黏沥青，其对集料的黏附性能大于 E 号高黏沥青，所以 A 号高黏沥青飞散值远小于 E 号高黏沥青。E 号高黏沥青和 A 号高黏沥青在空隙率 18％、20％、22％的飞散损失均能满足规范要求，不超过 20％。

6.7.2　车辙高温稳定性

湿热地区高温持续时间长，极值温度高，因而对路面高温稳定性要求更为严格。通过室内试验，对透水沥青混合料高温性能进行评估。

1. 高温稳定性评价方法

沥青混合料的高温稳定性通常采用车辙试验来进行评价。车辙试验的具体方法是：制作一个 30cm×30cm×5cm 的沥青混合料试件，在恒温 60℃ 环境下保温不小于 5h，然后使用钢轮在试件表面来回碾压 1h（碾压速度 42 次/min，试验温度为 60℃，轮压约为 0.7MPa），利用位移传感器记录钢轮碾压的车辙深度随时间变化值，读取 45min 和 60min 的车辙变形量，计算动稳定度。

根据《公路沥青路面施工技术规范》JTG F40—2004，不同气候分区对沥青混合料车辙试验动稳定度的技术要求如表 6-15 所示。

对沥青混合料车辙试验动稳定度的技术要求　　　　表 6-15

气候条件与技术要求		相应于下列气候分区所要求的动稳定度(次/mm)				试验方法
七月平均最高气温(℃)及气候分区		>30		20~30		<20	
夏炎热区		夏热区		夏凉区			
普通沥青混合料,不小于		800	1000	600	800	600	
改性沥青混合料,不小于		2400	2800	2000	2400	1800	
SMA 混合料	非改性,不小于	1500					T0719
	改性,不小于	3000					
PA 混合料		1500(一般交通路段)、3000(重交通量路段)					

2. 车辙试验结果及分析

根据第二章确定的级配和最佳沥青用量，选取两种高黏改性沥青（E 号高黏沥青、A 号高黏沥青）制作三种目标空隙率（18%、20%、22%）下的车辙板，室温放置 24h 后，将试件放置在 60℃ 环境下保持 5h 后，在该温度下进行车辙试验，记录车辙板在 45min 和 60min 的变形量，计算动稳定度。试验结果见表 6-16 及图 6-8。

多孔隙沥青混合料车辙试验结果　　　　表 6-16

沥青种类	级配类型	目标空隙率(%)	沥青用量(%)	45min 车辙深度(mm)	60min 车辙深度(mm)	动稳定度(次/min)
E 号	级配 1	18	4.97	—	—	
	级配 2	20	4.82	3.68	4.2	1687.5
	级配 3	22	4.66	11.98	13.14	814

续表

沥青种类	级配类型	目标空隙率 （%）	沥青用量 （%）	45min 车辙深度 （mm）	60min 车辙深度 （mm）	动稳定度 （次/min）
A 号	级配 1	18	5.1	1.24	1.41	3706
	级配 2	20	4.9	0.66	0.7	15750
	级配 3	22	4.8	1.22	1.33	5727

分析表 6-16 和图 6-8 可以得到：

（1）在 60℃试验温度下，E 号高黏沥青混合料和 A 号高黏沥青混合料的动稳定度随着空隙率的增大而先增大后减小。这是因为当空隙率较低时，混合料中含有较多的细集料，使粗集料达不到充分地嵌挤状态，在高温荷载作用下，混合料中的矿料进行滑动重新排列，使竖向变形量较大，抗车辙能力差；当

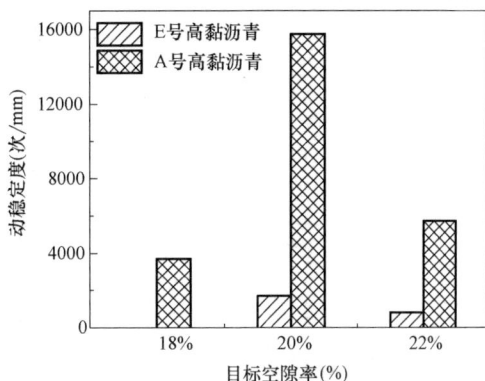

图 6-8　多孔隙沥青混合料动稳定度试验结果

粗集料增多，细集料减小，混合料中粗集料形成石石嵌挤结构，在高温荷载作用下，矿料的滑动受到阻碍，不会产生大的车辙变形，动稳定度增大；当细集料继续减小，矿料之间的黏结力下降，在高温荷载作用下，缺乏足够的黏结力而发生滑动，动稳定度下降。

（2）在相同级配和目标空隙率下，A 号高黏沥青混合料的动稳定度大于 E 号高黏沥青混合料，且变形小于 E 号高黏沥青混合料，表明当内摩阻力相同时，黏聚力越大，抗剪性能越好，抗车辙性能越好。A 号高黏沥青的 60℃动力黏度远大于 E 号高黏沥青，A 号高黏沥青比 E 号高黏沥青具有更强的黏聚力，因此 A 号高黏沥青混合料抗剪性能大于 E 号高黏沥青混合料。

6.7.3　水稳定性

水通过侵入矿料表面，破坏了沥青与集料之间的黏附性，导致沥青与集料脱离，从而使路面出现松散、剥离、坑洞等严重的病害，影响了路面的使用寿命。在雨量充沛的湿热地区，透水沥青混合料的水稳定性就显得特别重要。

1. 水稳定性评价方法

沥青混合料水稳定性评价方法主要有浸水马歇尔试验方法和冻融劈裂试验方法。考虑到透水沥青混合料具有极大孔隙、容易发生松散飞散等问题，采用浸水

飞散试验评价水对沥青混合料粘结性能的影响，浸水飞散损失率作为指标。试验中，成型标准马歇尔试件，在60℃±0.5℃的恒温水浴中养生48h，取出后在室温中静置24h，称取飞散前试件质量和飞散后最大的一块试件质量，其比值为飞散损失率。

2. 浸水飞散试验结果及分析

根据第二章确定的级配和最佳沥青用量，选取两种高黏改性沥青（E号高黏沥青、A号高黏沥青）制作三种目标空隙率（18%、20%、22%）下的马歇尔试件，在60℃水中养生48h，室温下静置24h后，进行飞散试验，试验结果如表6-17和图6-9所示。

透水沥青混合料浸水飞散试验结果　　　　　　　　　　　　表6-17

沥青种类	级配类型	目标空隙率（%）	沥青用量（%）	标准飞散损失率（%）	浸水飞散损失率（%）
E号	级配1	18	4.97	10.81	14.32
	级配2	20	4.82	11.13	15.36
	级配3	22	4.66	13.42	17.28
A号	级配1	18	5.1	4.45	4.66
	级配2	20	4.9	4.90	5.93
	级配3	22	4.8	6.35	8.21

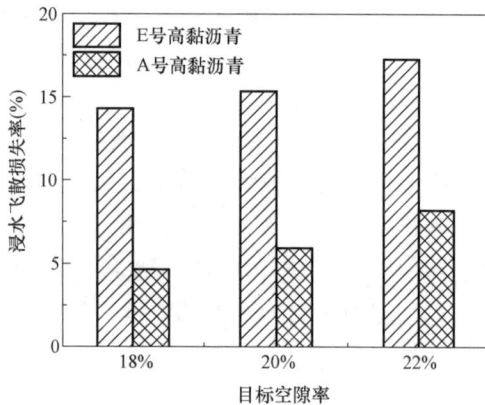

图6-9　透水沥青混合料浸水飞散试验结果

分析表6-17和图6-9可以得到：

（1）在其他条件相同的情况下，E号高黏沥青和A号高黏沥青的浸水飞散损失率随着空隙率的增大而减小，表明随着空隙率增大，路面出现水病害的可能性增大。该趋势与飞散试验结果具有相似性，表明可以用飞散试验代替浸水飞散试验，间接评价透水沥青混合料抗水损害能力。当空隙率超过一定界限，浸水飞散损失会急剧增加，在高黏改性沥青性能不足时，建议透水沥青混合料空隙率不宜大于22%。

（2）在其他条件相同的情况下，A号高黏沥青浸水飞散损失在10%以下，E号高黏沥青浸水飞散损失在20%以下，A号高黏沥青浸水飞散损失率明显小于E号，原因在于A号高黏沥青60℃动力黏度大于E号高黏沥青，A号高黏沥青比E号具有更强的黏聚力，因此，A号高黏沥青具有更好的抗水损害能力。

6.7.4 渗水性能

渗水性能是透水沥青混合料最重要的性能之一。在雨量充沛的湿热地区，雨水降落至沥青路面，通过连通空隙率顺利地排至路面两侧。排水性能好不仅可以提高沥青路面的水稳定性，也能减小路面水膜厚度，减小水雾，提高车辆行驶的安全性。

1. 渗水性评价方法

沥青混合料的渗水性测试方法主要有两类：一类是常水头法测试，通过测试恒定水头差下产生的渗透量，求得渗透系数；另一类是变水头法测试，测试一定量的水通过试件所需的时间。采用路面渗水仪将试验成型的车辙板试件脱模后水平放置，测试一定量的水（通常为400mL）通过车辙板试件所用的时间，求得渗水系数。相关规范要求渗水系数大于900mL/15s。

2. 渗水试验结果及分析

试验根据第二章确定的级配和最佳沥青用量，选取两种高黏改性沥青（E号高黏沥青、A号高黏沥青）制作三种目标空隙率（18%、20%、22%）下的车辙板，进行渗水试验，试验结果如表6-18和图6-10所示。

透水沥青混合料渗水试验结果　　　　　　　　　　　　　　表6-18

沥青种类	级配类型	目标空隙率(%)	沥青用量(%)	渗水系数(mL/15s)
E号	级配1	18	4.97	1670
	级配2	20	4.82	2222
	级配3	22	4.66	2391
A号	级配1	18	5.1	1608
	级配2	20	4.9	1913
	级配3	22	4.8	2093

分析表6-18和图6-10可以得到：

（1）随着空隙率增大，E号高黏沥青和A号高黏沥青的渗水系数也增大，且随着空隙率的增大，渗水系数增大趋势明显减小。不同空隙率的透水沥青混合料的渗水系数均超过E号规程900mL/15s以上的要求，结果表明E号规程要求

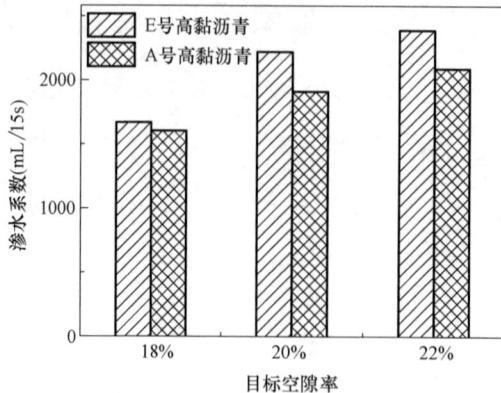

图 6-10　多孔隙沥青混合料渗水试验结果

偏低。

（2）在相同级配下，E 号高黏沥青的渗水系数大于 A 号高黏沥青的渗水系数，原因可能是 A 号高黏沥青形成的沥青膜厚度大于 E 号高黏沥青的沥青膜厚度，连通空隙率的路径较复杂，同时高黏沥青的黏度对水产生了较大的阻力，使其渗水系数也小于 E 号高黏沥青；但两种高黏改性沥青的渗水系数差别不大，表明相比沥青，空隙率对渗水系数的影响更大。

（3）渗水系数与空隙率有明显的相关性，特别是透水沥青混合料的全连通空隙率越多，渗水系数越大，路面的透水性也越好。由于实际工程中测定混合料的渗水系数较困难，因此可用连通空隙率来表征多孔沥青混合料透水性能。

6.7.5　抗滑性能

抗滑性能好是透水沥青混合料的优点之一，而路面抗滑性受到沥青特性、混合料组成、施工工艺、外界环境、交通荷载以及污染等因素影响。特别是南方湿热地区，夏季高温多雨，且山岭重丘多，更要求沥青路面具有较好的抗滑性能。

1. 抗滑性评价方法

沥青路面抗滑性主要有两个指标：摩擦系数和构造深度。前者采用便携式摩擦仪测定，后者采用铺砂法测定。采用铺砂法测定透水沥青混合料的构造深度：将 $25cm^3$ 的洁净细砂（粒径 $0.15\sim0.3mm$），倒在成型车辙板试件表面，并尽可能摊铺成一个圆形，量取砂圆的直径，求得沥青混合料构造深度。

2. 铺砂法试验结果及分析

根据第二章确定的级配和最佳沥青用量，选取两种高黏改性沥青（E 号高黏沥青、A 号高黏沥青）制作三种目标空隙率（18%、20%、22%）下的车辙板，进行铺砂法试验，试验结果如表 6-19 和图 6-11 所示。

铺砂法测构造深度试验结果　　　　　　　　　　　　　　　表 6-19

沥青种类	级配类型	目标空隙率(%)	沥青用量(%)	构造深度 TD(0.01mm)
E 号 高黏	级配 1	18	4.97	161.35
	级配 2	20	4.82	199.76
	级配 3	22	4.66	241.03
A 号 高黏	级配 1	18	5.1	131.27
	级配 2	20	4.9	168.69
	级配 3	22	4.8	219.23

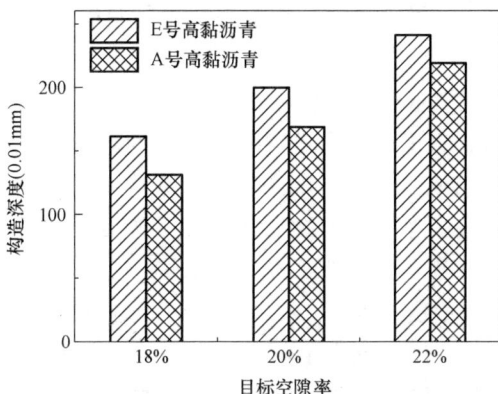

图 6-11　铺砂法测构造深度试验结果

分析表 6-19 和图 6-11 可以得到：

（1）随着空隙率的增大，透水沥青混合料的构造深度逐渐增大，原因可能是空隙率越大，车辙板表面的孔隙也越大，砂铺成圆的面积越小，构造深度越大。不同空隙率不同沥青的透水沥青混合料的构造深度远大于规范 0.55mm 的要求。

（2）E 号高黏沥青的构造深度比 A 号高黏沥青大，可能的原因是 A 号高黏形成的沥青膜比 E 号沥青膜厚，导致表面的空隙率较小，铺砂法形成的圆的面积比 E 号高黏沥青大，构造深度比 E 号沥青小。

6.7.6　对比讨论

（1）研究显示，连续空隙率随混合料的总空隙率增大而增大，两者基本呈线性关系。沥青的品种和含量对混合料的空隙率影响不大。随着空隙率增大，透水沥青混合料的稳定度在不断减小。采用不同的改性沥青，稳定度差别较大。随着空隙率的增大，混合料的流值也在减小。说明空隙率越大，混合料强度下降，刚性增强。

（2）随着空隙率增大，透水沥青混合料的析漏损失逐渐减少，可能的原因是细集料减少，所需要的沥青用量也减少，因此析漏值减少。采用不同的改性沥青，析漏损失差别很大。沥青粘结力越大，其析漏值可能越小。随着空隙率增大，透水沥青混合料的飞散损失逐渐增大。采用不同的改性沥青，飞散损失差别很大。沥青黏度越大，飞散损失越小。随着空隙率增大，透水沥青混合料的飞散损失逐渐增大。分析认为与混合料刚性变大有关。

（3）动稳定度随着空隙率的增大而先增大后减小，沥青黏度越大，动稳定度越高。浸水飞散试验与飞散试验结果一致。空隙率增大，渗水系数也增大，且随着空隙率的增大，渗水系数增大趋势明显减小。不同空隙率的多孔沥青混合料的渗水系数均超过 900mL/15s 要求，在相同级配下，黏度大的沥青制作的混合料渗水系数小（6%以内），渗水系数与空隙率有明显的相关性，空隙率（%）与渗水系数（mL/15s）近似呈 100 倍关系。

（4）空隙率越大，透水沥青混合料构造深度越大，高黏沥青的使用一定程度上降低了构造深度。低噪声透水状态下，构造深度可达 130～240（0.01mm），2%的混合料空隙率改变将导致 40（0.01mm）个构造深度的改变。

综合以上，透水沥青混合料功能的实现主要取决于级配的设计，空隙率越大，功能越好，但骨架的力学性能越差，应该看到混合料性能的实现、耐久性的保障和进一步提升主要取决于沥青。

从目前的各项指标来看，沥青工作温度对应的高黏度保障是十分关键的技术指标。也应该看到，相关室内试验的力学加载模式各异，对于低噪声透水混合料路面在一次性加载、冲击加载、多次重复加载的不同工况下，黏度主要保障的是混合料不发生一次性强度破坏，但并不能完全保障在其他荷载（冲击加载、多次重复加载）下混合料不过早发生结构破坏，对其他技术指标的关注仍然必要。

6.8 透水沥青混合料功能特性与孔结构关系研究

通过自制室内竖向、横向渗透系数测试仪，采用马歇尔试件测试三种目标空隙率（18%、20%、22%）透水沥青混合料的竖向渗透系数，采用车辙板试件测试三种空隙率混合料的横向渗透系数，要求对同一个试件进行三次平行试验，且要求三次结果的误差在允许范围内，同时要求采用相同的测试时间。统计测试结果，研究竖向渗透系数与横向渗透系数的关系，并结合之前的研究结果进一步探究竖向渗透系数、横向渗透系数与空隙率、孔结构参数之间的关系，了解孔隙特性对渗水性能的影响。

6.8.1 透水沥青混合料渗透系数测试装置

1. 渗透系数测试原理

渗透系数用于表征透水沥青路面的透水能力，是透水沥青路面结构设计的关键性指标，通常采用渗透仪进行测定。《公路工程沥青及沥青混合料试验规程》JTG E20—2011 中规定采用路面渗水仪评价沥青路面的渗水性能，但相关研究结果表明，路面渗水仪测定方法和渗水系数计算方法不适用于大孔隙结构的透水沥青混合料，因此需要重新设计透水沥青的测定方法。

在满足层流的条件下，由于恒定水头差的作用，断面的渗流速度 v 与水力坡度 i 成正比，其比例系数 K 称为渗透系数。达西（Darcy）定律可表示为：

$$v=k \cdot i \tag{6-5}$$

$$q=k \cdot i \cdot A \tag{6-6}$$

式中　v——渗透速度，cm/s；

　　　k——渗透系数，cm/s；

　　　i——水力坡度，%；

　　　q——单位时间的流量，cm/s；

　　　A——水流通过断面的面积，cm^2。

所有渗透系数的测定方法都是基于 Darcy 定理进行的，按照测试水头的状况可分为常水头法和变水头法两种。常水头法，是通过测试恒定水头差下产生的渗透量，求得渗透系数，通常用于测量渗透系数大于 0.01cm/s 的材料；变水头法，是测试一定量的水通过试件所需的时间，求得渗透系数，通常用于测量渗透系数小于 0.001cm/s 的材料。透水沥青路面具有大孔隙，渗透系数大于 0.01cm/s，因此采用常水头方法测量其渗透系数。

2. 渗透系数测试方法

由于碾压方向的关系，透水沥青路面竖向渗透系数与横向渗透系数是有区别的，有研究认为竖向渗透系数小于横向渗透系数。在透水沥青路面的水力设计中，竖向渗透系数决定了雨水渗入路面的速度，而横向渗透系数很大程度上决定了雨水外排的速度。目前，国内外对于透水沥青路面的竖向渗透系数研究较多，但对于透水沥青路面的横向渗透系数关注较少。为了更好地反映透水沥青路面的渗透性能，必须设计研制透水沥青混合料的渗透仪。

（1）竖向渗透系数测试方法

依据 Darcy 定理和诸永宁的研究成果，我们自行设计了测量透水沥青混合料竖向渗透系数的仪器，如图 6-12 所示。

在常水头渗透试验中，水力坡度即试件两端的水头差不变，这时根据式（6-7）可得到透水沥青混合料竖向渗透系数 K_y。

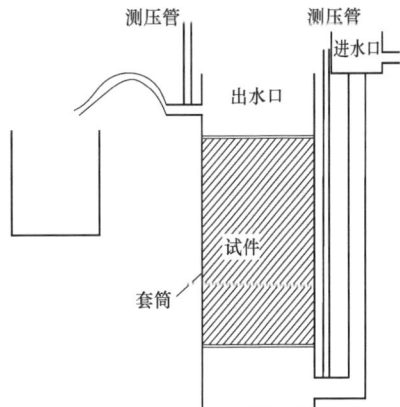

图 6-12　透水沥青竖向渗透仪器

$$K_y = \frac{QL}{At\Delta h} \tag{6-7}$$

式中　Q——时间 t 内渗出的水量，cm³；

　　　L——渗流长度，cm；

　　　A——试件的横断面积，cm²；

　　　t——渗透时间，s；

　　　Δh——测压管水头差，cm。

（2）横向渗透系数测试方法

国内外针对横向渗透系数的研究较少，测试横向渗透系数的仪器也很少，但对于透水沥青路面而言，排水能力与其横向渗透系数是密切相关的。诸永宁等人设计的横向渗水仪装置简单、方便，但操作难度大，由于测量的是无压状态下的渗透系数，很难准确测量横向渗透系数。马翔等人设计的横向渗水仪较为精确可靠，但太过复杂，而且对试件尺寸有特殊要求。在马翔等人研究的基础上，考虑试验方便性和简单性，选用车辙板试件，自行设计横向渗透系数仪器，如图6-13所示。横向渗透系数的计算方法与竖向渗透系数方法相同，如式（6-7）所示。

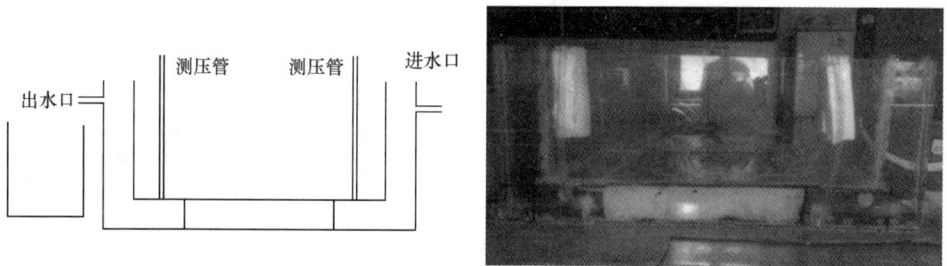

图 6-13　透水沥青横向渗透仪器

6.8.2　竖向渗透系数特性及其评价

1. 试验过程

竖向渗透试验采用的是成型的未脱模的马歇尔试件。采用未脱模的马歇尔试件能够保持试件周围的密封性，使水只沿试件上下表面流动，而且马歇尔试验应用极为广泛，使用起来简单方便。具体步骤如下：

（1）将未脱模的马歇尔试件两端分别装上进水口和出水口装置；

（2）在马歇尔试件上面和下面的接口处涂上玻璃胶，尽可能涂得均匀和密封，且保证具有一定的厚度；

（3）待玻璃胶干后，用保鲜膜进一步进行密封处理，保证水流不会渗出，只从马歇尔试件的上表面流向下表面；

（4）打开水管，保证水流速度恒定，水从进水口流入，从出水口流出，保持水流速度恒定，观察一段时间后，检查密封处和接口处是否漏水。如果漏水，则重新进行密封；如果没有漏水，开始测试竖向渗透系数；

（5）打开水管，保证恒定的水流，按下秒表的同时用盆在出水口接流出的水流，记录一定时间内透过试件的水量 Q，利用公式（6-7）求得混合料的竖向渗透系数。为了保证试验结果的可比性，要求对同一个试件进行三次平行试验，且要求三次结果的误差在允许范围内，同时要求采用相同的测试时间。

2. 试验结果及数据处理

选取第二章确定的三组不同空隙率（18%、20%、22%）的级配，各制作一个马歇尔试件，分别测试其竖向渗透系数，为了保证试验结果的准确性，要求水位差尽可能控制在 5mm 以内，保证满足达西定理要求。试验结果如表 6-20 和图 6-14 所示。

三种不同空隙率的竖向渗透系数　　　　　　　　表 6-20

空隙率（%）	渗透系数（cm/s）
18	0.016
20	0.021
22	0.042

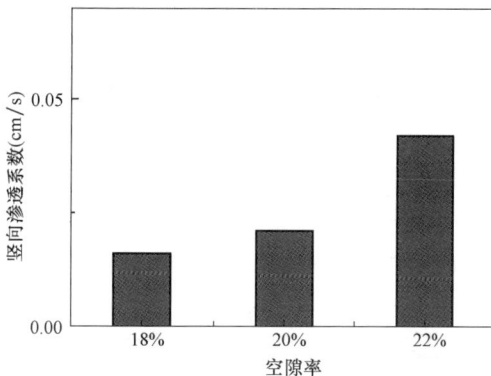

图 6-14　三种不同空隙率的竖向渗透系数

从表 6-20 和图 6-14 可以看出，对于透水沥青混合料，随着空隙率的增大，竖向渗透系数逐渐增大，且随着空隙率的增大，其增大趋势越明显。空隙率为 20% 的竖向渗透系数是空隙率为 18% 的 1.4 倍，空隙率为 22% 的竖向渗透系数是空隙率为 20% 的 2 倍。

空隙率对竖向渗透系数影响显著。同种高黏改性沥青，空隙率较小时，透水沥青混合料细集料多而粗集料少，集料间可连通的孔隙也小，可形成的径流路线也小，竖向渗透系数也小；空隙率较大时，可连通的孔隙也大，可形成较多的竖向径流路径，竖向渗透系数也大。

排水需求不同，渗透系数要求也不同。日本要求采用路面渗水仪检测渗水系数，要求渗水系数大于 900mL/15s，我国也同样要求采用路面渗水仪测试，但未给出具体要求。浙江省《城镇道路特种沥青路面工程施工与质量验收规范》要求渗透系数大于 0.01cm/s，从表 6-20 和图 6-14 可以看出渗透系数均大于 0.01cm/s，满足渗水要求，说明透水沥青路面能够满足雨水入渗要求，且空隙率越大，越不易形成水雾和水漂。

6.8.3　横向渗透系数特性及其评价

1. 试验过程

横向渗透试验采用的是成型的已脱模的车辙板试件，对其两侧和上下表面的密封性要求极高，要求其水头差不超过 9mm。具体步骤试验如下：

（1）成型车辙板试件，要求成型时模具底板和四周不铺报纸，保证水流能够横向流动。成型车辙板静置 1d 后脱模，脱模时尽可能不要破坏试件或者使试件产生弯曲，保证试件的完整性；

（2）将试件放入水平凹槽内，左侧为进水口，右侧为出水口，水流由左向右流动。将试件的前后两侧和上下两侧均用油泥密封并盖上玻璃板，使玻璃板紧贴试件的上表面。之后在盖上的玻璃板四周打上玻璃胶，保证上表面也不漏水；

（3）静置 1~2d 后，玻璃胶凝固，打开水龙头，往左侧加水，观察是否漏水。如果出现漏水，或者水流从车辙板前后两侧壁以及上下表面流出，需要重新补上油泥或者玻璃胶，再次确认是否会漏水；如果没有漏水，可以开始测试横向渗透系数；

（4）打开水龙头，保证恒定的水流，按下秒表的同时用盆在出水口接流出的水流，记录一定时间内透过试件的水量 Q，利用公式（6-7）求得混合料的横向渗透系数。为了保证试验结果的可比性，要求对同一个试件进行三次平行试验，且要求试验结果在允许误差范围内，同时要求采用相同的测试时间。

2. 试验结果及数据处理

选取第二章确定的三组不同空隙率（18%、20%、22%）的级配，制作车辙板试件，分别测试其横向渗透系数，试验结果如表 6-21 和图 6-15 所示。

三种不同空隙率的横向渗透系数　　　　　　　　　　　　　　　表 6-21

空隙率（%）	横向渗透系数（cm/s）
18	0.12
20	0.19
22	0.35

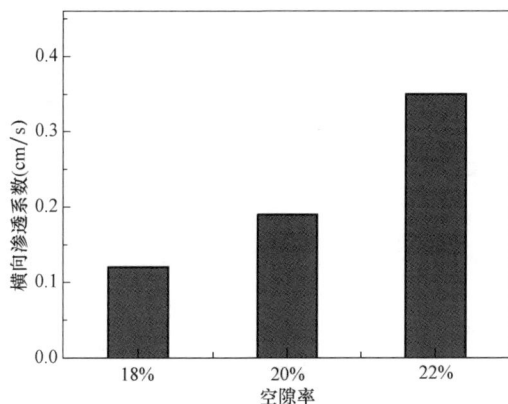

图6-15 三种不同空隙率的横向渗透系数

从表6-21和图6-15可以看出，对于透水沥青混合料，随着空隙率的增大，横向渗透系数逐渐增大，且随着空隙率的增大，其增大趋势越明显。空隙率为20%的横向渗透系数是空隙率为18%的1.6倍，空隙率为22%的横向渗透系数是空隙率为20%的1.8倍。

空隙率对横向渗透系数影响显著。同种高黏改性沥青，空隙率较小时，透水沥青混合料细集料多而粗集料少，集料间可连通的孔隙也小，可形成的横向流通路径也少，横向渗透系数也小；空隙率较大时，可连通的孔隙也大，可形成较多的横向流通路径，横向渗透系数也大。

对于透水沥青混合料横向渗透系数，国内外的研究较少，未给出渗透系数要求。横向渗透系数对雨水外排的速度有很大影响。横向渗透系数越大，雨水从孔隙中排出越快，可减少雨天时路面的积水。

6.8.4 横向渗透系数与竖向渗透系数的关系

在排水设计中，渗透系数决定雨水入渗速度和外排速度。根据试验结果，三种空隙率（18%、20%、22%）的竖向渗透系数和横向渗透系数的关系如图6-16所示。

从图6-16可以看出，竖向渗透系数与横向渗透系数两者线性关系明显，横向渗透系数比竖向渗透系数大，且随着空隙率的增大，增大趋势越来越明显。空隙率为18%时，横向渗透系数是竖向渗透系数的7.5倍，空隙率为20%时，横向渗透系数是竖向渗透系数的9倍，空隙率为22%时，横向渗透系数是竖向渗透系数的8.3倍。

6.8.5 孔结构与渗透系数的关系

将第3章得到的透水沥青混合料竖向截面和横向截面的孔结构参数与横向渗

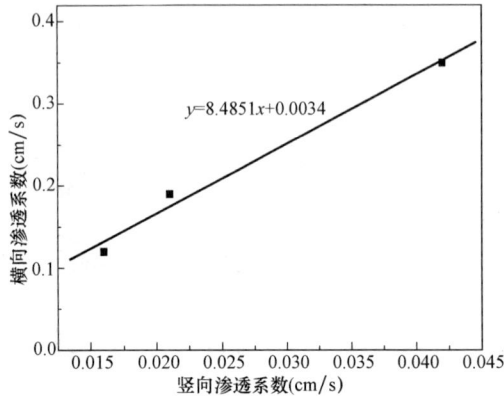

图 6-16 竖向渗透系数与横向渗透系数的关系

透系数和竖向渗透系数做对比，如表 6-22 所示。

孔结构与渗透系数　　　　　　　　　　　表 6-22

空隙率(%)	孔隙占有率(%)		等效直径(mm)		渗透系数(cm/s)	
	竖向截面	横向截面	竖向截面	横向截面	横向	竖向
18	3.9	3.4	1.64	1.69	0.12	0.016
20	6.9	6.6	1.72	1.76	0.19	0.021
22	9.6	9.5	2.17	2.12	0.35	0.042

分析表 6-22 可以发现，竖向截面和横向截面的孔隙占有率、等效直径相差不大，未表现出明显的差别，但在横向渗透系数与竖向渗透系数上表现出差别。

Fwa 和 D·sarwono 的研究指出，竖向渗透系数与横向渗透系数基本接近，横向渗透系数会比竖向渗透系数稍大，最大工程粒径越小，越接近各项同性，其比值越接近 1。

分析试验中横向渗透系数大于竖向渗透系数的原因，主要是试验所采用的横向渗透系数测试方法与竖向测试方法存在区别。测试横向渗透系数采用的车辙板试件渗流长度较长，水头差较大，而且无法真正做到试件完全密封；测试竖向渗透系数采用的马歇尔试件高度较小，渗流长度较短，水头差较小，测量结果存在较大的不稳定性，使得竖向和横向的渗透系数存在差别。也有研究指出，采用大马歇尔试件测试其竖向渗透系数与横向渗透系数较为接近。对于透水沥青混合料的路面渗透性能，国内外还没有统一的适宜的仪器，主要都是研究单位根据渗透系数测定原理自行设计的渗透系数测试装置。对于竖向渗透系数与横向渗透系数还有待进一步研究。

6.8.6　对比讨论

总结国内透水沥青混合料竖向渗透系数和横向渗透系数的相关研究成果，给出透水沥青混合料渗透系数要求。

总结马歇尔试件测试的透水沥青混合料竖向渗透系数试验结果，如图 6-17所示。

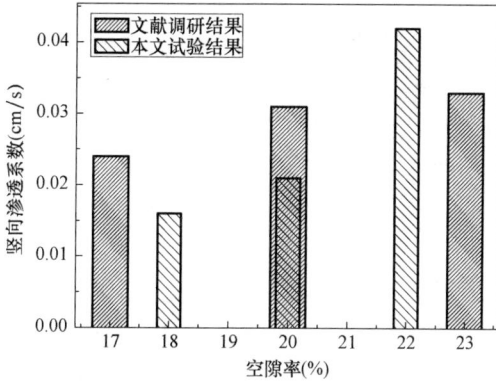

图 6-17 国内透水沥青混合料竖向渗透系数试验结果

分析图 6-17 可知，随着空隙率的增大，透水沥青混合料的竖向渗透系数也呈增大的趋势，且渗透系数均大于 0.01cm/s，范围在 0.01～0.04cm/s 之间，受沥青性质影响较小，采用不同的高黏沥青，其渗透系数差别不大。不同单位采用马歇尔试件测试排水沥青混合料渗透系数差别较小，具有稳定性，可作为竖向渗透系数的测试试件。综合以上，建议透水沥青混合料的竖向渗透系数为 0.01cm/s。

目前，国内外针对横向渗透系数的研究较少，采用的试件标准和条件也各不相同。日本曾山幸卫采用的试件为切割的车辙板试件，宽度为 15cm。国内大部分试验也主要采用车辙板试件，但属于无压渗流。中国马翔等人采用的是静压成型试件（15cm×15cm×15cm）的单边蓄水渗流试验。测试方法与标准各不相同。总结国内外关于横向渗透系数的测试结果，如图 6-18 所示。

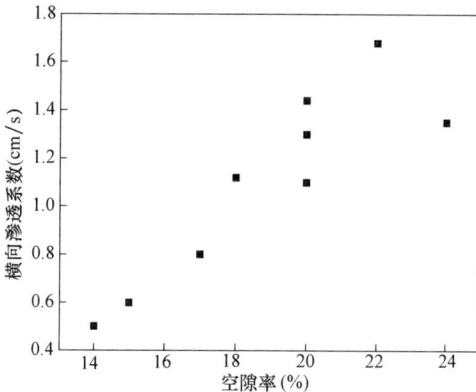

图 6-18 国内外透水沥青混合料横向渗透系数试验结果

分析图 6-18 可知，随着空隙率的增大，透水沥青混合料的横向渗透系数也呈增大的趋势，范围在 0.4～1.7cm/s 之间，变化范围较大。影响渗透系数的主要因素是空隙率，而沥青性质对横向渗透系数影响较小。采用车辙板试件测试的横向渗透系数与竖向和横向截面的孔隙占有率无明显差别相矛盾，分析其原因可能是采用不同的测试仪器和试件测试纵横向渗透系数造成的。经综合分析，建议透水沥青混合料横向渗透系数需大于 0.01cm/s。

通过自制透水沥青混合料竖向渗透仪器和横向渗透仪器分别测试透水沥青混合料的竖向渗透系数和横向渗透系数，得到以下结论：

（1）试验结果表明，随着空隙率的增大，透水沥青混合料的竖向渗透系数和横向渗透系数均增大，对于相同空隙率，横向渗透系数大于竖向渗透系数。

（2）对于透水沥青混合料竖向渗透系数，由于采用马歇尔试件渗流长度较短，水位差小，且不易控制水位差，可采用大马歇尔试件。

（3）采用马歇尔试件测试的透水沥青混合料的竖向渗透系数范围在 0.01～0.04cm/s 之间，采用车辙板试件测试的横向渗透系数则在 0.4～1.7cm/s 之间。测试结果与竖向和横向截面的孔隙占有率无明显差别相矛盾，分析其原因可能是试验时采用不同的测试仪器和试件造成。经综合分析，建议透水沥青混合料竖向和横向渗透系数均需大于 0.01cm/s。

（4）从截面孔隙的面积占有率和当圆量等效直径揭示了渗透系数的各项同性特征，由于截面孔隙占有率和当量圆等效直径在竖向截面和横向截面未出现差别，故横向渗透系数与竖向渗透系数理论上应该是一致的。

6.9　透水沥青混合料路用性能与孔结构关系研究

为了全面了解透水沥青混合料路用性能，研究具有更好高温稳定性、水稳定性、耐久性、强度以及抗滑性的透水沥青混合料，针对三种空隙率（18%、20%、22%），每种空隙率进行如下试验：制作三组马歇尔试件进行马歇尔稳定度和流值试验；制作三组马歇尔试件进行飞散试验，进行两组析漏试验；制作一组试件进行车辙试验；制作两组马歇尔试件进行浸水和不浸水飞散试验；采用铺砂法测定沥青路面抗滑性，并对试验得到的数据进行统计，分析空隙率（级配）、孔结构对透水沥青混合料路用性能的影响。

6.9.1　基本物理性能

1. 稳定度、流值

马歇尔试验用于测定沥青混合料试件的破坏荷载和抗变形能力，指导沥青混合料材料设计和控制路面施工质量。我国规范对不同的混合料类型提出了相应的稳定度和流值的技术要求。对透水沥青混合料，我国规范要求其稳定度≥3.5kN，但未给出流值的具体要求。

选用广州新粤沥青有限公司生产的高黏改性沥青，制作三组不同空隙率的马歇尔试件，进行马歇尔稳定度和流值试验，每组马歇尔试件 3 个，共 9 个试件，试验结果如表 6-23 与图 6-19 所示。

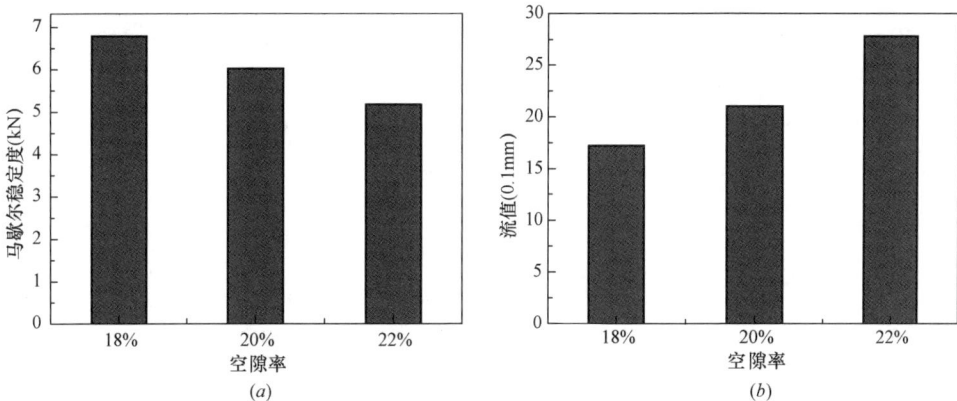

图 6-19　三种级配透水沥青混合料马歇尔试验结果

(a) 空隙率与马歇尔稳定度关系；(b) 空隙率与流值关系

三种级配透水沥青混合料马歇尔试验结果　　　　　表 6-23

空隙率(%)	马歇尔稳定度(kN)	流值(0.1mm)	马歇尔模数(kN/mm)
18	6.78	17.2	3.9
20	6.02	21	2.9
22	5.17	27.8	1.9

从表 6-23 与图 6-19 可以得到，对于透水沥青混合料，随着空隙率的增大，其马歇尔稳定度下降，流值增大，马歇尔模数减小，且随着空隙率增大，其趋势变化越明显。当目标空隙率为 18％时，其马歇尔稳定度达到最大值 6.78kN，流值最小为 1.72mm；当目标空隙率为 22％时，其马歇尔稳定度最小值为 5.17kN，流值最大为 2.79mm。

空隙率对马歇尔稳定度和流值影响显著。同种高黏改性沥青，空隙率较小时，透水沥青混合料细集料多而粗集料少，集料之间的接触面积较大，内摩阻力也较大，颗粒发生移位比较困难，混合料流值小，稳定度大。

透水沥青混合料具有大孔隙，其马歇尔稳定度一般在 5～7kN，比普通沥青混合料 10kN 的稳定度值小，也小于我国规范对普通沥青混合料稳定度值≥8kN 的要求，但均满足我国规范透水沥青混合料稳定度值≥3.5kN 的要求。流值基本上保持在 15～30 （0.1mm），除了空隙率为 18 时，流值为 17.2 （0.1mm）外，均符合我国规范对于普通沥青混合料流值的要求。

2. 肯塔堡飞散试验

飞散是透水沥青混合料面临的主要技术难题之一，其主要原因是透水沥青混合料中沥青与集料之间是点接触，接触面积小，当沥青与集料间的黏附强度不足时，在雨水、阳光等环境因素作用下，沥青就会从石料表面脱落，导致沥青混合料发生剥落、松散等病害。有研究指出，影响飞散性能的主要因素有路龄、沥青性质及沥青混合料密实度等。

飞散试验用于评价由于沥青用量不足或者沥青胶结料粘结力不足而导致的路面表面集料在车辆荷载作用下脱落的程度。试验中，选用广东公司生产的高黏改性沥青，选取三种级配，每种级配 3 个成型的标准马歇尔试件，要求马歇尔试件在 (20±0.5)℃水浴中恒温养生 20h 后，然后用洁净柔软的毛巾擦去试件表面的水，称取飞散前的质量，之后放入洛杉矶磨耗仪中旋转 300 转，称取试验后残留最大的一块试件质量，其试验前后的质量之比即为损失率 ΔS_1，如式（6-8）所示。

$$\Delta S = \frac{m_0 - m_1}{m_0} \times 100 \tag{6-8}$$

式中　ΔS——透水沥青混合料飞散损失，%；

$\quad\quad m_0$——试验前马歇尔试件质量，g；

$\quad\quad m_1$——试验后马歇尔试件质量，g。

三种空隙率每种空隙率准备 3 个马歇尔试件，共 9 个马歇尔试件进行飞散试验。飞散试验结果如表 6-24 和图 6-20 所示。

飞散试验结果　　　　　　　　　　　　　　　　表 6-24

空隙率(%)	飞散前质量(g)	飞散后质量(g)	飞散损失率(%)
18	1122.8	1092.2	2.72
20	1119.5	1068.2	4.59
22	1108.8	1035.7	6.59

从表 6-24 和图 6-20 可以得到，对于透水沥青混合料，随着空隙率的增大，飞散损失率逐渐增大。空隙率为 20% 的飞散损失是空隙率为 18% 飞散损失的 1.7 倍，空隙率为 22% 的飞散损失是空隙率为 20% 的飞散损失的 1.4 倍。

空隙率对飞散损失有所影响。同种高黏改性沥青，空隙率较小时，透水沥青混合料细集料多而粗集料少，集料之间的接触面积较大，内摩阻力也较大，沥青的粘结力较为牢固，飞散损失率小。

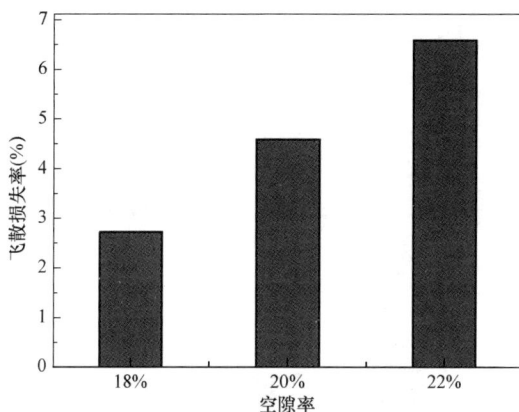

图 6-20 飞散损失试验结果

我国规范要求透水沥青飞散损失率≤20%，从表 6-24 和图 6-20 可以看出，试验结果飞散损失率小于 10%，满足规范要求。由于肯塔堡飞散试验最初用于确定最小沥青用量，说明采用的高黏改性沥青的沥青含量高，能够形成较厚的沥青膜，保证足够的黏聚力。

3. 谢伦堡析漏试验

析漏试验用于检测沥青结合料在高温状态下从沥青混合料中析出的多余的自由沥青数量，防止透水沥青混合料在运输、摊铺过程中发生流淌。析漏试验常用的方法有：烧杯法、搪瓷盘法、网篮法。本文采用烧杯法。

试验选用广东公司生产的高黏改性沥青，选取三种空隙率，每种空隙率的透水沥青混合料约为 1kg，装入 800mL 烧杯中（之前称得烧杯质量为 m_0），称取烧杯及混合料质量 m_1，在烧杯上盖上玻璃板，放入 185℃烘箱中，持续 60min。然后取出烧杯，将混合料向下倒扣在玻璃板上，称取烧杯以及黏附在烧杯上的透水沥青混合料质量 m_2，根据公式（6-9）计算沥青析漏损失。

$$\Delta m = \frac{m_2 - m_0}{m_1 - m_0} \times 100 \qquad (6-9)$$

式中　m_0——烧杯质量，g；

　　　m_1——烧杯及试验用沥青混合料的总质量，g；

　　　m_2——烧杯及黏附在烧杯上的混合料的质量，g；

　　　Δm——沥青析漏损失，%。

选取三种空隙率的透水沥青混合料，每种空隙率析漏试验两组，共进行六组析漏试验。析漏试验结果如表 6-25 和图 6-21 所示。

透水沥青析漏试验结果 表 6-25

空隙率(%)	析漏损失(%)
18	0.55
20	0.34
22	0.29

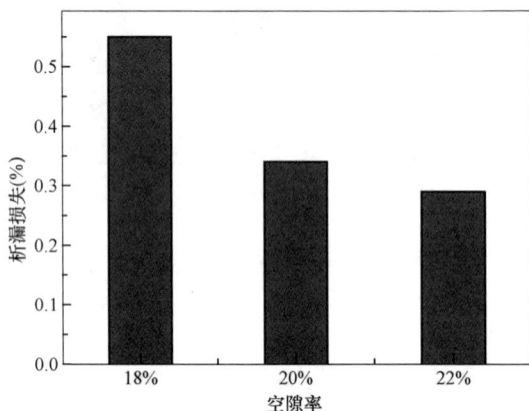

图 6-21 透水沥青析漏试验结果

从表 6-25 和图 6-21 可以得到，对于透水沥青混合料，随着空隙率的增大，析漏损失率逐渐减小。空隙率为 20% 时的析漏损失是空隙率为 18% 时的 0.62 倍，空隙率为 20% 时的析漏损失是空隙率为 22% 时的 0.85 倍。

空隙率对析漏损失有一定的影响。同种高黏改性沥青，空隙率较小时，透水沥青混合料细集料多而粗集料少，在油石比差别不大的情况下，细集料越多，可能导致析漏损失越大，反之细集料越少，析漏损失越小。

针对透水沥青路面，我国规范要求其析漏损失率 ≤0.3%，从表 6-25 和图 6-21 可以看出，只有空隙率 20% 的析漏损失满足要求，空隙率 18% 和 20% 均超出规范要求。由于析漏试验最初用于确定 SMA 是否会发生流淌，其析漏损失 ≤0.3% 的标准也是根据 SMA 制定的，直接应用于透水沥青混合料无充分的依据。曹东伟、杨军等人也指出现行规范析漏损失 ≤0.3% 的指标对于透水沥青混合料是不合理的，不同的细集料对透水沥青混合料的析漏损失有所影响，建议以析漏值不大于 0.8% 作为透水沥青混合料的控制指标，故实际应用时需要通过试验确定适合的析漏值。

6.9.2 高温稳定性

高温性能是透水沥青路面面临的另一个严峻的挑战，特别是福建省的透水沥青路面，夏季路面温度超过 60℃，有时甚至达到 70℃ 以上。如果透水沥青路面高温性能不足，在重载和高温作用下，容易发生车辙等病害，严重影响路面的使用性能。

1. 试验过程

评价沥青混合料高温稳定性的方法很多，主要有：车辙试验、马歇尔试验、贯入度试验。由于车辙试验与现场路面实际产生的车辙拟合较好，能更好地反应路面的高温稳定性，因此采用车辙试验来评价透水沥青混合料的高温稳定性。

车辙试验的具体方法是：制作一个 30cm×30cm×5cm 的沥青混合料试件，在恒温 60℃ 环境下保温不小于 5h，然后使用钢轮在试件表面来回碾压 1h（碾压速度 42 次/min，试验温度为 60℃，轮压约为 0.7MPa），利用位移传感器记录钢轮碾压的车辙深度随时间的变化值，读取 45min 和 60min 的车辙变形量，计算动稳定度。由公式（6-10）计算得到表征透水沥青混合料高温稳定性的指标——动稳定度。

$$DS = \frac{(t_2 - t_1) \times N}{d_2 - d_1} \times C_1 \times C_2 \qquad (6\text{-}10)$$

式中　DS——沥青混合料的动稳定度，次/mm；

$\quad\quad d_1$——对应时间 t_1 的变形量，mm；

$\quad\quad d_2$——对应时间 t_2 的变形量，mm；

$\quad\quad C_1$——试验机类型系数，取 1.0；

$\quad\quad C_2$——试件系数，取 1.0；

$\quad\quad N$——试验轮往返碾压速度，通常取 42 次/min。

2. 试验结果分析

选用广东公司生产的高黏改性沥青，选取三种级配进行车辙试验，试验结果如表 6-26、图 6-22 和图 6-23 所示。

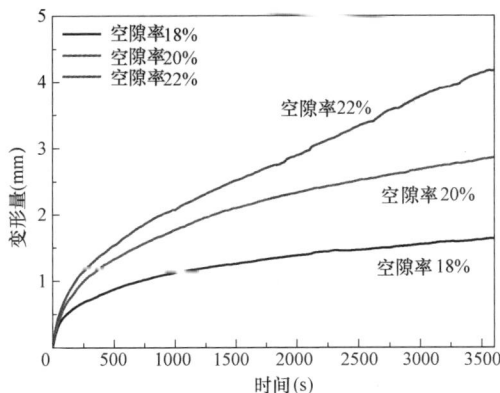

图 6-22　透水沥青混合料车辙试验曲线

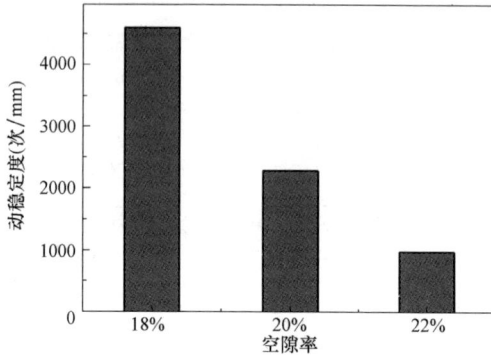

图 6-23　透水沥青混合料车辙试验结果

透水沥青混合料车辙试验结果　　　　　　　　　　　表 6-26

空隙率（%）	45min 车辙变形（mm）	60min 车辙变形（mm）	动稳定度（次/mm）
18	1.497	1.634	4599
20	2.585	2.861	2283
22	3.52	4.168	972

从表 6-26、图 6-22 和图 6-23 可知，随着空隙率的增大，透水沥青混合料的变形量是增大的，动稳定度逐渐减小。从图 6-22 可以看到，试验在 200s 前三种级配的变形量差别较小，在 200s 后三种级配的变形量开始出现较大的差别，且差别越来越大。空隙率为 18% 时的动稳定度是空隙率为 20% 的 2 倍，空隙率为 20% 时的动稳定度是空隙率为 20% 时的 2.3 倍。

空隙率对车辙影响显著。同种高黏改性沥青，空隙率较小时，透水沥青混合料细集料多而粗集料少，集料之间的接触面积较大，内摩阻力也较大，颗粒发生变形比较困难，混合料变形小，动稳定度大。

针对透水沥青路面，我国规范要求一般交通路段动稳定度≥1500 次/mm，重交通量路段动稳定度≥3000 次/mm。市政交通交通量小，且重载也少，因此针对市政道路采用动稳定度不小于 1500 次/mm 的标准。从表 6-26、图 6-22 和图 6-23 可以看到，只有空隙率达到 22% 时不满足规范要求，空隙率 18% 和 20% 均满足规范要求。

6.9.3　水稳定性

透水沥青空隙率达到 15% 以上，其内部结构比一般的沥青混合料更容易与水接触，更容易发生水损坏。所谓沥青路面水损坏是指沥青路面在有水存在的条件下，经过交通荷载和温度胀缩的反复作用，致使沥青的粘结力丧失、强度下降，沥青从矿料颗粒表面剥落、分离，从而发生路面破坏的现象。因此，为了防止透水沥青路面使用过程中发生剥落、掉粒等病害，有必要研究其抗水害能力，保证透水沥青具有良好的耐久性，提高其使用寿命。

1. 试验过程

评价透水沥青混合料水稳定性的方法很多，常用的方法主要有：浸水马歇尔试验、真空饱水马歇尔试验、浸水车辙试验、冻融劈裂试验及 ECS（Environment Conditioning System）试验等。考虑到透水沥青混合料具有极大空隙率，容易发生松散、飞散等问题，故采用浸水飞散试验评价水对透水沥青混合料粘结性能的影响，以浸水飞散损失率作为指标评价透水沥青混合料的水稳定性。

试验用不浸水和浸水试件飞散后混合料的质量损失率比值来评价沥青混合料的水稳定性，比值越大，水稳定性越好。试验选取三种级配，每种级配成型标准马歇尔试件，分成两组，一组马歇尔试件在（20±0.5）℃水浴中恒温养生 20h后，进行飞散试验，测得其飞散前后的质量之比即为损失率 ΔS_1，另一组在（60±0.5）℃的恒温水浴中养生 48h，取出后在室温中静置 24h，称取飞散前试件质量，和飞散试验后最大的一块试件质量，其质量之比为飞散损失率 ΔS_2。最后根据式（6-11）计算得到不浸水和浸水试件飞散后的混合料质量损失率比值 KF。

$$KF=(\Delta S_1/\Delta S_2)\times 100 \tag{6-11}$$

式中　KF——不浸水与浸水的透水沥青混合料飞散损失率的比值，%；

　　　ΔS_1——不浸水马歇尔试件飞散试验的混合料质量损失率，%；

　　　ΔS_2——浸水马歇尔试件飞散试验的混合料质量损失率，%。

2. 试验结果分析

选用广东公司生产的高黏改性沥青，选取三种级配进行浸水飞散试验。试验结果如表 6-27 和图 6-24 所示。

浸水飞散损失试验结果　　　　　　　　　　　　　　　表 6-27

空隙率 （%）	浸水飞散损失前 质量(g)	浸水飞散损失后 的质量(g)	浸水飞散 损失率(%)	不浸水与浸水的 飞散比值(%)
18	1131	1086	3.98	68
20	1112	1050	5.58	82
22	1108	1014	8.48	78

从表 6-27 和图 6-24 可知，随着空隙率的增大，透水沥青混合料浸水飞散损失增大。空隙率为 20% 时的浸水飞散损失是空隙率为 18% 时的 1.4 倍，空隙率为 22% 时的浸水飞散损失是空隙率为 20% 时的 1.5 倍。浸水飞散与不浸水飞散比值呈现先增大后减小的现象，未表现出明显的规律。

对比飞散试验，可以发现浸水飞散损失普遍比飞散损失大。原因可能在于

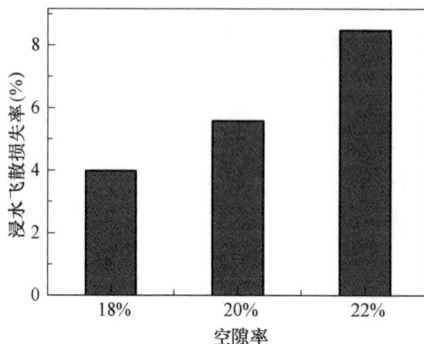

图 6-24　浸水飞散损失试验结果

60℃水浴 48h 下，沥青发生膨胀和老化，使其性能下降，导致其浸水飞散损失更大。

对于浸水飞散，我国未给出相应的技术要求。国外如西班牙、美国等国家要求透水沥青混合料浸水飞散损失≤30％。从表 6-27 和图 6-24 可以看出浸水飞散损失率小于 10％，均满足国外的技术要求。由于高黏改性沥青形成了较厚的沥青膜，具有足够的黏聚力，保证了透水沥青混合料具有较好的抗水损害能力。

6.9.4　透水沥青混合料抗滑性能

抗滑性能好是透水沥青混合料的优点之一，而路面的抗滑性受到沥青特性、混合料组成、施工工艺、外界环境、交通荷载以及污染等因素的影响。特别是福建地区，夏季高温多雨，为了保证路面的行驶安全，减少刹车距离，降低交通事故，要求沥青路面具有较好的抗滑性能。

1. 试验过程

沥青路面抗滑性主要有两个指标：摩擦系数、构造深度。前者采用便携式摩擦仪测定，后者采用铺砂法测定。铺砂法测定多孔隙沥青混合料的构造深度：将 $25cm^3$ 的洁净细砂（粒径 0.15～0.3mm）倒在成型车辙板试件表面，通过推平板将砂尽可能摊铺成一个圆形，量取砂圆的直径，根据式（6-12）即可得到沥青混合料构造深度。

$$TD = \frac{31831}{D^2} \tag{6-12}$$

式中　TD——透水沥青混合料表面构造深度，mm；

　　　　D——摊平砂的平均直径，mm。

2. 试验结果分析

选用广东公司生产的高黏改性沥青，选取三种空隙率采用铺砂法评价其抗滑性能。试验结果如表 6-28 和图 6-25 所示。

透水沥青混合料实测构造深度　　　　　　　　　　　表 6-28

空隙率（％）	构造深度（mm）
18	1.51
20	1.87
22	2.30

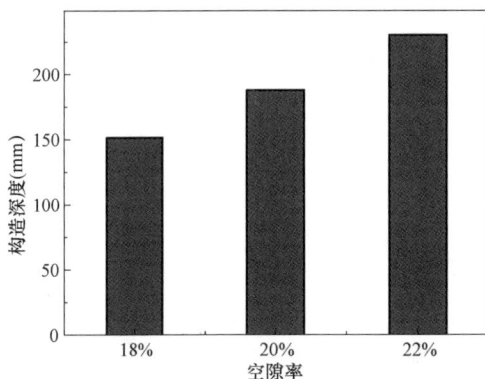

图 6-25　透水沥青混合料实测构造深度

从表 6-28 和图 6-25 可知，随着空隙率的增大，透水沥青混合料构造深度逐渐增大。空隙率为 20％时的构造深度是空隙率为 18％时的 1.24 倍，空隙率为 22％时的构造深度是空隙率为 20％时的 1.23 倍。

空隙率对透水沥青混合料抗滑性影响显著。随着空隙率的增大，构造深度增大，抗滑性能明显提高，原因可能是空隙率越大，粗集料越多，细集料越少，车辙板表面集料点接触也越少，表层孔隙也越大，砂铺成圆的面积越小，构造深度越大，抗滑性越好。

透水沥青路面抗滑性能好，其构造深度均能达到 1mm 以上。我国相关规范要求沥青路面抗滑标准为构造深度大于 0.55mm。透水沥青混合料远大于规范要求，具有良好的抗滑性能。

6.9.5　孔结构与路用性能关系

由于空隙率显著地影响着透水沥青混合料的路用性能，不同的空隙率对应着不同的级配，不同的级配产生不同的空隙率，即使相同的空隙率也可能有不同的级配。故从级配和孔隙特征入手，分别研究其对混合料路用性能的影响，见表

6-29。

分形维数与路用性能的关系

表 6-29

空隙率(%)	级配分形维数 D	马歇尔稳定度(kN)	动稳定度(次/mm)	浸水飞散损失(%)
18	2.4124	6.78	4599	3.98
20	2.4148	6.02	2283	5.58
22	2.4168	5.17	972	8.48

分析表 6-29 可知，随着分形维数的增加，马歇尔稳定度、动稳定度呈减小的趋势，浸水飞散损失呈增大趋势，表明随着分形维数的增大，高温稳定性和水稳定性呈下降的趋势，说明在一定分形维数范围内，空隙率越大，对混合料性能越不利。由于集料粒径越大，分形维数越大，试验表明，为提高透水沥青混合料的路用性能，在集料级配满足空隙率要求的前提下，应尽量减小集料的分形维数，即降低大粒径集料比例。

由于孔结构的参数如粗集料占有率、孔隙占有率、孔隙等效直径在不同方向上差别较小，表现出各向同性，故忽略方向对孔结构参数的影响，选取竖向孔隙占有率和空隙等效直径作为孔结构参数，对比不同的孔隙占有率、空隙当量圆等效直径对其路用性能的影响，见表 6-30。

孔隙特征与路用性能的关系

表 6-30

空隙率(%)	孔隙占有率(%)	孔隙当量圆等效直径(mm)	马歇尔稳定度(kN)	动稳定度(次/mm)	浸水飞散损失(%)
18	3.9	1.64	6.78	4599	3.98
20	6.9	1.72	6.02	2283	5.58
22	9.6	2.17	5.17	972	8.48

分析表 6-30 可知，随着孔隙占有率的提高和孔隙当量圆等效直径的增大，马歇尔稳定度、动稳定度呈增大的趋势，浸水飞散损失呈减小的趋势，表明其高温稳定性和水稳定性呈下降趋势。由于大粒径集料所占比例越多，孔隙当量圆等效直径越大，为提高透水沥青混合料的路用性能，在满足空隙率要求的前提下，应尽量减小孔隙当量圆等效直径，即降低大粒径集料的比例。

综合以上研究显示：

（1）随着空隙率增大，马歇尔稳定度逐渐减小，流值逐渐增大，马歇尔模数逐渐减小。由于采用高黏改性沥青，透水沥青混合料均具有较高的稳定度，马歇尔稳定度值均大于 5kN。

（2）随着空隙率增大，透水沥青混合料析漏值减小和飞散损失增加。由于采用高黏改性沥青，透水沥青混合料具有良好的抗析漏和飞散的能力，析漏值介于

0.2%～0.6%，规范给出的析漏损失不太合理，建议以析漏值不大于0.8%作为透水沥青混合料的控制指标。

（3）随着空隙率增大，透水沥青混合料的高温稳定性呈减小的趋势。由于采用高黏改性沥青和混合料石石嵌挤结构，透水沥青混合料具有良好的抗车辙能力，一般交通动稳定度不小于1500次/mm，同时空隙率不宜大于20%。

（4）随着空隙率增大，透水沥青混合料的水稳定性下降，由于采用高黏改性沥青，透水沥青混合料具有较好的抗水损害能力。评价透水沥青混合料水稳定性可以采用浸水飞散评价，要求浸水飞散损失不大于20%。

（5）随着空隙率增大，透水沥青混合料的构造深度逐渐增大，透水沥青混合料具有良好的抗滑性，构造深度远大于规范0.55mm的要求，沥青性能对透水沥青混合料抗滑性能影响小，空隙率对抗滑性能影响显著。

第7章 透水沥青混合料细观力学行为分析

为揭示透水沥青混合料细观组构对其抗永久变形能力的影响机制，通过对车辙板进行相关处理，获取粗集料及孔隙细观信息，并基于离散元建立单轴静态蠕变试验模型，通过改变模型模量、黏度和空隙率，分析该三因素与混合料抗永久变形能力之间的关系，为提高透水沥青混合料高温性能提供技术参考。

7.1 单轴静态蠕变试验概况

单轴静态蠕变试验最初由荷兰阿姆斯特丹壳牌石油公司实验室（KSLA）的 Van Der Paul 开发使用（见图 7-1）。这种方法实用、简单，只要能提供恒定的应力和温度及位移记载工具的仪器，就可以完成该试验（见图 7-2）。

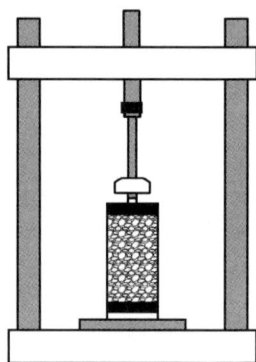

图 7-1 单轴静态蠕变示意图

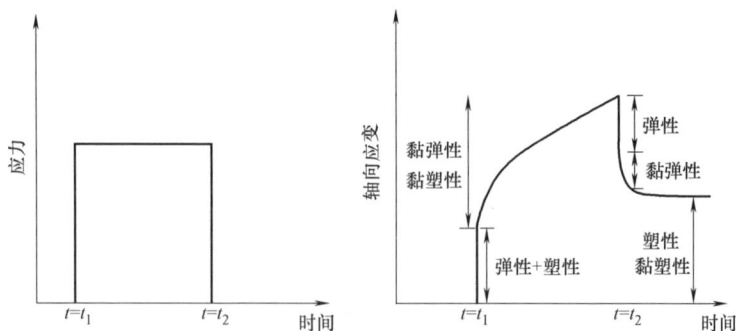

图 7-2 蠕变应变响应示意图

单轴静态蠕变试验中，沥青发生黏弹性变形，体现其材料黏弹特性，采用 Burger's 模型描述的沥青混合料蠕变特征如图 7-3 所示：

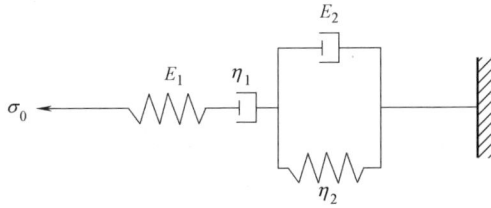

图 7-3　**Burger's 模型蠕变示意**

蠕变试验中施加恒定应力值：

$$\sigma = \begin{cases} 0 & t<0 \\ \sigma_0 & t>0 \end{cases} \tag{7-1}$$

加载段：

$$\varepsilon_t = \sigma_0 \left[1/E_1 + t/\eta_1 + 1/E_2 (1-e^{-tE_2/\eta_2}) \right] \tag{7-2}$$

$$\varepsilon_0 = \sigma_0/E_1 \tag{7-3}$$

$$\delta(t)_{t\to\infty} = \sigma_0 (1/E_2 + t/\eta_1) \tag{7-4}$$

式中　ε_0——瞬时弹性应变；

　　　ε_t——t 时刻应变；

$\delta(t)_{t\to\infty}$——加载时间无限长应变。

其余参数含义参照图 7-3 可知。

卸载段：

$$\varepsilon_t = \sigma_0 \left[e^{-(t-t_0)E_2/\eta_2} (1-e^{-t_0/E_2/\eta_2})/E_2 + t_0/\eta_1 \right] \tag{7-5}$$

式中　t_0——卸载时刻，s。

沥青混合料的蠕变有三个发展阶段（见图 7-4）：

第一阶段：混合料在蠕变初期，弹性部分使其在开始加载瞬间产生变形，近似形成初值，此后应变率逐渐减小。

第二阶段：混合料进入稳定发展阶段，轴向应变与加载时间近似为线性关系，应变率为恒定值。

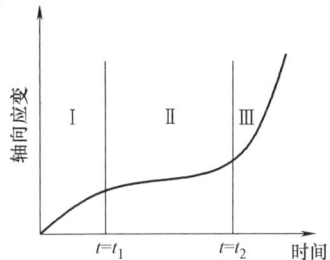

图 7-4　**蠕变的三个发展阶段示意**

第三阶段：混合料进入失稳阶段，轴向应变随时间增加迅速增大，混合料表现为塑性流动变形，体积没有变化。该阶段可能变化不明显，有时容易被忽略，其表现明显程度取决于材料特性、温度、荷载等。

利用 PFC 软件（颗粒流离散元软件）进行沥青混合料蠕变性能仿真时，砂浆细观参数如果直接采用宏观参数转化值，则所花时间将达到数年，显然不适于研究。鉴于沥青材料的时温依赖性及时温等效原理，进行时温转化，以提高计算效率。

进行时温等效前后沥青混合料应变方程表达如下：

$$\varepsilon(T,t)=\sigma_0\left[\frac{1}{E_1}+\frac{t}{\eta_1}+\frac{1}{E_2}(1-e^{-\frac{E_2t}{\eta_2}})\right] \tag{7-6}$$

$$\varepsilon(T_r,t_r)=\sigma_0\left[\frac{1}{E_1}+\frac{t_r}{\eta_{1r}}+\frac{1}{E_2}(1-e^{-\frac{E_2t_r}{\eta_{2r}}})\right] \tag{7-7}$$

$$\varepsilon(T_r,t_r)=\varepsilon(T,t) \tag{7-8}$$

$$t=\alpha_T t_r \tag{7-9}$$

T，t，T_r，t_r 分别表示真实的温度和时间、参考的温度和时间，α_T 称为移位因子，其余参数定义参照前文。

基于以上四个公式可以得出：

$$n_{1r}=\frac{\eta_1}{\alpha_T} \tag{7-10}$$

$$n_{2r}=\frac{\eta_2}{\alpha_T} \tag{7-11}$$

仿真时间与计算机计算能力及移位因子有关，在计算机能力固定的情况下，移位因子越大，则减少的时间越多。考虑到计算精度问题，取移位因子为10000，则虚拟试验的加载时间仅为真实时间的 1/10000，计算时间从数年减少到了数小时。此时所计算时间为转化后时间，在最后结果分析时需乘以对应缩小倍数，如取 10000。

7.2　透水沥青混合料内部结构分析

7.2.1　透水沥青混合料内部结构获取

为了获取透水沥青混合料内部孔隙、集料以及砂浆等的结构和分布特征，为后文数值建模打下基础，选用碾压成型的车辙板，对其进行三次切割，获得 6 块透水沥青混合料试件。

首先对成型的车辙板（300mm×300mm×50mm）进行竖向"十"字形切割，每种空隙率得到 4 块大小相等的试件（150mm×150mm×50mm），选择其中的 2 块试件用于研究该空隙率的内部竖截面结构，再将剩余的 2 块试件沿其水平面切割成大小相等的 4 块试件（150mm×150mm×25mm），用于研究该空隙率的内部横截面结构。

透水沥青混合料大致可分为三个部分：粗集料、砂浆和孔隙。粗集料接近白色，砂浆呈灰色，孔隙呈黑色。粗集料表面包裹着胶浆形成一定的骨架结构，砂浆填充到骨架结构中，未被填充就形成孔隙。

透水沥青混合料粗集料分布大致均匀，截面上各处均分散有粗集料，但粗集料排列和形状却表现出不规则性和无序性，由细集料与沥青形成的砂浆遍布粗集料形成的骨架结构中，由于截面上细集料粒径小，与沥青混合在一起，不易区分，故将沥青与细集料作为一个整体，不进行区分。

相比粗集料和砂浆所占的面积，截面上孔隙所占的面积明显较少，原因可能是试件切割时产生的高温导致沥青软化，部分细集料与沥青形成的砂浆整体移动填充了截面上的孔隙，导致切割截面表面平整光滑，孔隙较少。

PA 沥青混合料并没有明显的粗集料嵌挤效果，原因可能是粗集料嵌挤主要发生在三维体系内，并且集料的离析也会一定程度上影响嵌挤效果的表现。

7.2.2 透水沥青混合料内部结构处理

对于透水沥青混合料的截面图像，关注的是图像中有关孔隙、粗集料的信息。为了更清楚地分辨粗集料、孔隙和砂浆，对拍摄的图像进行处理。

重点关注的是有关孔隙和粗集料的信息，因此通过尝试设定不同的阈值，区分粗集料、孔隙和砂浆，并分别用不同的颜色进行填充标注。如图 7-5 和图 7-7 所示，浅色表示粗集料，深色表示孔隙，剩余未处理的部分为砂浆，并将图像进行二值化处理，如图 7-6 所示。

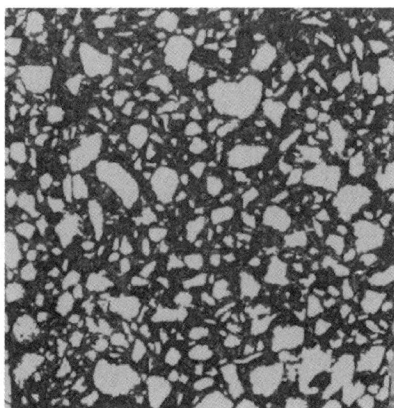

图 7-5　混合料实物图

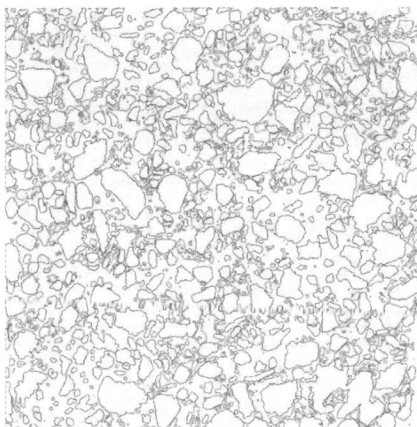

图 7-6　二值化图像

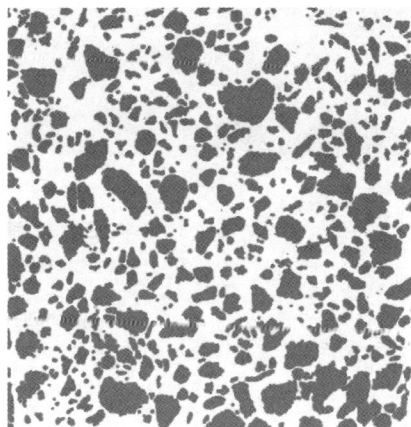

图 7-7　集料

7.3　透水沥青混合料孔结构分析

通过对图像进行处理，获得三种空隙率的竖向和横向截面的二值化图像，在此基础上通过 IPP 软件对截面上表征粗集料和孔隙的特征参数进行统计和分析。

7.3.1　粗集料特征参数

透水沥青混合料中粗集料占到 80％以上，粗集料所占比例对透水沥青混合料工程特性有重要影响。随着空隙率的增大，透水沥青混合料 2.36mm 筛孔通过率逐渐减小。对于透水沥青混合料，粗集料通常界定为无法通过 2.36mm 筛孔的集料，但对于二维图像而言，集料颗粒的体积是无法获得的，因此面临如何判断截面上集料是否为粗集料。由于无法获得集料颗粒的厚度，可先忽略集料厚度的影响，认为一个集料能通过筛孔，不取决于其面积小于筛孔面积，而取决于其二维图像轮廓线上任意两点的最大轴距小于方孔对角线长，即集料最大轴距大于 2.36mm 方孔筛边长的 1 倍判定为粗集料。

通过二值化图像统计各种空隙率不同截面上粗集料的面积占整个截面面积的百分数，粗集料分布如图 7-8 所示，统计结果如表 7-1 所示。

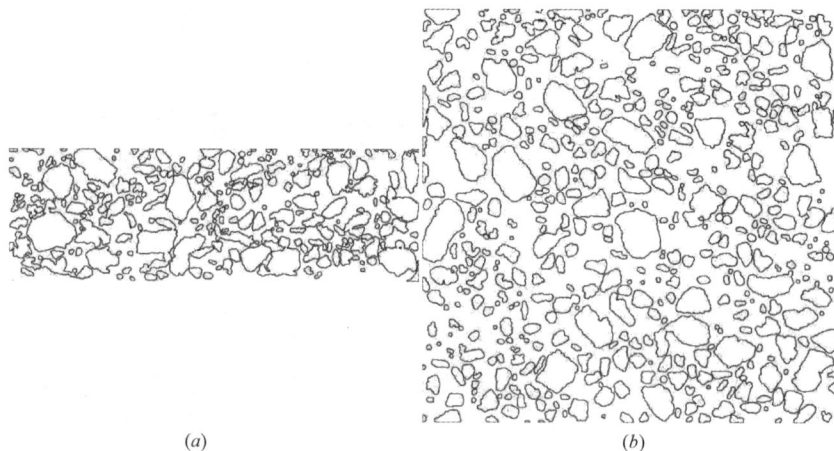

(a)　　　　　　　　　　　　　　　　(b)

图 7-8　不同空隙率竖向截面和横向截面粗集料分布

（a）竖向截面粗集料分布；（b）横向截面粗集料分布

粗集料所占截面百分数　　　　　　　　　　　　　　表 7-1

截　　面	粗集料所占截面百分数（％）
竖向	40.76
横向	35.96

注：表中粗集料所占比例将为后文数值建模做准备。

7.3.2 孔隙

大空隙率是透水沥青混合料实现其排水性的重要保证。大量研究均表明，空隙率会直接影响到透水沥青混合料的路用性能。对于二维数字图像，无法获得其实际的空隙率，而且切割时高温导致一些细小的孔隙被堵塞，使其截面上的孔隙所占比例减小，但由于采用相同的切割工具，造成的破坏程度是相当的；另外，图像像素的高低、图像处理时阈值的选取都对孔隙面积占有率有一定的影响，但是由于在相同的环境和阈值下处理图像，认为其影响是相当的，故其截面上孔隙所占有的比例也能够在一定程度上反映其空隙率的多少（见图7-9）。

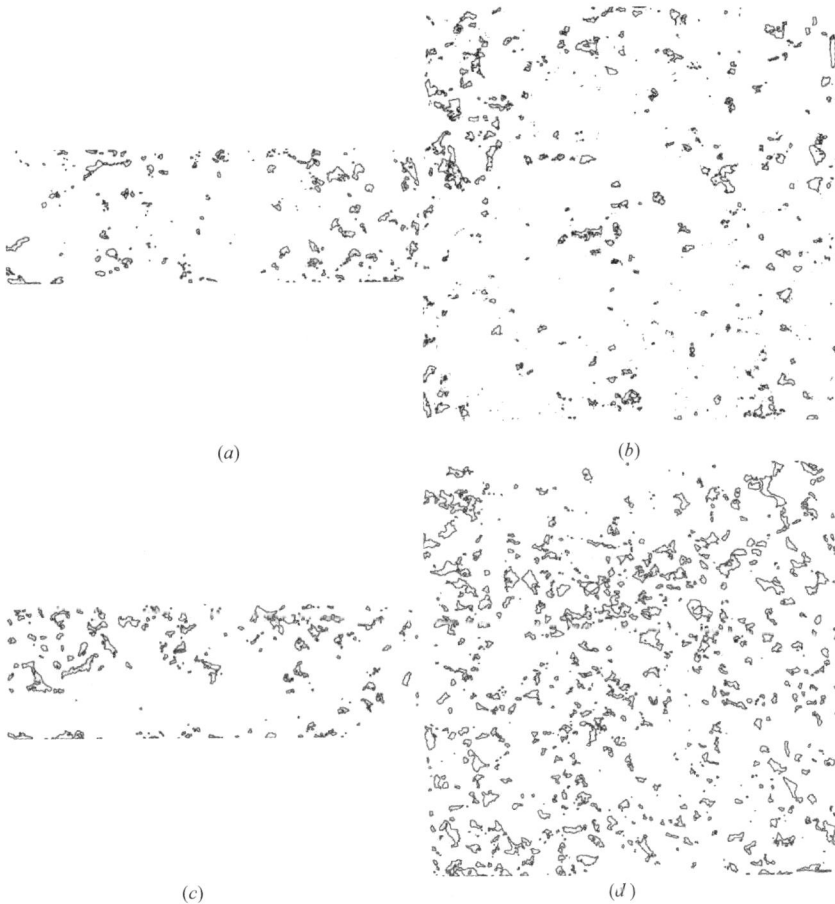

图7-9 不同空隙率的孔隙分布图（一）

（a）空隙率18％竖向截面孔隙分布；（b）空隙率18％横向截面孔隙分布；
（c）空隙率20％竖向截面孔隙分布；（d）空隙率20％横向截面孔隙分布

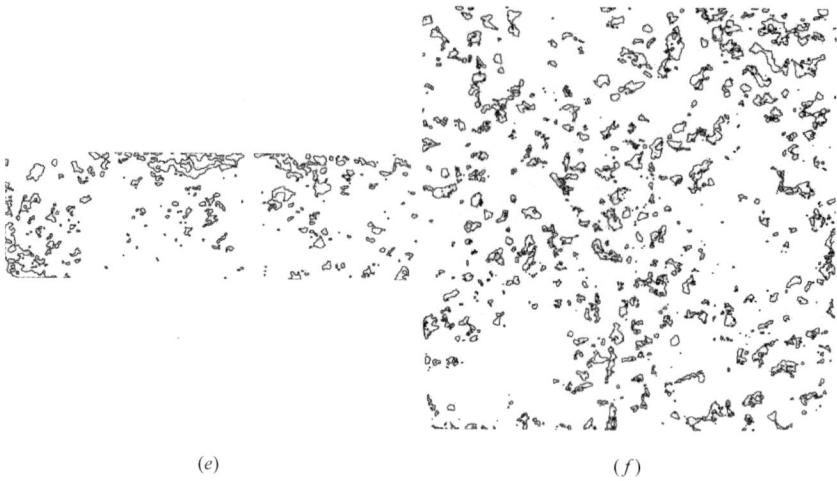

(e) (f)

图 7-9　不同空隙率的孔隙分布图（二）

(e) 空隙率 22% 竖向截面孔隙分布；(f) 空隙率 22% 横向截面孔隙分布

根据以上统计得出混合料空隙率相关信息如表 7-2 所示。

由图 7-10 可知，随着空隙率的增大，孔隙面积所占截面比例呈增大的趋势，孔隙所占比例集中在 4%～10%，两者具有良好的线性关系；竖向截面的孔隙占有率会比横向截面孔隙占有率略大，且随着空隙率的增大，两者的差别减小。

不同空隙率下孔隙所占面积比例　　　　　　　　　　表 7-2

空隙率(%)	孔隙所占面积比例(%)	
	竖向截面	横向截面
18	3.9	3.4
20	6.9	6.6
22	9.6	9.5

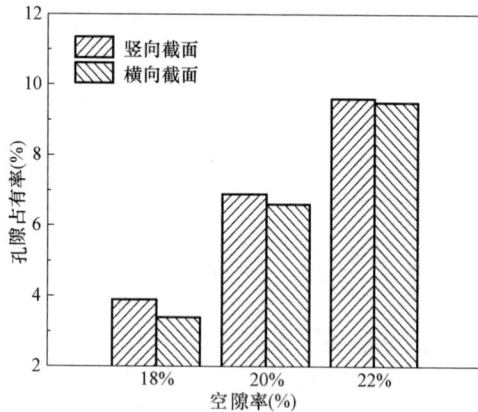

图 7-10　不同空隙率下孔隙所占有比例

7.4 单轴静态蠕变试验数值仿真

虚拟试验相关参数见表 7-3。

试验参数   表 7-3

试件尺寸(mm)		时间(s)		温度(℃)	应力水平(MPa)
直径	高度	加载	卸载	60	0.1
100	150	3600	1800		

7.4.1 数字试件生成

根据前文研究，取 40％为混合料集料所占面积比，试件尺寸 100mm×150mm，则集料所占面积为 6000mm^2。进行集料维数转化，根据 PA 真实级配确定最终二维试件所需各级配颗粒数目如表 7-4 和表 7-5 所示。

PA-13 粗集料三维级配   表 7-4

筛孔(mm)	16	13.2	9.5	4.75	2.36
通过质量百分率(％)	100.0	96.8	63	18.4	13.2

PA-13 粗集料二维级配   表 7-5

筛孔上限值(mm)	16	13.2	9.5	4.75
筛孔下限值(mm)	13.2	9.5	4.75	2.36
试件颗粒数(个)	1	18	75	58

对于试验模型的仿真，显然是组成颗粒越小，将模型描述得越准确，则试验结果精度就会越高，但同时会使计算速度减慢。基于计算机计算能力及结果精确性考虑，将砂浆颗粒粒径定为 1.2mm。根据集料级配和颗粒大小生成初始模型如图 7-11 所示。

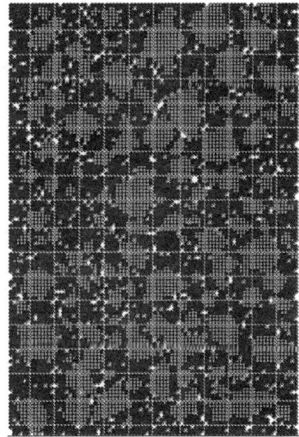

考虑到单轴静态蠕变试验应力小、应变小的特点及主要探讨蠕变性能，而非破坏机制的情况下，在模型选择及参数设置时提出以下三个原则：

（1）粘结强度设置较高，保证混合料不出现裂纹；

（2）混合料中未出现粘结破坏，因此不考虑使

图 7-11 二维模型

用滑动模型；

（3）试验为单轴加载，所以不考虑加载墙体摩擦。

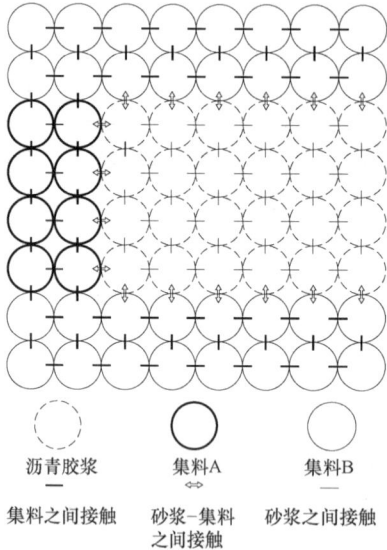

沥青胶浆　　　集料A　　　集料B

集料之间接触　　砂浆-集料　　砂浆之间接触
　　　　　　　　之间接触

图 7-12　接触模型

7.4.2　接触模型选择

选择接触类型如表 7-6 所示，接触模型如图 7-12 所示。

接触模型选择	表 7-6

单元接触类型	接触模型
集料-集料	接触刚度＋接触粘结
集料内部	接触刚度
集料-砂浆	接触刚度＋接触粘结模型
砂浆内部	接触刚度＋黏弹性接触＋接触粘结模型

（1）集料-集料和集料内部

集料假设为弹性体，选用线性模型，则集料间接触为弹性接触。为参数设置方便，集料内部同样设置了相同接触模型，但依据离散元 Clump 命令，集料内部颗粒是不参与受力的，只会使集料表面颗粒具有接触能力。

因为不考虑集料破坏，未使用 Cluster 命令，所以没在集料内部设置粘结模型。而对于集料之间的粘结情况，实际上，即使是集料与集料之间的粘结也是集料-砂浆-集料的粘结模式，所以考虑在集料之间同样设置接触粘结模型。

（2）集料-砂浆和砂浆内部

与砂浆有关的接触分为集料-砂浆和砂浆-砂浆两种，实际上两者应该都具有黏弹特性，但受限于仿真水平不足，只能在砂浆内部设置粘弹性模型，而集料-砂浆则是单纯的弹性接触和粘结接触，由此形成的效果即在集料-砂浆界面处类似水泥粘结，不具有粘弹特性。另外，为提高砂浆在高温下由于二维嵌挤的不足及避免刚度过小造成砂浆-集料界面处的两相重叠，在砂浆中也设置了线性模型。

关于粘结模型选择，平行粘结比接触粘结合适，因为平行粘结具有"包裹"效果，但平行粘结涉及参数较多，共有五个，这给拟合带来较大难度，同时也会提高误差可能性。接触粘结模型只有两个参数，但在沥青混合料破坏仿真中会出现颗粒滚动现象，特别是在试件边缘接触较少的情况下。因而进行的是密级配混合料的蠕变试验，其变形较小，且颗粒较为密集，颗粒受其四周颗粒推挤，不会出现滚动转动等不合理现象。

基于以上，选用线性模型和接触粘结模型代表集料-砂浆之间接触，选用粘弹性接触和接触粘结模型代表砂浆-砂浆之间接触。

7.4.3 细观参数确定

（1）接触粘结模型

粘结模型参数确定分为绝对值及相对值两个方面。绝对值确定强度量级，相对值则是确定两者之间比例关系。

由表 7-7 可知，无论是黏聚强度与黏附强度之间的大小关系，还是法向、切向比例都是不确定的，这主要与试验温度、试验方法及试验材料特性有关。鉴于研究沥青混合料高温蠕变特性，以保证混合料不出现裂纹为原则，且如意大利 Francesco Canestrari（2010）和谭忆秋（2007）等较多研究表明，在干燥情况下，一般都是发生黏聚破坏，黏附破坏较为可能发生在潮湿情况下，拟采用法向切向强度比为 1：1，黏附强度为黏聚强度的 2 倍；粘结强度量级以不出现裂纹为原则确定。

粘结强度值   表 7-7

研究人	温度 （℃）	法向强度 （MPa）	切向强度 （MPa）	获取 途径	注明
美国 Alar Abbas(2004)	低温 （无具体温度）	2.8+2.8/8.4	2.8+2.8/8.4	参考文献	黏附≥黏聚
意大利 Francesco Canestrari (2010)	40	0.544~2.74	—	PATTI 改进版	破坏类型与 接触集料有关
王楠楠(2014)	25	0.143	0.49	自制拉剪仪器	—
王好(2014)	低温 （无具体温度）	0.5	0.5	参考文献	有限元仿真

（2）砂浆之间黏弹性模型

宏观 Burgers 模型参数见表 7-8。

Burgers 模型宏观参数   表 7-8

E_1（MPa）	E_2（MPa）	η_1（MPa·s）	η_2（MPa·s）
3.185	1.756	2784.233	216.724

进行细观转化获得细观参数，考虑到集料嵌挤作用较弱，提高宏观参数两倍，并设置线性接触刚度为 3E+07，具体过程如下：

在 PFC2D（二维颗粒流程序，Particle Follow Code）中，颗粒与颗粒之间的接触是假定颗粒之间存在一个虚拟的"桥梁"，对于弹性体即为"弹性梁"，黏弹性体则为"黏弹性梁"。梁的厚度、高度及长度为颗粒平均值，可在梁两端施加弯矩或力（见图 7-13）。

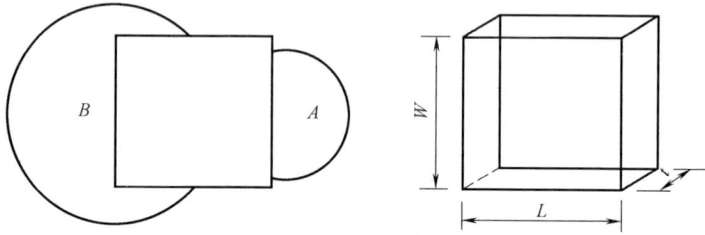

图 7-13　接触梁示意图

梁的长度及截面积计算如下：

$$L=R^{[A]}+R^{[B]} \tag{7-12}$$

$$A=L \cdot t \tag{7-13}$$

式中　$R^{[A]}$——A 的半径；

　　　$R^{[B]}$——B 的半径。

沥青砂浆接触中，法向和切向的黏弹特性用 Burger's 模型来表示。如图 7-14所示，Burgers 模型由 Maxwell 模型（弹簧和阻尼器串联）和 Kelvin 模型（弹簧和阻尼器并联）组成。

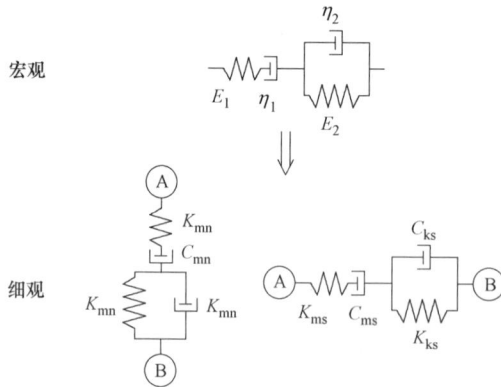

图 7-14　砂浆内部接触模型

（3）接触刚度模型

涉及接触刚度模型设置的包括集料内部接触、集料间接触、集料-砂浆接触和砂浆-砂浆接触。其中前两种接触只与集料弹性模量相关，集料的弹性模量取决于材料特性，因此分布范围较广，一般都大于 1000MPa。后两种接触涉及砂浆的弹性模量，砂浆作为黏弹性材料，高温下主要表现黏性，容易出现流动状。其模量与组成材料特性、级配和试验条件等因素有关，一般都小于 100MPa 甚至低到难以测试。

集料与砂浆之间较大的模量差距，造成两者之间较大的刚度差值，从而使得两种颗粒容易发生重叠，导致计算结果出现不稳定，其原因可能与颗粒流程序未考虑高温情况下沥青混合料集料-砂浆界面特定本构模型相关。

鉴于以上，拟以试验曲线为目标进行两者刚度拟合，集料及砂浆的泊松比分别取为 0.25 和 0.5，并要求集料刚度大于砂浆刚度。而墙体刚度取值为集料刚度值的 10 倍。

根据以上参数设定规则，得出材料参数值如表 7-9 和表 7-10 所示。

黏弹性接触参数　　　　　　　　　　　　　　　表 7-9

接触类型	K_{kn} (Pa·m)	C_{kn} (Pa·m·s)	K_{mn} (Pa·m)	C_{mn} (Pa·m·s)	K_{ks} (Pa·m)	C_{ks} (Pa·m·s)	K_{ms} (Pa·m)	C_{ms} (Pa·m·s)
砂浆内部	3.512E6	4.334E4	6.370E6	5.568E5	1.171E6	1.445E4	2.123E6	1.856E5

非黏弹性参数　　　　　　　　　　　　　　　表 7-10

材料类型	法向刚度 (N/m)	切向刚度 (N/m)	法向粘结强度 (N)	切向粘结强度 (N)
砂浆（界面）	7.5E6	2.5E6	—	—
砂浆（非界面）	3E7	3E7	—	—
集料	1.11E8	4.44E7	—	—
墙体	1.11E9	—	—	—
砂浆-集料	—	—	1000	1000
集料-集料	—	—	1000	1000
砂浆-砂浆	—	—	500	500

7.5 模型敏感性分析

7.5.1 高温指标

确定四个试验相关参数为下文高温判断指标，具体包括：蠕变第二阶段斜率和截距、加载结束时（3600s）蠕变柔量和永久变形量。

（1）斜率：斜率及下文的截距是通过对蠕变柔量-时间曲线中流变点前直线段拟合所得，拟合公式如式（7-14）所示。通常认为斜率反映沥青混合料变形速率大小，在截距相同情况下，斜率越大则变形越快，抗永久变形能力越差。

$$J(t)=at^m \tag{7-14}$$

式中　$J(t)$——蠕变柔量，Pa^{-1}；

　　　　m——斜率；

　　　　a——截距。

（2）截距：截距越大则蠕变柔量越大，弹性模量越小，抗永久变形能力越差。

（3）蠕变柔量：蠕变柔量为应变与应力比值，表示单位应力作用下的应变值。通常认为蠕变柔量越大则抗永久变形能力越差。

$$J(t)=-\frac{\varepsilon(t)}{\sigma_0} \tag{7-15}$$

式中　$\varepsilon(t)$——时刻应变，mm/s；

　　　　σ_0——加载应力值，Pa。

（4）永久变形量：永久变形量指曲线卸载完成后所残余的变形量。通常认为永久变形量越大，则抗永久变形能力越差。

7.5.2　模量

若要提高沥青混合料抗永久变形能力，作为沥青混合料重要组成部分的沥青所能起到的作用不言而喻。提高沥青模量对于沥青混合料抗永久变形能力的重要性已被多篇文章证实。高模量沥青混合料的基本概念是使用硬质沥青，同时使用比磨耗层高的结合料含量设计混合料，通过硬质沥青获得高的模量来抵抗车辙。提高沥青混合料模量的两个主要途径：添加高模量材料或提高结合料的模量（硬质沥青）。将基于前文所建立模型对后者开展相应研究。

下文通过倍数增长砂浆的动态模量模拟其模量的增加，并进行相应的数值仿真，仿真所得结果如图 7-15 和表 7-11 所示。

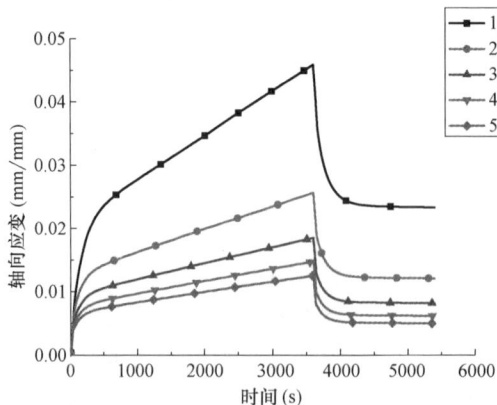

图 7-15　轴向应变-时间

主要变量变化 表 7-11

模量(倍数)	永久变形量(mm)	斜率 m	截距 a	蠕变柔量(1/MPa)
1	3.5067	4.6609E-1	9.9800E-3	4.5901E-1
2	1.8174	4.1206E-1	8.6500E-3	2.5663E-1
3	1.2293	3.9442E-1	7.2100E-3	1.8492E-1
4	0.9288	3.8265E-1	6.3500E-3	1.4774E-1
5	0.7520	3.7208E-1	5.8700E-3	1.2522E-1
变异系数	6.7746E-1	9.1254E-2	2.2250E-1	5.7488E-1

结合图 7-15 和表 7-11 可知，砂浆模量对沥青混合料抗永久变形性能影响很大。随模量的增大，四个高温指标都发生单调递减，表明混合料抗永久变形能力的提升。

在相同加载时间（15s）情况下，通过对比两个不同模量砂浆所组成混合料受力图，帮助分析沥青模量在混合料抗永久变形中所起的作用。

基于前文所得规律，并结合图 7-16，分析模量对混合料抗永久变形能力的影响：

（1）在相同的外荷载（0.1MPa）和相同的作用时间（3600s）下，沥青模量越高，砂浆模量越高，则刚度越大，变形量越小。

（2）整个混合料内部受力分布的变化，由图可见，原先是集料承担主要外荷载，但如果提高砂浆模量，则砂浆所起的作用将增大，在允许变形范围及集料外

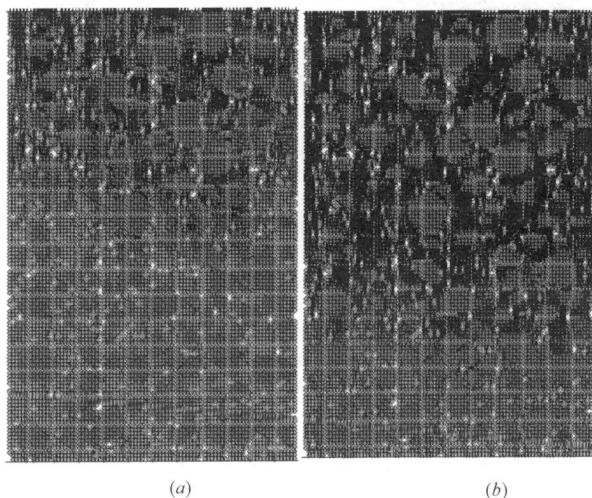

(a)   (b)

图 7-16 不同模量混合料传力示意

(a) 1 倍模量；(b) 5 倍模量

力承受能力不变情况下，沥青混合料整体所能承受外力水平提升。

（3）模量大者，传力速度相对较快，由此可以表明，在行车过程中，高模量路面整体受力时间比低模量的长，则破坏可能性降低，这点可能也是造成高模量沥青混合料抗永久变形性能更好的原因之一。

模量的提升，可以一定程度上减小单位厚度混合料所产生的变形量，从而达到在允许变形范围内减小层厚的作用。

高模量沥青在沥青混凝土路面结构中应用，可以有效地减小路面结构的剪切变形与竖向变形，增强路面材料抵抗各种变形的能力，达到抑制或减小沥青路面产生车辙的目的，保证沥青路面的行车质量，更有效地延长路面的使用寿命，减少和降低沥青路面的养护与维修费用。

7.5.3 黏度

虽然透水沥青的受力主要来自于集料之间的相互嵌挤及摩阻，但沥青结合料所提供的粘结作用亦不容忽视。黏度较低的沥青混合料可能出现过早松散，从而导致路面部分功能失效。

沥青粘结性能改善，韧性提高，将提高沥青与集料的粘结性能及混合料的力学性能。基于此，模型参数中的粘结强度可以在一定程度上反映沥青的黏度。通过在同一量级内改变砂浆粘结强度，模拟砂浆黏度变化，并进行相应仿真试验，得出轴向应变随时间变化，如图 7-17 和图 7-18 所示，主要变量变化如表 7-12 所示。

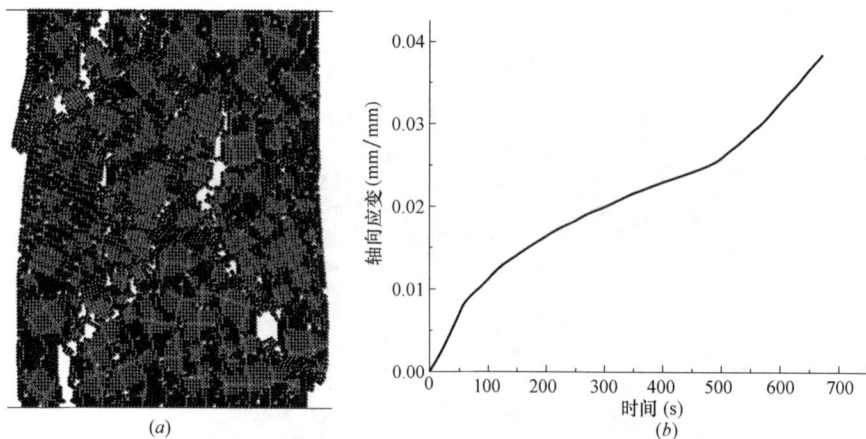

图 7-17 低粘结混合料破坏

（a）试件破坏；（b）轴向应变-时间

由图 7-17 可知，在低粘结情况下，混合料即使是在较小应力（0.1MPa）作用下，也可能发生破坏，并且蠕变第二阶段时间较短，很快进入快速破坏阶段。

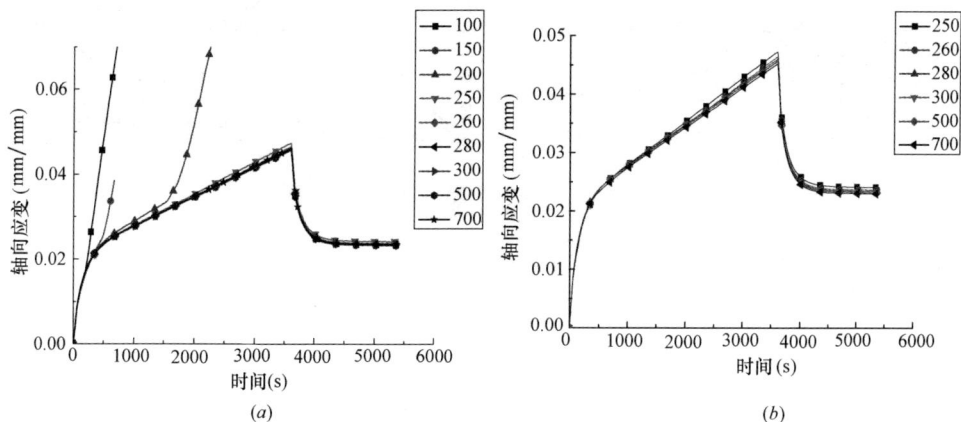

图 7-18　轴向应变-时间

(a) 破坏；(b) 未破坏

主要变量变化　　　　　　　　　　　　　　表 7-12

粘结强度(N)	永久变形量(mm)	斜率 m	截距 a	蠕变柔量(1/MPa)
250	3.6185	4.8125E-1	9.0800E-3	4.7318E-1
260	3.5526	4.7149E-1	9.6200E-3	4.6335E-1
280	3.5229	4.5814E-1	1.0660E-2	4.6070E-1
300	3.4998	4.5513E-1	1.0850E-2	4.5799E-1
500	3.4782	4.5789E-1	1.0600E-2	4.5529E-1
700	3.4504	4.5829E-1	1.0470E-2	4.5210E-1
变异系数	1.6935E-2	2.2330E-2	6.8632E-2	1.6046E-2

　　结合图 7-19 和表 7-12 可知，当粘结强度较低时，试件会发生破坏，而达到一定数值后，试件可完成整个加卸载。随粘结强度的提升，破坏发生的时间越来越晚。由表 7-12 中四个高温指标随粘结强度变化情况可知，永久变形量和蠕变柔量表现出单调增减性，且随粘结强度的增大而减小，表明混合料抗永久变形能力的提升。

　　粘结强度指当外力超过设定粘结强度值（单位 N）时，试件发生破坏。据此分析认为，粘结强度越高，则无论是砂浆内部，还是砂浆与集料之间，发生断裂的可能性均降低，从而使受力对象增多，力的扩散效果更好，混合料抗变形能力更强。

　　为更好地证明以上观点，通过建立车辙板模型（300mm×50mm），并在试件中间施加一定荷载模拟车辆加载。

　　由图 7-20 和图 7-21 可知，沥青路面在受外力时，靠近施力点荷载较为明

图 7-19　车辙板模型

显，越远离则受力越不明显，并且集料承担主要荷载。

图 7-20　接触力链

图 7-21　车辙板受力分布

给模型添加不同粘结强度值（100N、150N 和 200N），并进行仿真试验，可得结果如图 7-22 所示。

由图 7-22 可知，一定粘结强度范围内，不同粘结强度，混合料中同时受力颗粒数量不同。随粘结强度增大，受力范围增大，受力颗粒数增多，从而使得发生竖向位移的颗粒数量增多，竖向变形减小，混合料抗变形能力增强。由此印证了上文的观点。

7.5.4　孔隙

多孔透水沥青混合料的空隙率需要根据路面性能的要求确定。多孔透水沥青路面性能一般包括结构性能和功能性能。空隙率太小，达不到排水降噪抗滑的功能；空隙率太大，容易导致混合料高温稳定性不足，车辙严重，耐久性降低。

一般认为空隙率在 8%～15% 内水流动较缓慢，当车辆经过时，容易产生相当高的动水压力，会使结合料内聚失效或使结合料与集料之间的附着失效，从而发生水损害。空隙率大于 25%，集料颗粒间的接触面积小，剪切强度不足，容易造成路面松散。国内外对空隙率的规定一般为 15%～25%。基于前文二维孔

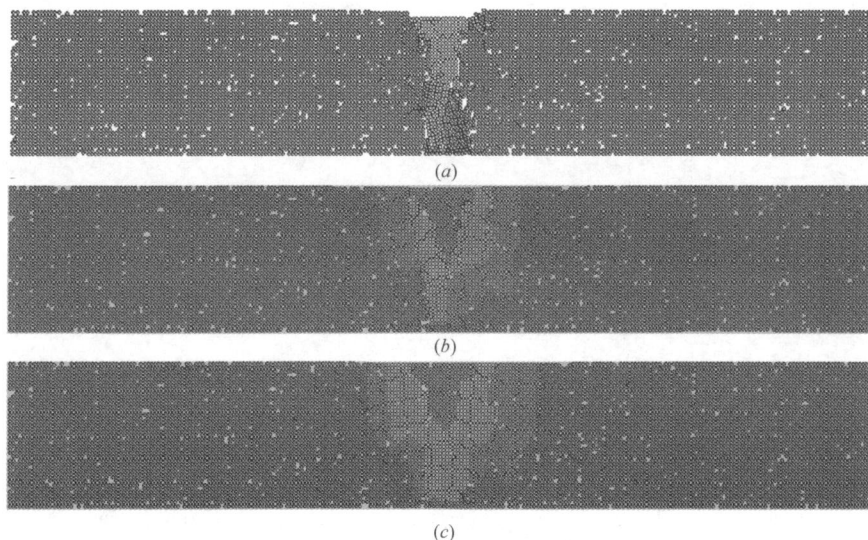

图 7-22 不同粘结强度模型竖向位移

(*a*) 100N；(*b*) 150N；(*c*) 200N

隙相关信息，对空隙率在 $18\%\sim22\%$ 之间的混合料开展相关研究。具体仿真方法：在相同模型基础上通过在砂浆内删除不同空隙率对应的数量颗粒，仿真不同空隙率沥青混合料，并进行仿真试验，得出结果如图 7-23 和表 7-13 所示。

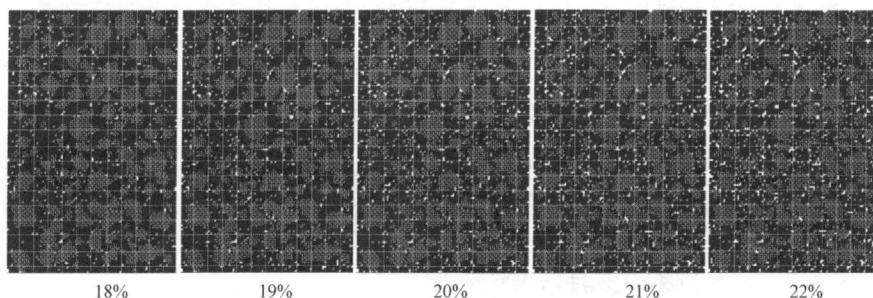

| 18% | 19% | 20% | 21% | 22% |

图 7-23 不同空隙率模型示意

主要变量变化   表 7-13

空隙率(%)	永久变形量(mm)	斜率 m	截距 a	蠕变柔量(1/MPa)
18	3.4482	4.4946E-1	1.1220E-2	4.5157E-1
19	3.8016	4.4378E-1	1.3020E-2	5.0074E-1
20	4.4516	4.4188E-1	1.5440E-2	5.8597E-1
21	5.0916	4.1733E-1	2.1580E-3	6.6279E-1
22	5.7963	3.6132E-1	3.8230E-3	7.4205E-1
变异系数	2.1072E-1	8.6303E-2	6.3871E-1	2.0021E-1

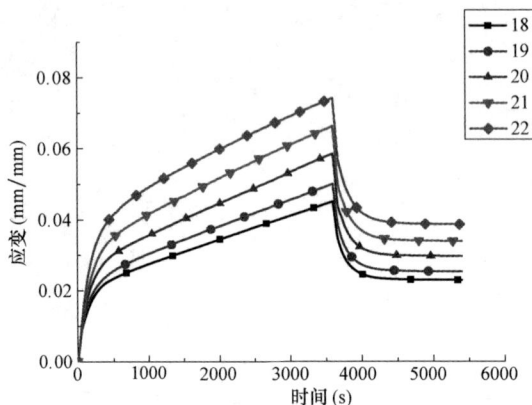

图 7-24　轴向应变-时间

结合图 7-24 和表 7-13 可知，随空隙率的增大，四个高温指标都具有单调增减性，永久变形量、截距 a 和蠕变柔量单调增大，表明混合料抗永久变形能力的下降。分析造成以上现象可能原因：根据孔隙的形成，空隙率的增大等价于用孔隙替换了原先受力的砂浆，意味着受力体的减少，从而使混合料变形较为容易，且单个颗粒所承担的外力相对提高，加大了破坏的可能。另外，高温情况下孔隙造成的变形一般表现为塑性变形，特别是对于变形特别明显的情况，容易造成残余变形量增大。

在实际情况下，还有另一个原因：若孔隙增多，则表明砂浆减小，集料减少。从库伦理论分析，集料提供主要摩阻力，集料减少意味着石料之间的相互接触减少，使得内摩擦角降低，混合料抗剪强度减小，则抗永久变形能力减弱。以上两点都可能造成混合料抗永久变形能力下降。

7.5.5　分析总结

综合以上三个因素对混合料抗永久变形性能造成的影响，虽然影响规律各不相同，但有一点应该特别注意：沥青混合料作为由沥青、集料和孔隙组成的多相复合材料，各材料的性质和组构都会对混合料的性能造成影响，各因素造成的影响可以单独进行分析，但它们之间却又是相互影响的，在考虑混合料性能提升时不应仅仅注重单一因素造成的影响，而应该考虑到整体的协调，以达到最终的性能提升。

例如，关于黏度与模量之间的关系，提高沥青黏度也是提高混合料整体模量的一个方法。显然，高黏高模量沥青是目前多数研究所提倡使用的，但两者之间存在一定关系，如何合理协调它们的关系是下一步研究应该特别关注的。某一个参数的改变，都可能造成整个系统在受力变形上的重新分布，混合料各组成部分协调工作才是其性能提升的根本。

7.6 基于离散元的多孔沥青混合料性能研究

为揭示三轴试验试样内部受力机制，研究粗集料受力特性，并为后文沥青混合料建模做技术准备，拟进行粗集料室内三轴试验，观察试样破坏过程。此外，通过完成三轴试验建模，基于室内试验曲线拟合确定模型细观参数，进行三轴试验仿真，观察分析试验过程及研究仿真结果，并提出相关仿真技术建议。

7.6.1 三轴试验性能研究

1. 室内试验

三轴压缩试验是描述集料颗粒受力特性的一种较好方法，该方法通过固定周围压力，匀速加载试件，并获取应力应变数据，形成应力应变曲线，进而开展相关研究。其优势在于具有明确的应力水平及加载方式，能反映应力应变之间的关系，可操作性强，利于室内研究的进行。

试验选用应变控制式三轴压缩仪，该压缩仪包括了轴向加压系统、压力室、周围压力系统、孔隙压力测量系统和试样变形量测系统等组成部分。

（1）试验准备

选用碎石为玄武岩，级配组成如表 7-14 所示。

集料级配　　　　　　　　　　　　　　　　　　　　表 7-14

筛孔尺寸(mm)	集料含量百分率(%)
9.5～13.2	28
4.75～9.5	44
2.36～4.75	28

经容量瓶法测得集料毛体积密度如表 7-15 所示。

集料密度　　　　　　　　　　　　　　　　　　　　表 7-15

级配	9.5～13.2	4.75～9.5	2.36～4.75
毛体积密度(g/cm³)	2.6365	2.5746	2.8280

由于试验所用材料为无粘结粗集料，不像砂土试验中的试件那么容易成型，因此，制样成为整个试验过程中最重要的一个环节。

具体制样参考公路土工试验规程进行：在成型筒内套上橡皮膜，吸出橡皮膜与成型筒之间的空气，使橡皮膜贴近内壁，在成型筒一端贴上保鲜膜并用橡皮带扎紧；事先准备好固定质量的集料，并分 5 次加入到橡皮膜内，整平表面并用击实锤轻击至控制高度，注意力气不能太大，防止大颗粒扎破橡皮膜，最后一层表面要特别保证表面的平整度；在底座上放上不透水板，然后放上试样及不透水板和无机玻璃块，用橡皮带扎紧两端；测量试件的直径及高度，不得超过相应的误差范围，否则作废。制样结束（见图7-25）。

图7-25　粗集料试样

进行三轴试验时，测量集料体积及质量，经计算得压实后密度为 1.7402g/cm³。进行粗集料空隙率计算：

$$\rho_{合成密度}=\cfrac{1}{\cfrac{m_1}{\rho_1}+\cfrac{m_2}{\rho_2}+\cdots+\cfrac{m_n}{\rho_n}} \tag{7-16}$$

$$\rho_{击实密度}=\frac{M_{击实}}{V_{击实}} \tag{7-17}$$

$$空隙率=1-\frac{\rho_{击实}}{\rho_{合成}} \tag{7-18}$$

式中　m_1、$m_2 \cdots m_n$——粗集料中各种粒径石料所占质量百分比，%；

ρ_1、$\rho_2 \cdots \rho_n$——各粒径石料的毛体积密度，g/cm³；

m——质量，g；

V——体积，cm³。

计算得试件空隙率为 34.5%。

（2）试验过程及结果分析

选用试验参数如表 7-16 所示。

试验参数　　　　　　表 7-16

试样尺寸 （mm×mm）	速度 （mm/min）	围压 （kPa）	记录间隔变形量 （0.01mm）	试验停止条件
125×61.8	0.9	50、100、150	40	有峰值，至少超过 5% 应变 无峰值，超过 15% 应变

根据表 7-16 试验参数完成试验，并得出相应应力应变曲线如图 7-26 所示。

由图 7-27 可知：围压越大，主应力差越大。主应力差是集料混合料嵌挤能力的指标。围压增大，使材料相互嵌挤程度提高，所以主应力差增大；级配碎石的应变软化现象并不明显，在达到峰值后仍然能够有一段时间的持荷过程，且峰值应力所对应应变值在 4%～6%。

应变软化指的是在应力达到峰值以后，应变继续发展，而应力发生降低现象，通常发生在破坏阶段。据相关研究，应变软化与剪胀性之间有一定关系。在破坏阶段，一般出现的是剪胀现象，此时颗粒发生相互之间的平动或滚动，当一部分颗粒绕过另一部分颗粒找到新位置时，则结构整体出现松散，抗剪切能力下降，因而出现应变软化现象。

图 7-26　试验过程

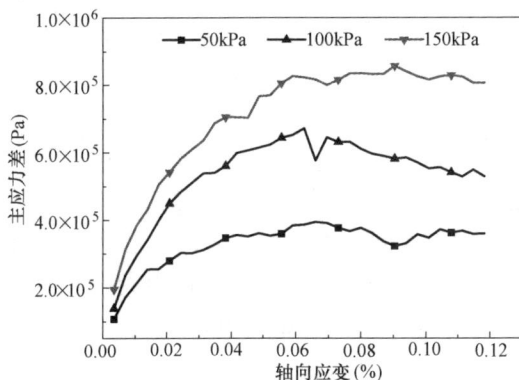

图 7-27　轴向应力应变曲线

2. 虚拟试验

（1）模型生成

① 集料颗粒的形成

在 PFC2D 软件中可以利用球/圆盘颗粒定义集料颗粒，颗粒数量视情况而定，数量越多则仿真程度越高，但同时降低了计算速度。也可以通过 Cluster 或 Clump 两种命令分别定义可破裂或不可破裂的多边形体，所用颗粒基于 Clump 命令建立，下文简要介绍 Clump 相关内容。

PFC 软件中的 Clump 命令可以将多个圆盘组合在一起形成多边形，简称"块"，用以代表形状不同的集料，见图 7-28。其内部颗粒不参与模型的计算，因此可以节省大量计算时间，但边缘颗粒仍然具有正常接触能力，要求满足牛顿第二定律及力-位移法则。应该注意的是，在同面积同密度情况下，Clump 填充颗粒的多少会影响时步变化，进而影响计算时间。

所用集料模型为自行开发 fish 程序编制，包括两种方法：

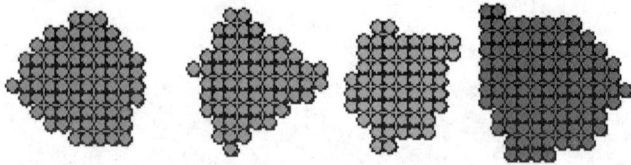

图 7-28　多边形集料示例

方法 1：运用双面墙切割。根据级配生成圆球，利用数值命令储存圆球颗粒半径及位置，删除圆球；根据数值数据生成多颗粒填充方形块；运用 line origin（_xy1，_xy2）dip _radian distance _radius 进行圆球颗粒切割；形成 Clump。

方法 2：运用单面墙切割。根据级配生成圆球，利用数值命令储存圆球颗粒半径及位置，删除圆球；用规则排列颗粒填充目标范围，运用 line origin x y normal $r\cos\theta$ $r\sin\theta$ 进行颗粒切割；形成 Clump。

② 集料级配转化

实际情况下，集料是以三维形式存在的，而在 PFC2D 中则是二维形式，这之间的差别需要通过一定的方式进行转化。级配转化过程如下：

三维级配筛分是基于集料的质量比，在料源相同的情况下，同类集料之间的密度相近，因此，可以用集料的体积比代表质量比。真实集料可以推算出其当量球的大小，同时，可以用当量圆来描述集料的截面大小。根据概率理论可以在掌握集料当量球数量比的情况下，计算出当量圆数量比。

$$P(D_圆=d_j)=\sum P(D_球=d_i)\cdot P(D_圆=d_j\,|\,D_球=d_i) \tag{7-19}$$

式中　　$P(D_圆=d_j)$——直径为 d_j 截面圆在大单位面积内所占比例；

　　　　$\sum P(D_球=d_i)$——直径为 d_j 的当量球所占比例；

$P(D_圆=d_j\,|\,D_球=d_i)$——直径为 d_i 的当量球对直径为 d_j 的截面圆的贡献值。

③ 单级粒径

用一平面切割 $d_i=2R$ 的球体，获得 $d_j=2r$ 的圆的概率为：

$$P(D_圆=d_j\,|\,D_球=d_i)=P(h=x\,|\,D_球=d_i)\cdot\left|\frac{\mathrm{d}x}{\mathrm{d}r}\right|\quad(d_j\leqslant d_i) \tag{7-20}$$

其中，$P(h=x\,|\,D_球=d_i)$ 为截面从 $h=x$ 通过的概率，容易得出：

$$P(h=x\,|\,D_球=d_i)=\frac{1}{R} \tag{7-21}$$

其中，x、R 和 r 之间存在以下关系：

$$x^2+r^2=R^2 \tag{7-22}$$

对式（7-22）求导可得：

$$\left|\frac{\mathrm{d}x}{\mathrm{d}r}\right|=\frac{r}{(R^2-r^2)^{1/2}} \tag{7-23}$$

将式（7-21）和式（7-23）代入式（7-20）可得：

$$P(D_圆 = d_j \mid D_球 = d_i) = \frac{r}{R(R^2 - r^2)^{1/2}} \tag{7-24}$$

将式（7-24）代入式（7-19）得：

$$P(D_圆 = d_j) = \sum P(D 球 = d_i) \cdot \frac{r}{R(R^2 - r^2)^{1/2}} \quad (j = 1,2\cdots m; i = 1,2\cdots n) \tag{7-25}$$

④ 多级粒径

根据俄罗斯 Saltykov，美国 DeHoff 等学者的研究，在球形集料假定条件下，如果将二维截面圆按直径分为 m 组，直径为 $d_j \sim d_{j+1}$ 的第 j 组截面圆在单位面积上出现的数量比为 $N(D_圆 = d_j)$，三维集料按直径分为 n 组，直径为 $d_i \sim d_{i+1}$ 的第 i 组集料在单位体积上出现的数量密度为 $N(D_球 = d_i)$，两者存在以下关系：

$$N(D_圆 = d_j) = 2\Delta \sum_{i=j}^{n} k_{ji} N(D_球 = d_i) \tag{7-26}$$

其中，Δ 为组距，$\Delta = R_{max}/n$，k_{ji} 为第 i 组球形集料对形成第 j 组截面圆的贡献值，其数值根据 i 与 j 之间大小关系可以分成三种情况：

$$k_{ji} = 0 \, (i \neq j, j > i) \tag{7-27}$$

$$k_{ji} = \left[\left(i - \frac{1}{2}\right)^2 - (j-1)^2 \right]^{\frac{1}{2}} = \left(i - \frac{3}{4}\right)^{\frac{1}{2}} \, (i = j) \tag{7-28}$$

$$k_{ji} = \left[\left(i - \frac{1}{2}\right)^2 - (j-1)^2 \right]^{\frac{1}{2}} - \left[\left(i - \frac{1}{2}\right)^2 - j \right]^{\frac{1}{2}} \, (i \neq j, j < i) \tag{7-29}$$

$$N(D_球 = d_i) = \frac{48}{\pi(d_i + d_{i+1})^3} \cdot f(D_球 = d_i) \tag{7-30}$$

式中　$f(D_球 = d_i)$——混合料级配中等效粒径在 $d_j \sim d_{j+1}$ 的集料占总集料比例。

根据式（7-30）可以计算出各粒径对应的颗粒数量比例，获得混合料试件截面中集料占总面积比例的大小，设定为 p。若计算模型截面总面积为 S，那么所求集料面积就是 $p \cdot S$。为方便，将集料粒径转化为当量圆面积并计算，如表 7-17 所示。

粒径面积对应关系　　　　　　　　　表 7-17

粒径范围(mm)	19～16	16～13.2	13.2～9.5	9.5～4.75	4.75～2.36
当量圆面积范围(mm²)	283～201	201～137	137～71	71～18	18～4
相邻控制筛孔的平均面积(mm²)	242	169	104	44	11

$$242n_1 + 169n_2 + 104n_3 + 44n_4 + 11n_5 = p \cdot S \tag{7-31}$$

$n_i(i = 1 \sim 5)$ 分别为相应粒径范围的颗粒数目，它们之间的比例关系可以通过上文所求的沥青混合料的二维级配关系求出。

⑤ 孔隙

孔隙与集料相同，同样存在维数转化问题。真实情况下，集料以多边形和级配化形式存在，因此，要做到真实维数转化显然难度很大，目前在针对孔隙维数转化时往往考虑对集料的形状及级配形式进行简化。如瑞士 Helland（2005）在运用松散形态法时假定二维填充颗粒为正方形，三维填充颗粒为立方体，颗粒粒径相同。

关于空隙率在 PFC 中的取值情况，基于空隙率与模型填充颗粒大小和排列方式相关，若使用数字图像成型，孔隙还与图像分辨率相关。显然，要做到确切的孔隙维数转化可能性较低。PFC2D 中孔隙作用与真实情况相同，都会影响颗粒集合体的相互作用。某些假定的转化公式虽然会造成空隙率量值发生浮动，但对于系统作用影响与真实情况仍存在一定程度上对应关系，并且空隙率误差造成的影响在仿真时可以通过其他参数的调整得到一定程度上的弥补。基于以上，推定常用维数转化公式具有参考价值。

王智杰（2014）在总结分析目前常用的孔隙维数转化方法后，推荐抛物线法为空隙率三维转二维的转化方法，并进行试验验证，结果证实该方法具有一定可靠性。

基于以上分析，拟以抛物线法进行级配碎石空隙维数转化：

$$n_{2D} = 0.42 \times n_{Lab}^2 + 0.25 \times n_{Lab} \tag{7-32}$$

式中　n_{2D}——二维空隙率，%；

　　　n_{Lab}——三维空隙率，%；

计算得出级配碎石所占二维空隙率为 13.64%。

⑥ 模型生成及压实

根据室内试验试样大小，61.8mm×125mm，利用 Clump 命令在指定范围内生成级配碎石，并压实至目标空隙率。由于 PFC 无法较为准确地测定 Clump 空隙率，所以联合 Matlab 进行空隙率测试，如图 7-29 所示。在此特别注意压实控制，由于所用岩石为玄武岩，其弹性模量大于压板及侧墙，很可能导致集料穿墙现象的发生。

因此，提出压实建议：在生成颗粒的时候，将颗粒刚度及约束墙体刚度全部设置相同（如 6E7），增大时不让颗粒自由下落，当下落至松散状时，赋予颗粒及墙体真实接触参数，此时可用压板将集料拢在一起，后逐次轻压集料，不能重压，因为会导致集料穿墙，每次压完后都测试一遍空隙率，数次压实后删除多余颗粒，并恢复时步，在平衡后即可进行下步试验。

根据上述方法生成集料并压实，最后空隙率为 14.07%，与目标值接近，相对误差+3.15%，形成最终二维试样，如图 7-30 所示。

（2）模型细观参数标定

模型细观参数的确定方法：在已知参数情况下，以试验曲线为目标进行其余参数拟合，反复调整，直至与目标曲线达到较好拟合为止。基于探讨边界影响的

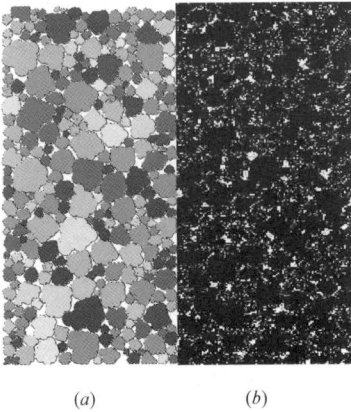

图 7-29　两种面积对比

（a）PFC 试样；（b）Matlab 试样

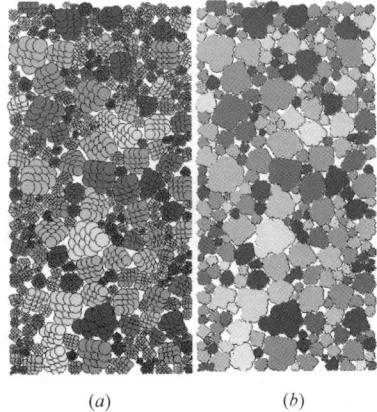

图 7-30　级配碎石双轴试验模型

（a）重叠；（b）未重叠

目的，以下将分两种边界条件进行参数拟合。

（3）材料参数取值

基于所仿真试验为三轴试验，提出相应模型选择及参数设置应特别注意的原则如下：

① 在三轴试验中，模拟的是试样在围压作用下的轴向加压，因此忽略了压板及侧墙引起的摩擦力，在 PFC 中，参考软件运用手册中双轴试验参数设置模式，可通过去除摩擦系数或不设置切向刚度达到该目的；

② 用 Wall 模拟目前三轴试验仿真中常用的刚性边界，用 Ball 模拟柔性边界，考虑约束材料特性为弹性，因此使用线性模型，柔性边界加设接触粘结模型用以提供颗粒间的拉力，并模拟橡皮膜的弯折。

所用集料为玄武岩，玄武岩密度在 $2.9\sim3.3\text{g/cm}^3$，弹性模量 $60\sim100\text{GPa}$，泊松比 0.25，分别取密度及弹性模量为 3.05g/cm^3，80GPa。

由于所用集料为多颗粒重叠形成，所以会对密度有所影响。通过自行编制 fish 程序，获取所有颗粒面积和，与 Clump 所占真实面积进行对比，获取真实密度值。

计算所有颗粒所占面积为：$1.3411\times10^{-2}\text{m}^2$，集料所占面积为：$6.6381\times10^{-3}\text{m}^2$，得出最终所采用密度为：

$$\rho=3.05\times\frac{6.6381\times10^{-3}}{1.3411\times10^{-2}}=1.5097\ (\text{g/cm}^3)$$

取上下加载板（铝板）弹性模量为 70GPa，橡皮膜弹性模量为 0.0078GPa，密度取 1.1g/cm^3。在 PFC 中，输入参数为颗粒刚度，并非弹性模量。进行颗粒刚度计算：

$$k_n^A = k_n^B = 2Et \tag{7-33}$$

$$k_s^A = k_s^B = 2Gt \tag{7-34}$$

$$E = 2G(1+\mu) \tag{7-35}$$

式中　k_n^A、k_n^B——颗粒法向刚度，N/m；

k_s^A、k_s^B——颗粒切向刚度，N/m；

G——剪切模量，GPa；

E——弹性模量，GPa；

μ——泊松比；

t——颗粒厚度，取为单位厚度，m。

综合以上，汇总材料参数如表 7-18 所示。

参数初值　　　　　　　　　　　　　表 7-18

材料	密度 (g/cm³)	法向接触刚度 (N/m)	切向接触刚度 (N/m)	摩擦系数	局部阻尼
集料	1.5097	1.6E11	6.4E10	待定	待定
橡皮膜	1.1	1.56E7	—	—	—
上下加载板	—	1.4E11	—	—	—

（4）参数拟合过程

实际试验所用速度为 0.9mm/min，经计算，若要在软件中完成一个仿真，以 0.11 轴向应变为例，计算时步大致为 1×10^{-8}，所需时间计算如下：

$$\frac{0.11 \times 0.125}{0.9 \times 0.001/60} / 1 \times 10^{-8} = 9.167 \times 10^{10} (\text{s})$$

时间过长，不适用于仿真研究。因此，仿真过程中必须考虑加快试验进度，提高加载速度和扩大模型倍数是常用方法。杨文沅（2012）和王智杰（2014）等提出，扩大模型倍数给试验带来的影响可通过外力（速度）及摩擦系数的调整取值在一定程度上得以弥补。而关于提高加载速度，调研如表 7-19 所示。

加载速度　　　　　　　　　　　　　表 7-19

研究人员	模型尺寸(mm×mm)	速度(m/s)
任磊（2007）	61.8×125	0.05
田莉（2008）	61.8×125	0.05
李耀旭（2009）	300×600	0.05
丁秀丽（2010）	300×600	0.05
张东（2012）	100×250	0.50

由表 7-19 可知，目前多数研究以提高加载速度来加快仿真进度，且提速大

小不同，范围较大，速度变化产生的影响可以通过其他参数的调整得到一定程度的补充。鉴于此，拟定扩大模型倍数 10 倍，取加载速度为 0.03m/s，通过调整阻尼系数进行拟合。

参数标定方法如下：先利用 100kPa 的围压进行双轴压缩仿真，使受力曲线与室内试验曲线达到较好的吻合，得出相应的细观参数；将 100kPa 所得细观参数代入到 50kPa 和 150kPa 的模型中进行虚拟试验，使两种情况下的曲线达到较好的吻合。

试验过程中并非都要算完，若发现曲线相差不大，则可以进行下一步验证，即代入 50kPa 和 150kPa 的模型中进行验证，直到三种围压都大致满足要求为止。基于以上设定，试件在试验后发现围压与目标差值较小，50kPa、100kPa 和 150kPa 对应误差值分别为 0.006375%、0.00899% 和 0.006761%，计算时间为 15h 左右，在可接受范围内（见图 7-31）。

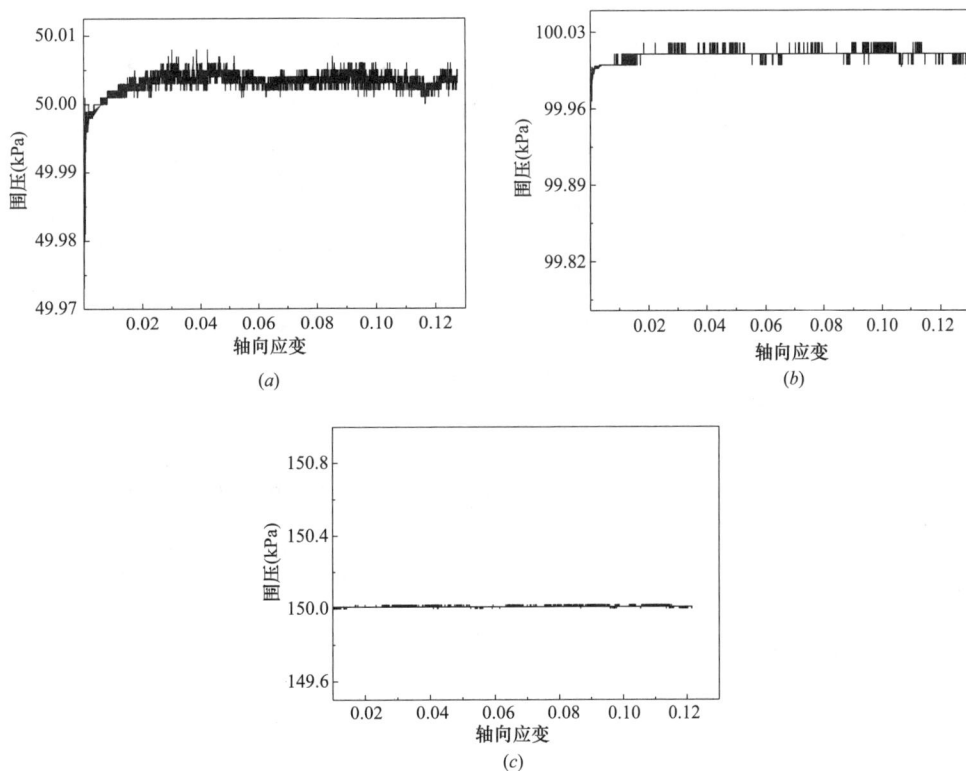

图 7-31 仿真围压
(a) 50kPa；(b) 100kPa；(c) 150kPa

经多次参数调整，并进行相应试验后，得出最终曲线如图 7-32 和图 7-33 所示。

(a)

(b)

(c)

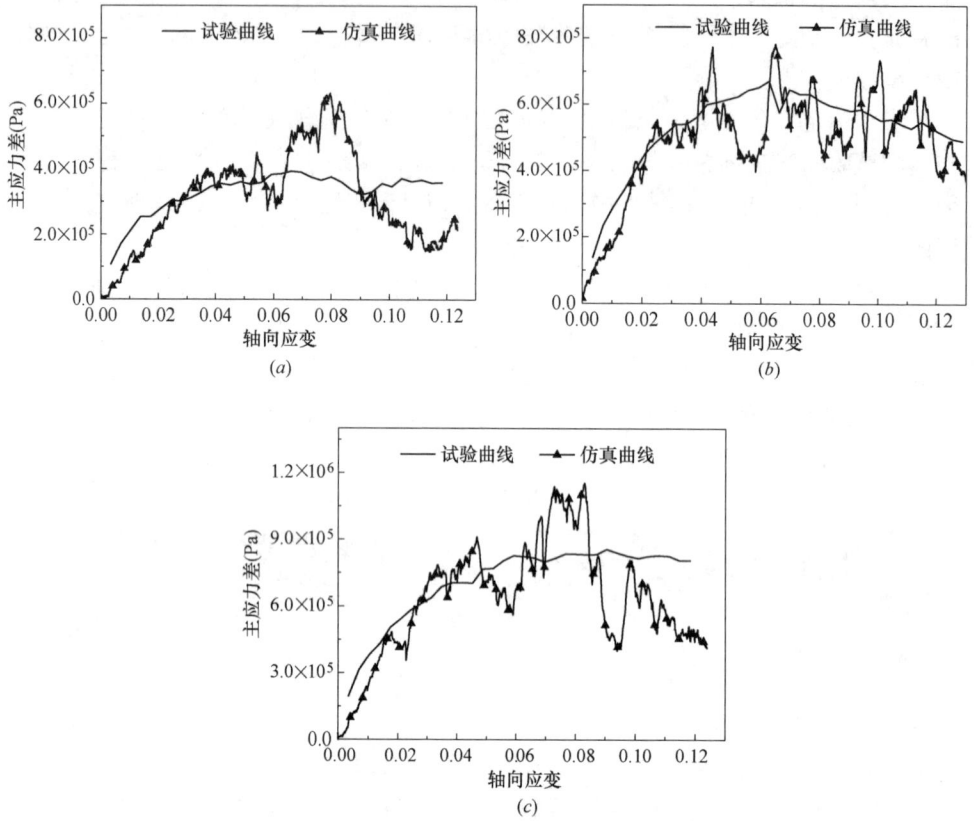

图 7-32　柔性边界

(a) 50kPa；(b) 100kPa；(c) 150kPa

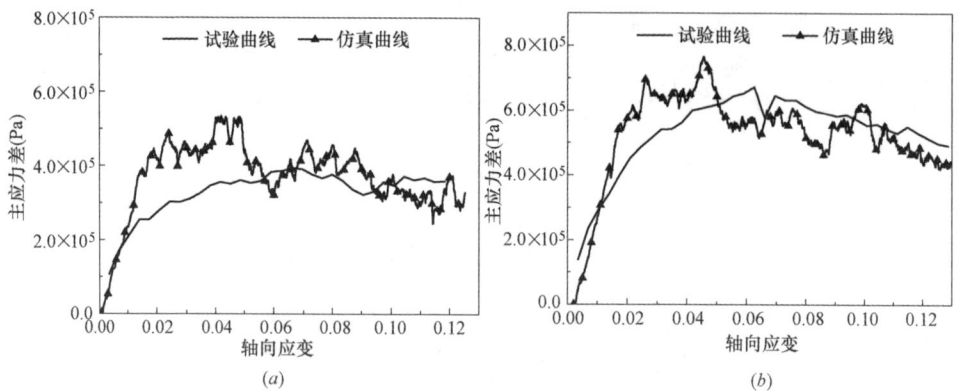

(a)

(b)

图 7-33　刚性边界（一）

(a) 50kPa；(b) 100kPa

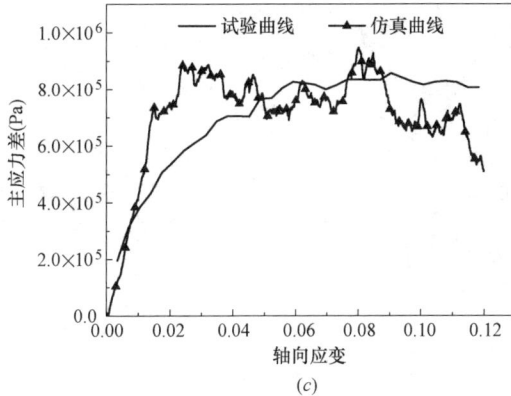

图 7-33　刚性边界（二）

(*c*) 150kPa

得出最终标定参数如表 7-20 所示。

模型细观参数　　　　　　　　　　　表 7-20

名称	柔性边界	刚性边界
滑动摩擦系数（*fric*）	0.2	0.2
局部阻尼（μ）	0.7	0.9

仿真注意事项：墙体取值不能过小；否则会造成颗粒"穿墙"；墙体刚度不宜过大，否则会使集料初始应力过大，需要花较多时间才能达到平衡；集料中会出现悬浮颗粒，即颗粒没有接触，悬浮于混合料内，参与了计算，而不参与受力，显然对结果有影响，可通过膨胀法处理。

（5）拟合结果分析

在拟合曲线方面，两者都能做到较好的拟合，如图 7-34 所示。柔性边界开始阶段曲线斜率较为平缓，与室内试验吻合程度比刚性边界高，主应力差值比刚性边界低。造成该现象的原因可能是刚性边界与集料接触相对柔性边界小，使实际受力大于预期数值，从而提高了斜率，且峰值也相对较大。由此可知，刚性边界会造成弹性模量测试值及集料主应力差值过大。

柔性边界后半段时间曲线波动较大，刚性边界相对平稳。造成该现象的原因可能是级配碎石静态三轴试验刚开始阶段体积变化一般表现为剪缩，变形主要在轴向上，此时侧向约束影响相对较小，因此两种边界条件曲线都较为稳定。但后半段是颗粒克服摩擦发生位置重排的主要阶段，侧向移动成为主要变形方式，此时侧向约束条件变得较为重要，柔性边界为小范围受力，邻近约束颗粒辅助作用较低，刚性边界则是整个墙体一起受力，从而造成了柔性边界下曲线波动明显现象。

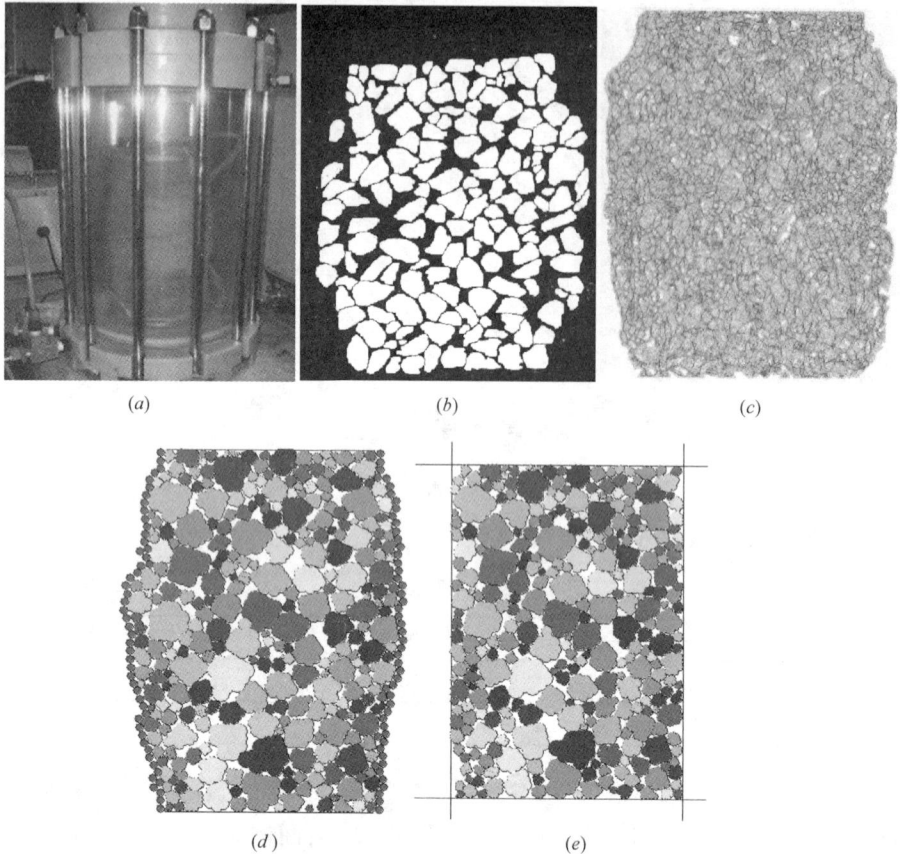

图 7-34　拟合效果图
(*a*) 实物图；(*b*) 核磁共振；(*c*) DDA 仿真；(*d*) PFC 柔性边界；(*e*) PFC 刚性边界

在试样破坏外形方面，柔性边界拟合效果好于刚性边界。柔性边界模拟橡皮膜柔韧特性，在加载过程中，集料在竖向上可发生不同的横向位移变化，接触粘结可模拟橡皮膜的法向抗拉压及切向抗剪效果。从图 7-35 可发现，柔性边界拟合效果与真实情况及其余两种方法的结果较为接近。

曲线波动是集料散体特性的外化表现，但由于仿真边界无法做到真实橡皮膜的效果，从而造成了曲线的波动。但结合以上两方面分析，从总体趋势来看，仿真仍具有一定代表性。鉴于刚性边界可较方便地预估试样试验过程体积变化，下文拟以柔性边界为主，辅以刚性边界对试验过程进行分析研究。

3. 虚拟试验过程分析

以下分析以边界围压 100kPa 为例，除体积变化以刚性边界为边界条件外，其余均基于柔性边界。

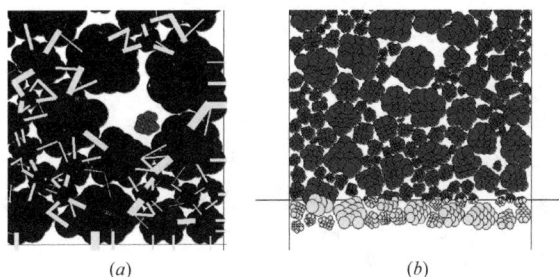

图 7-35 特殊情况

(a) 悬浮颗粒；(b) 颗粒穿墙

(1) 主应力变化分析

由图 7-36 可发现：曲线起始段近似于直线，表现出材料的弹性，表明集料的弹性性质和压实度较高；轴向位移的增大使集料密实度进一步提升，应力相应增大，并在 4% 轴向应变左右达到峰值；应变软化现象，即应变继续增加，而应力降低，图中应变软化现象并不明显；曲线小幅度波动上升表明了集料的颗粒离散特性，这可能与集料级配、松散程度、形状、棱角性及摩擦系数等因素相关。每一步加载都会改变集料内部受力，当一种受力状态达到一定程度，会发生一次较大位移变化，颗粒发生位置重新分布及应力重新分布，故曲线中会有突升突降现象出现；破坏阶段曲线波动较大，可能与边界条件或颗粒特性有关。

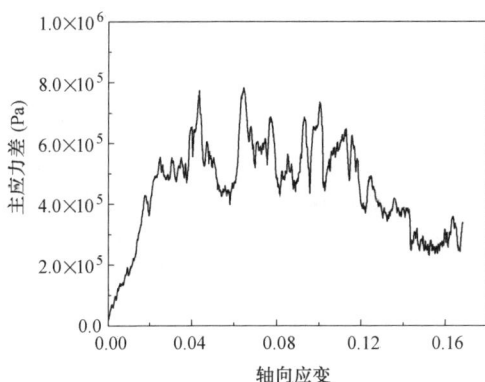

图 7-36 应力应变关系

(2) 力链变化分析

力链图中力链有粗有细，粗力链代表颗粒受力较大，反之较小；颜色较深的受力较大，反之较小；并且力链可以表现受力的方向。根据设定不同，可分辨所受外力为压力或拉力。由图 7-37 可知，力链发展过程可以分为四个阶段：未受压段、上升段、持荷段、破坏段。

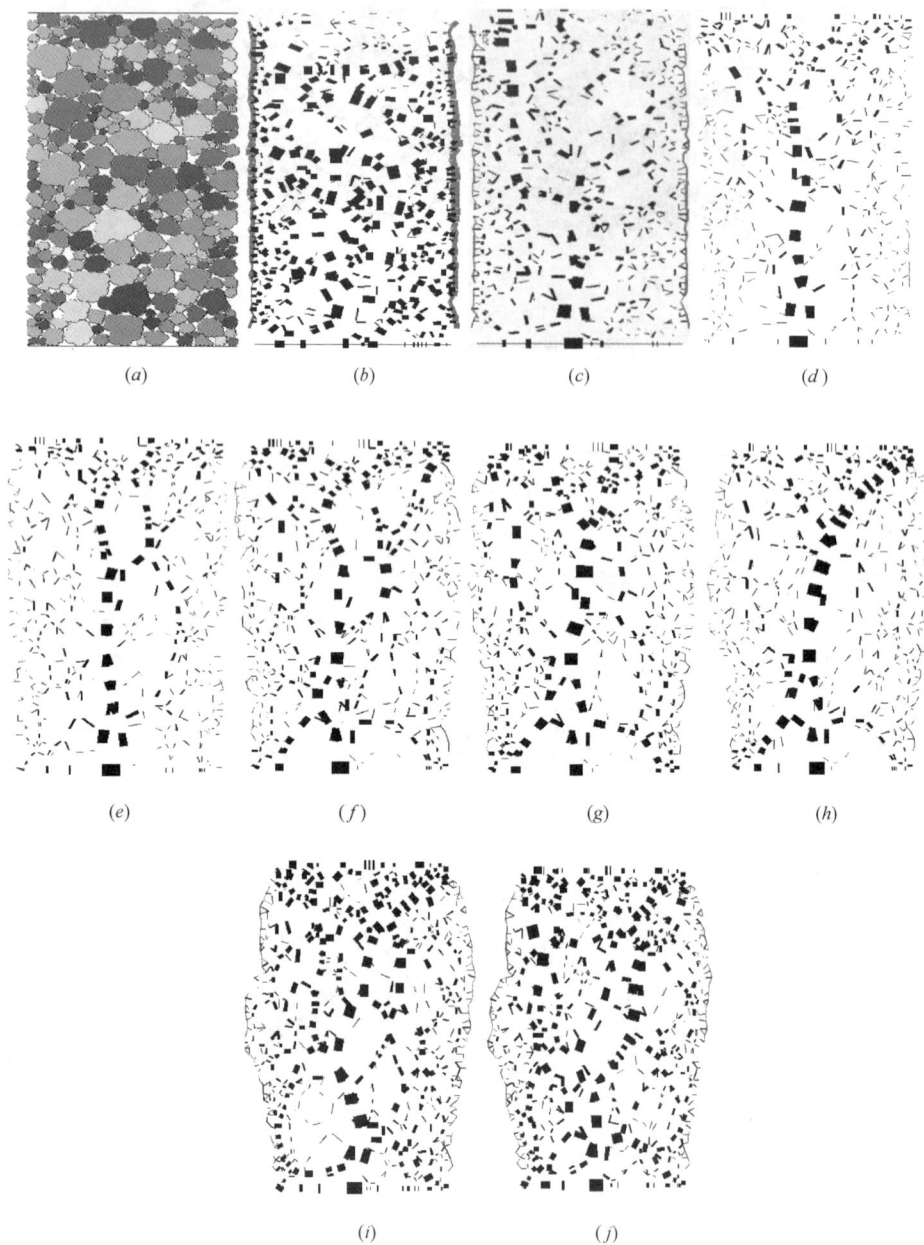

图7-37　力链随应变发展过程

(a)、(b) 0.00；(c) 0.01；(d) 0.03；(e) 0.05；(f) 0.07；
(g) 0.09；(h) 0.11；(i) 0.13；(j) 0.15

① 未受压段（b）

从图（b）可以看出，在集料未受轴向压力前，主要受侧向压力作用，而侧向约束本身则呈现受拉状，这是由于约束颗粒原本长度刚好为试样高度，而施加围压后向试样边缘空隙挤压，导致长度被拉大，所以呈现受拉状。从图中力链方向也可看出，受力方向主要在横向上。

② 上升段（c~d）

图（c）~（e）是压力增长过程，可以发现，在图（c）时刻，细力链所占比例发生了提升，且主要在两侧，这可能与粗颗粒分布情况及边界原因有关。到图（d）、（e）试件粗力链明显，已经形成了较为明显的主要受力路径，结合图（a）可发现，主要受力路径经过的多数为较粗颗粒，这也说明了在集料中，粗颗粒承担主要外力，而细颗粒则起辅助作用。另外，红线变细表明集料受力数值已经较大程度超出均值，以至于约束拉力显示不明显。

③ 持荷段（e~h）

持荷段较大的改变是试件下端形成了拱架，该现象可从图（f）明显看出，结合图（a）可发现拱架下方为细颗粒，已经出现受力不明显状态。到图（h）阶段，试样进一步应力集中，主要力链减少，出现在试样横向中间线位置，原因可能在于试样向两侧膨胀，两侧受力减少，造成中间局部应力集中，且观察到试样变形不对称，导致两侧约束颗粒受力不同，这也说明了集料的各向异性给破坏带来的影响。

④ 破坏段（i~j）

图（i）时刻开始进入破坏阶段，应力重新分布明显，此时应力集中现象减弱，两侧约束颗粒拉力相对增加明显，拱架效应不明显。

综合以上得出规律如下：试样压力主要由粗颗粒承担；应力集中现象发生规律为弱—强—弱；试件在水平方向上中间颗粒受力大于两侧颗粒。

（3）内部接触力变化分析

由图 7-38（a）可发现，在集料内部的接触力都是以压力的形式出现，接触力分布情况为接触力越小，所占比例越大，呈现指数分布。结合力链图可知，应力不均匀分布存在于整个试验过程，但不同阶段程度不同。由图 7-38（b）可发现，颗粒平均接触力发展状况类似于主应力发展，都表现为先增长，后持平一段时间，最后下降，从该现象可以推测颗粒接触数目并未发生过大变化。

（4）体积变化分析

由图 7-39 可知，试样体积变化为先剪缩后剪胀。造成该现象的原因可能是试样成型后，集料之间存在间隙，在一定围压下，轴压的加载使得碎石相互靠拢，间隙减少，该阶段颗粒位移变化主要为轴向。当集料被挤密之后，试样在外部荷载下产生能量的累积，发生剪胀以释放能量。剪胀是集料克服相互之间摩擦

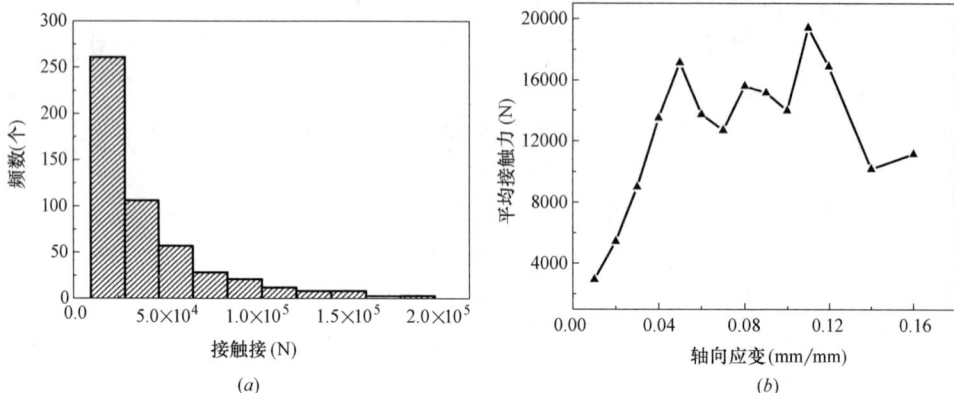

图 7-38　集料间接触力分布

（a）单点接触力分布图；（b）颗粒间接触力

力重新排列的结果，是变形较容易的一种方式。

剪胀性指的是剪切引起的体积变化，包括体胀和体缩。剪胀性一般都是由于颗粒间咬合作用被破坏，相互滚动或滑动引起的，并非出自颗粒本身变形，因此归结为塑性变形，与材料的种类及压缩状态关系密切，一般松散土或软土会发生剪缩，而密实砂土或超固结粗粒土会发生剪胀。

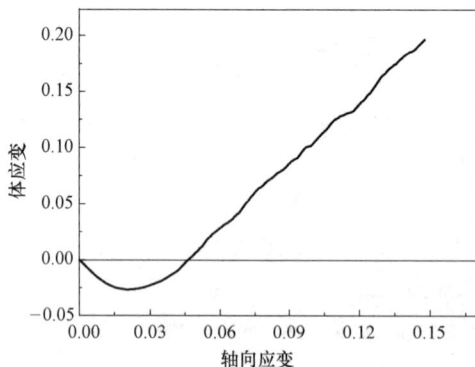

图 7-39　轴向应变与体应变关系曲线（刚性边界）

（5）接触数目分析

接触数目指的是颗粒之间的接触数，可用于表示集料的密实程度。从图 7-40可以看出，接触数总体呈先升后下降趋势。这与体积变化情况刚好相反，同时也说明了剪缩之后接触数目增多，而剪胀之后接触数目随体积的增大而减少。但总体上接触数目变化不大，原因可能在于仿真所用 Clump 内部集料颗粒粒径较大。

（6）位移变化分析

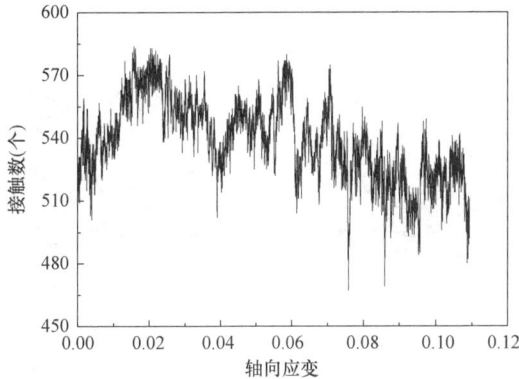

图 7-40　接触数

对比图 7-41 和图 7-42 可发现，两者在 x 方向和 y 方向的位移变化类似，由于所用集料较粗，空隙率较大，所以效果不明显，但仍能够大致看出规律性。

由图 7-41（a）可发现：位移变化情况为水平方向上越往外位移越大，且呈现向外弧形状变化，竖向上越靠中间位移越大。这可能与受力方式及约束有关，由于实际试验中两端受到橡皮膜端头约束，无法发生变形，致使集料只能往受力较弱的中部发生变形；试样在受压后变形并不对称，这可能与集料不同形状及空间分布造成的不均质有关，由图可知左侧颗粒受力较大，因此位移较大。

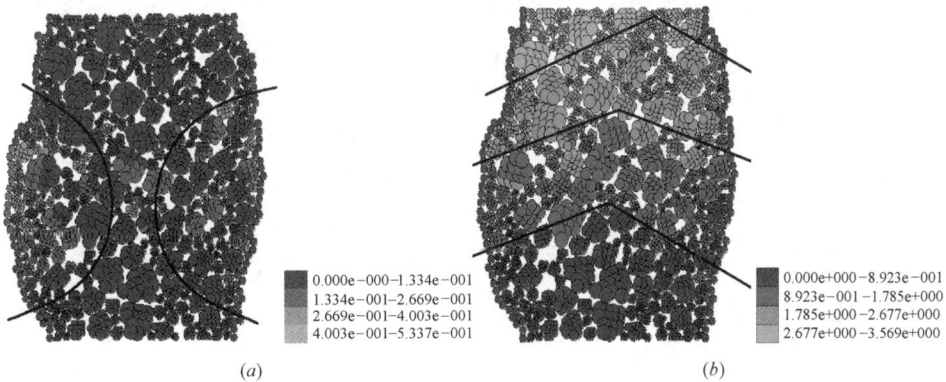

图 7-41　试样位移图

（a）x 方向位移；（b）y 方向位移

由图 7-41（b）可发现：试样在受压后水平方向上变形呈现大致对称状，且为扇形向下。这可能与集料无粘结颗粒特性及约束情况有关，假设集料是粘结材料或颗粒较小、摩擦较高的情况，则会呈现出图 7-42 的形态，试样上部变形为锥状而非伞状；约束条件可理解为靠外集料单纯受两侧约束颗粒限制，而中间颗粒则受到两侧颗粒及约束颗粒共同限制，变形难度较大。试样在受压后竖向上表

173

现为越往上颗粒位移越大，这可能与受力方向有关，试样为从上向下施加荷载，则上端颗粒竖向位移大于下端颗粒。

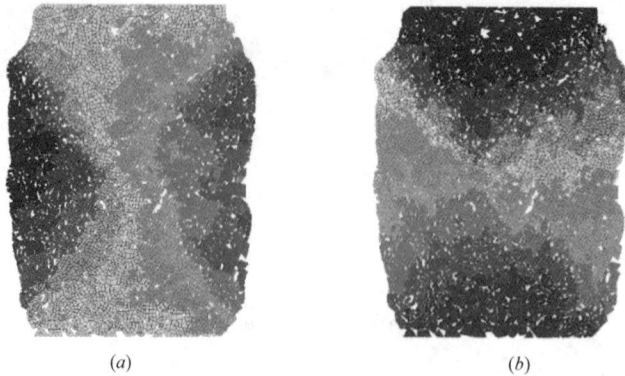

(a)　　　　　　　　　　　　　　　　(b)

图 7-42　DDA 仿真对比照

(a) x 方向位移；(b) y 方向位移

7.6.2　单轴静态蠕变试验性能研究

1. 单轴静态蠕变试验数值仿真

由于试验设备限制，拟基于室内试验数据进行试验仿真，选取时考虑以下条件：满足高温条件（40℃以上），加载方式为单轴静态加载；提供砂浆宏观 Burgers 模型参数；低应力水平，基于现场的加载时间小于蠕变试验的加载时间，因此要求施加较小的荷载，以使混合料不会过快发生破坏，据研究，该应力水平一般小于 0.207MPa；加载时间尽量较长；提供集料级配及蠕变试验曲线。

同时满足以上五个条件的相对较少，且往往出现参数交代不清的现象。在此情况下，确定以张育德的试验为仿真对象，该试验对于以上第四个条件满足程度较差，加载时间为 300s。对此，拟在随后的研究中进行拟合结果多方面验证。

2. 数字试件生成

从张育德论文中获取集料级配如表 7-21 所示。

三维级配 表 7-21

级配类型		通过下列筛孔(mm)的质量百分率(%)									
		16	13.2	9.5	4.75	2.36	1.18	0.6	0.3	0.15	0.075
	上限	16	13.2	9.5	4.75	2.36	1.18	0.6	0.3	0.15	0.075
	下限	13.2	9.5	4.75	2.36	1.18	0.6	0.3	0.15	0.075	0
含量		7.3	15.2	30.8	14.5	11.1	6.4	6.4	1.8	1	5.4

据调研，对于密级配沥青混合料，其二维切片集料所占面积比存在一定范围。

174

根据表 7-22，取 45％为混合料集料所占面积比，试样尺寸 100mm×150mm，则集料所占面积为 6750mm²。

集料面积比　　　　　　　　　　　　　表 7-22

研 究 人 员	常明丰	陈俊		
混合料类型	AC-13	AC-13	AC-16	AC-20
集料所占面积比例(%)	44.22	45	42	40

3. 验证

仿真验证分三个部分：室内试验曲线验证、曲线趋势验证与试验特征力学现象验证。

1）室内试验曲线验证

经多次试算，仿真曲线与张育德论文所做室内试验曲线达到较好拟合。

图 7-43 表明，虚拟试验过程中试样刚开始受力会有一个调整阶段，后逐渐增长至目标应力 0.1MPa，并保持平稳。

图 7-44 表明所进行的仿真低估了沥青混合料在加载初期的轴向应变，美国 Zelelew Habtamu Melese（2008）在利用 PFC 进行单轴静态蠕变仿真中也出现第一阶段的应变低估，分析认为该现象可能与所选本构模型或参数设置有一定关系，限于目前仿真水平不足，无法做到曲线的完全拟合，有待今后进一步提高。但从曲线趋势来看，两者较为吻合，且从后文长时间仿真可知，瞬时弹性变形相对较为明显，符合单轴静态蠕变试验下沥青混合料变形特征（见图 7-45）。

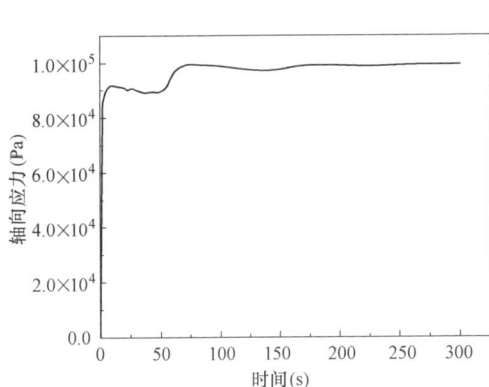

图 7-43　轴向应力随时间变化图

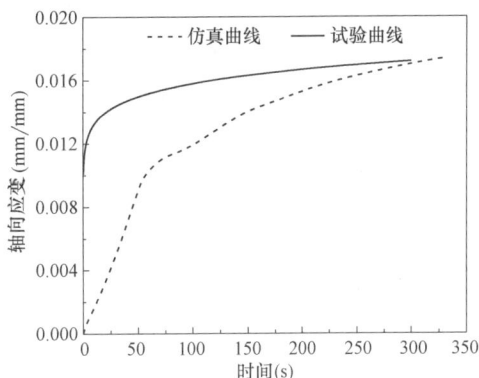

图 7-44　轴向应变随时间变化图

以上分析证明所进行的沥青混合料仿真具有一定合理性，有待后文进一步验证。最终试验拟合参数如表 7-10 所示。

2）曲线趋势验证

曲线趋势验证即将仿真所得曲线与室内蠕变试验曲线进行验证。

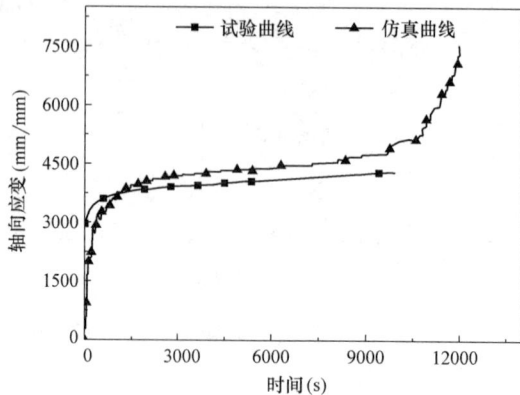

图 7-45　Zelelew Habtamu Melese 蠕变仿真试验

沥青混合料蠕变变形包括六个部分：瞬时弹性变形、延迟弹性变形、黏性流动变形、弹性恢复变形、延迟弹性恢复变形和永久变形。这六个组成部分同样可以在应变-时间图中找到相应数值。

由图 7-46（c）可发现，曲线表现为混合料在刚受压时产生瞬时弹性应变，曲线斜率接近 90°，体现材料弹性。接着进入黏弹性应变阶段，曲线斜率减小，应变变化减缓，体现材料黏弹特性。之后进入蠕变的第二阶段，应变率保持恒定，曲线近似于直线。在卸载时刻，混合料首先发生瞬时弹性恢复，应变值瞬间下降，曲线斜率同样接近 90°，随后进入黏弹性恢复阶段，最后无法恢复的变形为永久变形，体现材料塑性。

对比图 7-46（a）、（b）、（c）可以发现，蠕变仿真曲线图与 Li Peilong 和 Yong Ye 蠕变曲线规律相同，进一步表明仿真合理性。

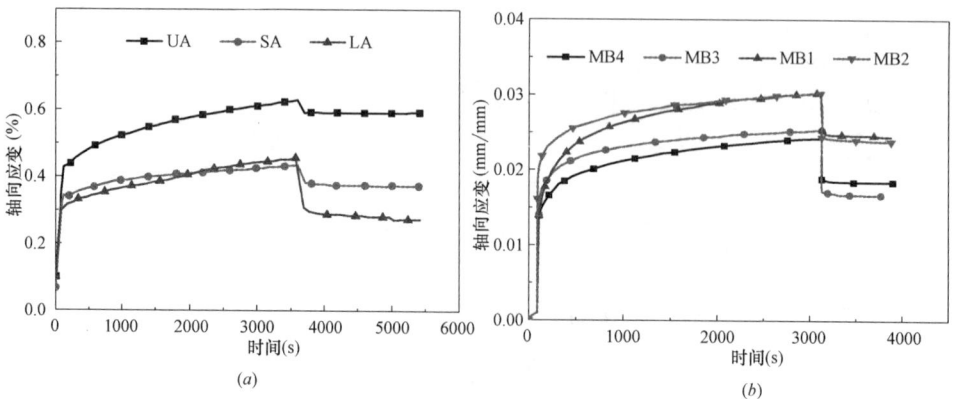

(a)

(b)

图 7-46　模型曲线趋势对比（一）

(a) Li Peilong 曲线；(b) Yong Ye 曲线

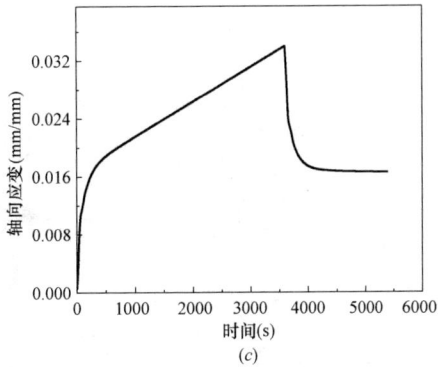

图 7-46　模型曲线趋势对比（二）

（*c*）曲线

注：UA、SA 和 LA 指不同老化程度的沥青组成的混合料；MB1、MB2、MB3 和 MB4
指不同级配组成的混合料。

3）试验特征力学现象验证

由图 7-47 和图 7-48 可知，试件由于加载应力较小，在加载前、位移最大处
及卸载后外形并未发生明显变化。

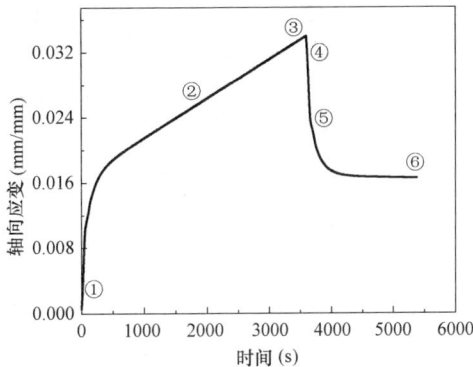

图 7-47　轴向应变-时间曲线

注：第①点：未受力加载处（0s）；第②点：加载中间处（1800s）；第③点：加载结束点
（3600s）；第④点：卸载起始点（3620s）；第⑤点：弹性恢复结束处（3660s）；第⑥点：卸载结束处
（5400s）

（1）力链

从图 7-49 可以发现：

第①时刻，未加载处，应力分布为由上到下呈增大趋势，下方压力大于上
方，该现象符合物体在只有重力作用下的受力情况。图中白色块表示的是集料，
因为用 Clump 生成，不受力，所以未显示。可以观察到，图中有几处黑色块特

别明显，对比图 7-49 可发现，该现象主要发生在集料间接触，可知刚度对接触力的影响；

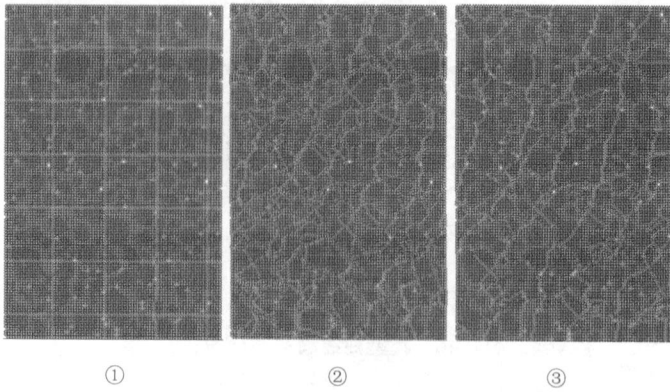

图 7-48　虚拟试件试验过程图

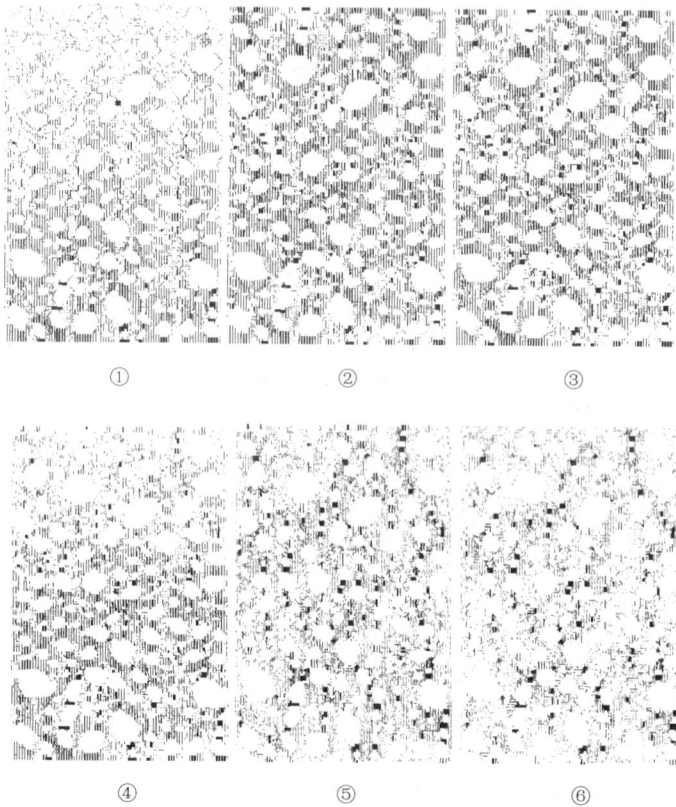

图 7-49　蠕变过程力链图

第②时刻，加载中间处，试件形成固定传力途径，应力集中现象突显，且大部分表现为集料间的压应力集中，细力链中拉压线相间。可以看出，主要传力方向为上下；

第③时刻，加载结束处，相对前一阶段并未发生明显变化；

第④时刻，卸载开始处，试件刚开始卸载，上部压力瞬间释放，拉力线变得明显，下部仍未做出响应，与前一阶段力链相比没发生明显变化，对比第①时刻可发现两个时刻力链相似，但后者拉力线较为明显，表现出了弹性恢复给混合料带来的影响；

第⑤时刻，弹性恢复结束处，拉压平衡达到较大程度，表示拉力此时与压力之间数值相近，并且观察到粗力链中有拉力线出现；

第⑥时刻，卸载结束处，与前一时刻相比，力链图中拉力线减少，拉压较为均衡，预计长时间后力链图会恢复到与未加载时接近状态。

以上试验过程中试件由未受压时的重物受力状态，受压后的整体以压力为主，集料承担主要压力，砂浆起辅助作用，卸载后的上部受力减弱，在弹性恢复结束时达到较大拉压均衡，到逐渐恢复以压为主，都体现了黏弹性材料在单轴加卸载条件下所应表现出的应力状态及黏弹特性。据此进一步验证沥青混合料仿真的可靠性。

（2）受力分布

由图 7-50 可知：

① 总体上三种类型都是先增大后变小，在进程 3（加载结束）达到最大值，但进程 2（加载中间时刻）到进程 3 受力变化值都不大，原因可能是试件刚开始加载时，体积发生收缩，内部受压而使接触力提高，但达到一定程度后，竖向位移造成内力增长与由于体积变化引起的内力减少差距减小，两者产生抵消。

② 无论是接触压力或是接触拉力，一般情况下，都是集料-集料最大，集料-砂浆次之，砂浆-砂浆最末。这主要与颗粒刚度有关，或者说是与接触材料模量有关。刚度越大，则发生相同位移情况下接触力越大。

如果把集料-集料间的粘结当成薄层沥青膜，而把砂浆-集料接触当成厚沥青膜，则此时可以理解为集料间沥青膜厚的，受力较小，则破坏可能性较低。美国 Alar Abbas（2004）研究表明，沥青膜越薄则黏附破坏可能性越高。因此，材料设计时应当特别注意沥青膜厚度的设计，避免由于砂浆-集料间的过大接触力造成黏附破坏。并且，由于集料受压力最大，所以在级配设计时特别是对于倚重于集料嵌挤力类型的混合料（骨架空隙结构或密实骨架结构）如 SMA，应注意集料强度的控制，防止发生集料压碎现象。

③ 相对于未受压前，接触力都有所提升，这可能与压缩引起的密实度增大有关。

④ 联系接触压力及接触拉力可发现，随着卸载的进行，两者之间的差距变小，这也就说明了力链图中拉力线的出现并不是因为拉力的增大使两者差距变小所引起的。

以上分析体现了普通混合料在小应力加卸载后表现出的特性，在混合料受压后，一般情况下，内部压力都会有所提升，且相同位移情况下，刚度大的接触力相对较高，同时，集料间接触力较大可能导致薄沥青膜处发生黏附破坏也与国外相关研究达成一致，卸载后则接触力整体发生降低。据此进一步验证沥青混合料仿真的可靠性。

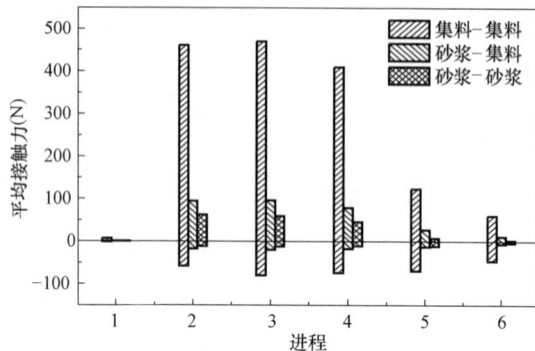

图7-50　接触力分布

注：接触力中，压力为正，拉力为负。

（3）位移变化

先编 fish 代码提取集料颗粒位置，并进行数据整理，研究集料在试验过程中水平方向和竖直方向上的密集程度，这样可以在一定程度上反映集料的间隙率。

从图 7-51（*a*）可发现，在水平方向上，集料间距在加载阶段随时间增大，加载前半程间距增长速率大于后半程，最大平均间距达到 0.39665mm。卸载后，弹性恢复段间距变化不明显，而在延迟弹性恢复段，位移发生回缩，但最终没有回到未加载前状态，间距相对增大，增大值占变化值的 78.03%。

从图 7-51（*b*）可发现，在竖直方向上，集料间距在加载阶段随时间减小，且加载前半程减小速率大于后半程，集料最小平均间距达到 0.57909mm。卸载后，弹性恢复段间距变化明显，集料短时间内间距增大，该阶段恢复间距占总恢复间距的 59.05%，而在延迟弹性变形后，集料间距虽然继续回弹，但最终没有回到未加载前状态，混合料在竖向上表现为压缩状态，压缩使集料平均间距减少0.01024mm，占变化值的 49.37%。

对比水平和竖直两个方向变形情况可发现，竖直方向上集料间距比水平方向上大，受压后集料在竖直方向上间距减小，而水平方向上增大。

以上分析体现了黏弹性材料在小应力水平下的受力特性，混合料在受压后，竖直方向上集料变得密集，而水平方向上则产生相对轻微的向外蠕变，使集料间距有所增加。在卸载后，若是弹性材料，则会发生变形的完全恢复，但试件作为黏弹性材料，变形无法完全恢复，集料在竖直方向上间距减小，而水平方向上也相应有残余变形的存在。据此进一步证明沥青混合料仿真的合理性。

以上分析从室内试验曲线、曲线趋势与试验特征力学现象三个方面对仿真结果合理性进行相应研究，验证显示所进行的沥青混合料的仿真具有一定合理性，拟用在后文的其余相关研究中。

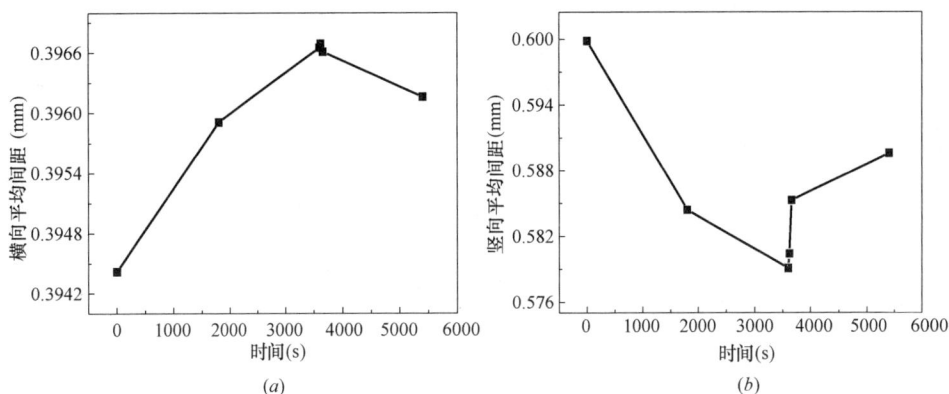

图 7-51　集料间距

（a）水平方向；（b）竖直方向

7.7　透水沥青混合料技术指标分析

7.7.1　基本认识

研究显示，在相同空隙率下，竖向截面与横向截面粗集料的面积占有率较为接近，说明粗集料分布较为均匀，粗集料占截面比例在 35.96%～40.76% 的范围内波动。

透水沥青混合料竖向与横向孔隙的面积占有率存在着良好的线性关系。随着空隙率的增大，孔隙面积占有率比例呈增大的趋势，占有率集中在 4%～10%；竖向截面的孔隙占有率会比横向截面孔隙占有率略大，且随着空隙率的增大，两者的差别减小。

在相同的外荷载（0.1MPa）和相同的作用时间（3600s）下，沥青模量越高，砂浆模量越高，则刚度越大，变形量越小；模量大者，传力速度相对比较快；模量的提升，可以一定程度上减小单位厚度混合料所产生的变形量，从而达到在允许变形范围内减小层厚的作用。

当粘结强度越高，则无论是砂浆内部还是砂浆与集料之间，发生断裂的可能性均降低，从而使受力对象增多，力的扩散效果更好，混合料荷载承受能力更强。混合料抗永久变形能力随空隙率的增大而下降。

7.7.2　普通沥青混合料和多孔沥青混合料高温稳定性对比

设置相关数据和模型条件，进行普通沥青混合料和多孔沥青混合料性能对比。

① 集料二维级配见表 7-23

集料二维级配　　　　　　　　　　　　　　　　　表 7-23

筛孔上限值(mm)	16	13.2	9.5	4.75
筛孔下限值(mm)	13.2	9.5	4.75	2.36
AC 个数(个)	3	12	75	151
PA 个数(个)	1	18	75	58

集料所占面积 AC：PA＝45：40

② 材料参数相同

③ 空隙率 AC：PA＝4％：20％

计算发现相对于密级配沥青混合料而言，透水沥青混合料表现为：

（1）集料间接触力较大（拉力 216.64N＞143.89N；压力 380N＞281.51N）。造成该现象的三个可能原因：PA 最大的结构特点是石-石嵌挤形成骨架接触，表明它的主要荷载传递方式为集料间传递；大空隙率造成截面受力面积减小，使得集料间单点受力相对提高；PA 粗颗粒所占比例较大，造成在相同集料面积情况下，集料间接触点较少，接触力较大。接触点 AC：PA＝370：171。

该现象主要有拉压两种表现形式。压力较大对集料的抗压强度提出更高要求，而拉力较大则增大了混合料黏附破坏的可能，如 200N 的粘结强度下，PA 发生破坏，而 AC 则没发生破坏。在单轴静态蠕变中，粘结破坏为拉伸破坏，主要表现为混合料试件的左右开裂。实际情况下低粘结强度造成的破坏主要表现为集料的飞散。可见 PA 对集料抗压强度和结合料粘结强度要求较高。

（2）小应变情况下变形较大且较快。AC 的最大应变为 0.0267，而 PA 为 0.0585；蠕变第二阶段直线斜率，AC 为 3.6621E-6，PA 为 8.7676E-6。造成该现象的可能原因是：透水沥青混合料空隙率较高，孔隙空间较大，颗粒移动的自由空间也相应较大，且沥青膜厚度较大。在小变形情况下，变形主要发生在较为薄弱的砂浆及孔隙处，因此，会出现变形快而大的现象。

该现象在实际情况中，常因施工欠压、集料或结合料不符合相关要求，而使透水沥青路面容易在开放交通的初期出现"压密"现象。可见 PA 对集料级配和结合料含量与模量要求较高。

基于以上，PA 相对而言应更加注意集料及结合料的材料控制，具体包括集料的级配、形状、棱角性、强度以及结合料的含量、黏度和模量等。

（3）AC 与 PA 的主要区别如表 7-24 所示。

PA 与 AC 主要区别 表 7-24

混合料类型	空隙率（%）	沥青膜厚（μm）	组成结构类型
AC	4 左右	＞6	悬浮密实结构
PA	15～25	14 左右	骨架孔隙结构

对透水沥青混合料要求特性及结合料特性进行归纳总结，如表 7-25 所示。

透水沥青混合料要求特性及结合料特性 表 7-25

项目	混合料要求特性	结合料特性
集料抗飞散性	为确保混合料的稳定性，应对集料强力黏着，使之具有高强的包裹力、黏附性	使用黏附性好的结合料（高韧度、高抗拉强度）
耐候性	混合料因空隙率大，易受日光、空气等因素影响，为防止由此产生的老化，包裹集料的结合料薄膜要有足够的厚度	使用耐候性强、能形成厚薄膜的高黏度结合料
耐水性	由于雨水等对混合料的浸透，为确保耐水性（抗剥离性），结合料对集料应有很好的黏附性	使用与集料有强黏附性的结合料（高抗剥离性）
耐流动性	在重交通道路上应用时，混合料应具有较高的抗塑性变形能力（不易产生车辙）	使用软化点及 60℃黏度指标较高的结合料

结合前文研究，透水沥青混合料对沥青的粘性（黏附或黏聚）和抗变形能力（特别是永久变形）提出更高要求。由表 7-25 可见，透水沥青混合料特别注重沥青的一个特性：黏性。据调查，目前常用高黏沥青指的是 60℃绝对黏度在 20000Pa·s 以上的沥青。高黏沥青的使用对沥青混合料保持厚膜及高黏附状态有利，可有效防止混合料过早飞散，提高混合料受力整体性。

第8章 湿热地区透水沥青路面工程应用

8.1 深圳市桃园路改造工程

8.1.1 工程简介

桃园路道路改造工程设计起点位于月亮湾大道－桃园路路口（$X=$18709.172，$Y=99465.500$），终点位于南海大道－桃园路路口（$X=18704.000$，$Y=101711.178$），道路红线宽 60m，改造道路全长约 2.3km。工程需对现状双向四车道范围的混凝土路面病害按破除破损路面后新建混凝土路面处理，若有板底托空现象需对托空板底进行灌浆处理。对桩号 K0＋440～K0＋660 段和桩号 K1＋460～K1＋670 段（地铁主体开挖范围）以及桩号 K2＋160～K2＋200 段（经检测需大修路段）根据新建沥青混凝土路面结构进行新建。新建沥青混凝土路面范围以外拓宽路面部分均按桃园路原混凝土路面结构进行新建，最后需对路面统一罩面处理。路面采用预混式施工。

8.1.2 路面结构组合

（1）新建沥青混凝土路面结构：

细粒式透水沥青混凝土（PA-13）	厚 4cm
中粒式密级配改性沥青混凝土（AC-16C）	厚 6cm
粗粒式密级配改性沥青混凝土（AC-25C）	厚 8cm
5％水泥稳定级配碎石	厚 30cm
4％水泥稳定级配碎石	厚 20cm

（2）改建罩面、拓宽道路段路面结构：

细粒式透水沥青混凝土（PA-13）	厚 4cm
中粒式密级配改性沥青混凝土（AC-16C）	厚 6cm
橡胶沥青应力吸收层	厚 2.5cm

调平层（根据调平层实际厚度选用 AC-16C、ATB30 材料，若调平层过薄需结合上层结构施工）

黏层＋封层（改性热沥青，撒 9.5～13.2mm 碎石）	
C35 混凝土	厚 25cm

6%水泥稳定石粉渣	厚25cm

（3）新建人行道与非机动车道结构：

花岗岩广场砖	60cm×60cm×3cm
1：3水泥砂浆	厚2cm
5%水泥稳定级配碎石	厚15cm
结构总厚	厚20cm

8.1.3 路面结构及排水系统

该道路的新建和改建部分采用如图8-1、图8-2所示的排水系统设计。

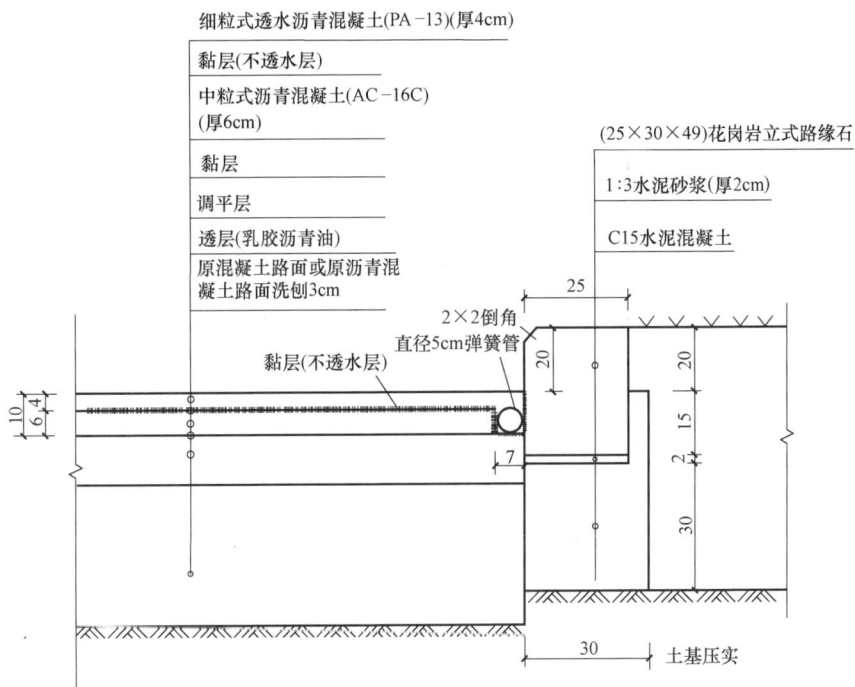

图8-1 改建部分排水系统设计横断面图

8.1.4 路面原材料和配合比

生产透水性沥青混合料的拌和设备遵循的程序与生产其他沥青混合料的程序是一样的。能生产出高质量热拌沥青混合料的生产装置也能生产出高质量的透水性沥青混合料。可以采用间歇式（盘式）拌和设备，也可以采用连续式（滚筒式）拌和设备。

（1）沥青

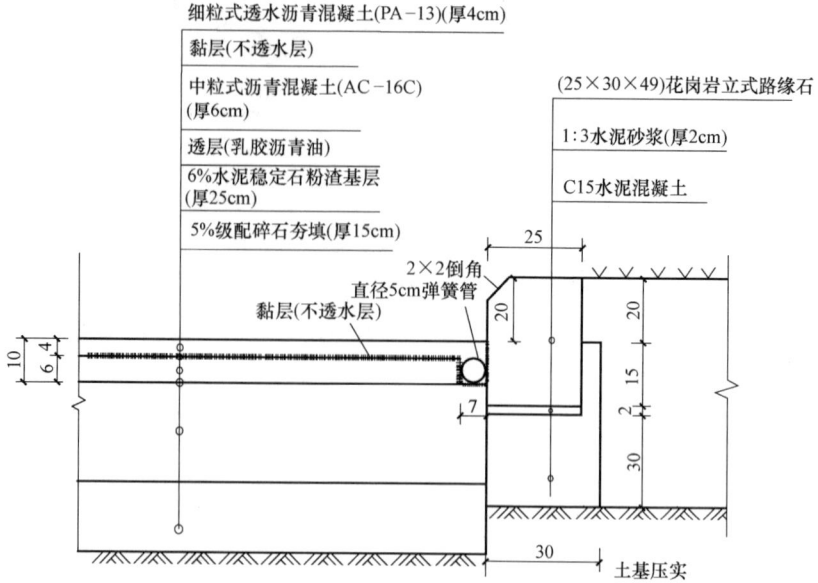

细粒式透水沥青混凝土(PA-13)(厚4cm)

黏层(不透水层)

中粒式沥青混凝土(AC-16C)(厚6cm)

透层(乳胶沥青油)

6%水泥稳定石粉渣基层(厚25cm)

5%级配碎石夯填(厚15cm)

2×2倒角
直径5cm弹簧管
黏层(不透水层)

(25×30×49)花岗岩立式路缘石

1:3水泥砂浆(厚2cm)

C15水泥混凝土

土基压实

图8-2　新建部分排水系统设计横断面图

对于液体沥青结合料的装卸和储存，透水性沥青混合料与其他混合料大体相同。不过，如果采用改性沥青，则拌和现场必须配备与普通沥青罐不同的专门储罐，储存温度略有提高，储罐内还需安装搅拌机械。如果使用成品高黏度改性沥青，最好也有专门的储罐。如果成品高黏度改性沥青的用量不大，最好使用往拌锅中直投的高黏度改性剂，避免储罐中成品高黏度改性沥青的积压浪费。高黏度改性沥青性能见表8-1。如果使用橡胶沥青，应视橡胶粉是否充分降解选择不同的措施。如保持固液两相，则最好将橡胶沥青生产装置与拌和楼对接，避免橡胶沥青的储存离析。如已经充分降解，则可以视同普通改性沥青。沥青结合料进入混合料的计量和导入由使用温度补偿系统的标准方法实现。并且，沥青结合料必须重量计量，而不能流量计量，以确保沥青结合料称量的准确。

高黏度改性沥青性能指标要求　　表8-1

试验项目	实测值	技术指标	试验方法	
针入度25℃(1/10mm)	42	≥40	《公路工程沥青及沥青混合料试验规程》JTJE20—2011	T0604
软化点(℃)	89	≥85		T0606
延度15℃(cm)	102	≥90		T0605
相对密度(25℃)	1.025	—		—

（2）集料

使用材料、集料粒径、集料密度见表8-2～表8-4。

使用材料　　　　　　　　　　　　　　　　　　表 8-2

原材料	集料 15～10mm	集料 10～5mm	矿粉 5～0mm	石粉	沥青
组成	辉绿岩	辉绿岩	辉绿岩	碳酸钙	基质沥青 60/80

集料粒径　　　　　　　　　　　　　　　　　　表 8-3

原材料 尺寸(mm)		集料 15～10mm	集料 10～5mm	矿粉 5～0mm	石粉
通过筛孔质量百分率(%)	16.0	100	—	—	—
	13.2	88.9	100		
	9.5	10.9	91.6	100	
	4.75	0.5	1.1	90.7	
	2.36	—	0.6	41.3	—
	1.18	—			
	0.6	—		14.7	—
	0.3	—		9.0	100
	0.15	—		5.3	91.8
	0.075	—		3.1	82.4

集料密度　　　　　　　　　　　　　　　　　　表 8-4

原材料	集料 15～10mm	集料 10～5mm	矿粉 5～0mm	石　粉
密度(g/cm³)	2.725	2.725	2.726	2.706

注：密度摘自当地资料。

（3）配合比

采用间歇式拌和楼生产透水性沥青混合料时，必须考虑筛板的筛分能力。由于透水性沥青混合料的级配趋向于单粒径，可能会出现筛板与热仓的超负荷，导致"审仓"或"溢仓"，如果出现这种情况，应降低生产率。

对热仓集料进行取样，根据目标配合比选择生产配合比，按室内配合比的程序进行各项验证，见表8-5。

配合比设计　　　　　　　　　　　　　　　　　　表 8-5

原材料	集料 15～10mm	集料 10～5mm	矿粉 5～0mm	石粉	合计
A 配比(%)	75.0	—	20.0	5.0	100.0
B 配比(%)	45.0	30.0	20.0	5.0	100.0
C 配比(%)	30.0	45.0	20.0	5.0	100.0

根据日本的实践经验，生产透水性沥青混合料相比生产密级配沥青混合料，沥青拌和设备的生产能力会降低到 60% 左右。生产能力降低的主要原因为：①透水性沥青混合料含有较多的单粒径粗集料，计量等待时间需要延长，热料仓的储存量需要增加，相应的作业时间也应进行相应的调整。②透水沥青混合料生产中，为了防止沥青的流淌，所确定的温度比通常用温度-黏度曲线所得出的拌和温度低，因此，为了使集料获得均匀的裹覆，混合料所需的拌和时间应适当延长。③使用纤维材料、消石灰、高黏度改性剂直投料时，与通常情况相比，材料的计量、人力投入、干拌与湿拌时间的延长等都会使生产时间增加，见表 8-6。

配合比及合成粒径　　表 8-6

筛网尺寸（mm）	19.0	13.2	9.5	4.75	2.36	0.6	0.3	0.15	0.075
A 粒径配比（%）	100.0	91.7	33.2	23.5	13.3	7.9	6.8	5.7	4.7
B 粒径配比（%）	100.0	95.0	57.4	23.6	13.5	7.9	6.8	5.7	4.7
C 粒径配比（%）	100.0	96.7	69.5	23.8	13.6	7.9	6.8	5.7	4.7
粒径范围	100	90～100	—	11～35	10～20	—	—	—	3～7

（4）混合料

基质沥青的马歇尔试块试验数据见表 8-7。

基质沥青的马歇尔试块试验数据　　表 8-7

项目	沥青含量（%）	加密度（g/cm³）	理论密度（g/cm³）	全体空隙率（%）	连续空隙率（%）	集料间隙率（%）	饱和度（%）
A 配比	4.5	1.927	2.536	24.0	18.8	32.4	25.9
B 配比	4.5	1.987	2.536	21.6	17.6	30.3	28.7
C 配比	4.5	1.963	2.536	22.6	17.2	31.2	27.6
目标值	—	—	—	20	—	—	—

8.1.5　施工状况

道路路面施工状况见图 8-3。

图 8-3　施工状况（一）

图 8-3　施工状况（二）

8.2　深圳新东路改扩建工程

8.2.1　工程简介

依托深圳新东路改扩建工程，完成对透水沥青路面试验路的铺筑。新东路位于深圳市龙岗区大鹏半岛，道路全长约 7.4km，规划红线宽 17.5～57.5m，道路等级为城市次干道，设计车速为 30km/h。透水沥青路面铺筑段桩号为 K2＋000～K3＋680，全长 1680m。

8.2.2　施工方法

（1）低噪声透水改性沥青混合料生产与运输

透水沥青混合料在拌和厂生产，透水沥青采用深圳产高黏改性沥青，其技术指标见表 8-8；集料采用辉绿岩，分为三档，10～15mm、5～10mm、0～5mm，其集料粒径和密度见表 8-9，填料采用碱性石灰岩磨细得到的矿粉，外观干燥、洁净、无团粒。

确定透水沥青混合料的生产配合比。每种规格的集料、矿料按照要求的比例配料，生产配合比为：集料 10～15mm；5～10mm；0～5mm；矿粉＝45：30：20：5，其级配见表 8-10，沥青含量为 4.5%。

高黏改性沥青技术指标　　　　　　　　　表 8-8

试验项目	实测值	技术指标	试验方法	
针入度 25℃（0.1mm）	42	≥40	《公路工程沥青及沥青混合料试验规程》JTG E20—2011	T0604
软化点（℃）	81	≥85		T0606
延度 15℃（cm）	102	≥90		T0605
相对密度（25℃）	1.025	—		

集料粒径及密度 表 8-9

原材料		集料 10～15mm	集料 5～10mm	石屑 0～5mm	矿粉
通过筛孔质量百分率（%）	16.0mm	100	—	—	—
	13.2mm	88.9	100	—	—
	9.5mm	10.9	91.6	100	—
	4.75mm	0.5	1.1	90.7	—
	2.36mm	—	0.6	41.3	—
	1.18mm	—	—	—	—
	0.6mm	—	—	14.7	—
	0.3mm	—	—	9.0	100
	0.15mm	—	—	5.3	91.8
	0.075mm	—	—	3.1	82.4
密度（g/cm³）		2.725	2.725	2.726	2.706

透水沥青混合料合成级配 表 8-10

筛网尺寸（mm）	16.0	13.2	9.5	4.75	2.36	0.6	0.3	0.15	0.075
配比粒径（%）	100.0	95.0	57.4	23.6	13.5	7.9	6.8	5.7	4.7
粒径范围	100	90～100	—	11～35	10～20	—	—	—	3～7

施工时严格控制拌和时间与拌和温度。透水沥青混合料拌和时的温度控制在 170℃～185℃ 之间，避免出现沥青过度老化。拌制时间通过试拌确定，相比普通沥青混合料，透水沥青混合料拌和时间延长了 5～15s。

透水沥青混合料采用自卸车辆运输，装料过程中为防止粗细料的离析，采取分堆卸载；运输过程中为防止温度下降，采用双重保温布覆盖保温。为了保证现场摊铺效果，运送到现场的混合料温度不低于 175℃。

（2）低噪声透水改性沥青混合料摊铺

铺筑透水沥青混合料时，采用一台摊铺机单幅摊铺，摊铺前先预热摊铺机熨平板 30min，使其温度不低于 100℃。摊铺机速度缓慢、均匀，速度控制在1.5～3.0m/min，摊铺过程不间断。新东路摊铺温度控制在 175℃ 以上，通过实测实际摊铺温度为 180℃（图 8-4）。

（3）低噪声透水改性沥青混合料压实

透水沥青混合料采用小于 12t 的钢筒式压路机碾压（图 8-5），碾压分为初压、复压、终压。各个碾压过程温度要求不同，透水沥青混合料的压实温度比普通沥青混合料高，如初压温度要求不低于 160℃ 等。为了防止粗集料被压碎、空隙率下降，碾压均采用静压。

图 8-4 透水沥青混合料摊铺

通过对上述试验路施工工法的总结发现，透水沥青路面施工时，应当注意以下问题：

① 透水沥青混合料采用高黏度改性沥青，相比改性沥青混合料，拌合温度更高，拌和时间更长。透水沥青混合料粗集料多，空隙率大，运输过程中易发生粗细集料离析和沥青析漏，装料时应采取分堆卸载，运输时应尽可能选择平坦的道路。

② 透水沥青混合料的摊铺和碾压

图 8-5 透水沥青混合料压实

一定要连续、均匀，防止集料的离析。由于透水沥青混合料散热快，摊铺时应采用较高的摊铺温度；碾压时应采用较高的碾压温度，且初压和复压不允许采用振动压路机，防止路面空隙率下降。

8.3 桃园路和新东路应用效果评估

8.3.1 技术评估

由于该种路面是骨架孔隙结构，要想保持其大孔隙和良好的性能，须对其采用的材料有较高的要求。粗集料宜选用洁净、均匀、干燥、耐磨耗、抗破碎和黏附性高的碎石、破碎砾石等。此外，为保证混合料的排水功能，粗集料应具有近似立方体的形状，针片状颗粒不超过 10%。透水沥青混合料中细集料使用量较少，一般使用同一种细集料，细集料最好使用人工破碎的机制砂，与沥青粘结性能较差的砂子及用花岗岩、石英岩等酸性石料破碎的机制砂或石屑不宜使用。而对于沥青则要求更为严格，应采用高黏度改性沥青，经试验和现场施工表明，两条路所使用的 E 号高黏沥青具有较好的性能。

试验路现场都采用预混式施工方法，也称为"湿法"工艺，基于"湿法"工艺的成品高黏度改性沥青是通过溶胀、高速剪切、胶体磨等加工工艺，将一定比例的聚合物改性剂（或复合体）与沥青混溶制备得到的，在施工现场直接使用预先改性好的高黏度沥青生产混合料。

透水沥青路面现场施工应注意以下几点：

（1）摊铺机应缓慢、均匀、连续不间断地摊铺，不得随意变换速度或中途停顿。摊铺速度宜控制在 1.5～3.0m/min。透水沥青混合料的摊铺温度不应低于 170℃。

（2）透水沥青路面碾压应采用静压方式，不得采用振动方式。宜采用小于 12t 的钢筒式压路机碾压。压实过程中，初压温度不应低于 160℃。复压应紧接初压进行，复压温度不应低于 130℃，终压温度不宜低于 90℃。

（3）透水沥青面层碾压成型后，应避免车辆立即进入，应在表面温度低于 50℃且路面足够坚硬后方可开放交通。

8.3.2　质量检验

为了检验透水沥青路面的性能，针对深圳新东路透水沥青路面，测试其空隙率、降噪等性能。

试验室测试透水沥青混合料物理指标见表 8-11。

透水沥青混合料物理指标　　　　　　　　　　表 8-11

标准性能	试件密度（g/cm³）	理论密度（g/cm³）	空隙率（%）	连通空隙率（%）	间隙率（%）	饱和度（%）
检量值	1.987	2.536	21.6	17.6	30.3	28.7
标准范围	—	—	18～25	—	—	—

分析表 8-11 可知：空隙率对透水沥青混合料排水性能有重要影响，空隙率越大，路面排水性能越好。新东路空隙率为 21.6%，连通空隙率为 17.6%，表明其具有良好的排水性能。

图 8-6 所示为透水沥青路面与普通沥青路面降雨后对比图。普通沥青路面无法迅速将雨水排除，降雨过程中和降雨过后路面潮湿，容易形成一定厚度的水膜，严重影响道路交通安全。而透水沥青路面空隙率大，雨水通过连通孔隙迅速排出，抑制路表形成水膜，有效减少交通事故发生。

8.3.3 施工分析

对于湿热地区，透水沥青路面施工应注意保证其空隙率和平整度。目标空隙率是多孔沥青混合料排水降噪等性能发挥作用的重要保障。为了达到目标空隙率，施工时应采取一些必要的措施。

（1）高黏改性沥青对施工拌和、摊铺、碾压等温度要求均较高，拌和时应使沥青和混合料充分接触，形成较厚的沥青膜，绝对不允许出现花白料，同时严格控制级配在生产配合比允许的误差范围内。

图 8-6　透水沥青路面与普通沥青路面降雨后对比图

（2）摊铺时要保证到达现场的料具有较高的温度，因此运输过程中要求采用双重保温布覆盖。碾压时，同样要求保证较高的摊铺温度，因此碾压应紧跟着摊铺进行，碾压时必须采用钢轮压路机，不允许采用胶轮压路机和振动压路机，以防止黏料和空隙率下降。

（3）为了保证足够的平整度，要求确定适合的松铺厚度和压实次数。由于透水沥青路面对人工作业较为敏感，为防止以后出现飞散等病害，应尽可能减少人工补料。

（4）透水沥青路面应严格控制矿粉用量。加入矿粉能够提高透水沥青路面的高温稳定性，但矿粉过多会降低路面的低温抗裂性。因此，工程实际中应严格控制粉胶比，粉胶比建议在 $0.6 \sim 1.2$ 之间。

（5）为了防止沥青析漏，要求采用高黏改性沥青或者掺加纤维。

8.4　路面降噪性能测试

为研究透水沥青路面的降噪效果，以 SMA 路面作为对比路面，选择深圳市大鹏新区新东路进行两种路面的降噪性能测试。新东路的一段铺设了透水沥青路面，该路面通车两年，在此期间未维护及清理。

8.4.1　测试仪器和参考标准

（1）测试仪器

测试仪器有丹麦 B&K2250E 建筑声学分析仪、丹麦 B&K4231 校准器、丹麦 B&K4189 传声器、其他配套设备。

（2）参考标准

参考《声学　汽车车内噪声测量方法》GB/T 18697—2002 和《声学　市区行驶条件下轿车噪声的测量》GB/T 17250—1998。

8.4.2　工况

工况 1、2：上海通用君越 2.4L，采用定速巡航匀速 60km/h，行驶路面为透水沥青路面，车窗与空调关闭状态下测试车内噪声，LAeq（等效连续声压级当前频率计权 A 计权）＝(58.3＋58.5)/2＝58.4dBA（怠速时车内噪声为 43.2dBA）。

工况 3、4：上海通用君越 2.4L，采用定速巡航匀速 60km/h，行驶路面为 SMA 路面，车窗与空调关闭状态下测试车内噪声，LAeq＝(61.1＋60.8)/2＝61dBA（怠速时车内噪声为 43.2dBA）。

工况 5：广汽丰田凯美瑞 2.4L，采用定速巡航匀速 60km/h，行驶路面为透水沥青路面，车窗与空调关闭状态下测试车内噪声，LAeq＝57.4dBA（怠速时车内噪声为 42.8dBA）。

工况 6：广汽丰田凯美瑞 2.4L，采用定速巡航匀速 60km/h，行驶路面为 SMA 路面，车窗与空调关闭状态下测试车内噪声，LAeq＝60.1dBA（怠速时车内噪声 42.8dBA）。

工况 7：50 座大巴，匀速 80km/h，行驶路面为透水沥青路面，离车 3.5km 处测量车辆经过时间大 A 计权声级，LA_{max}＝75.7dBA。

工况 8：50 座大巴，匀速 80km/h，行驶路面为 SMA 路面，离车 3.5km 处测量车辆经过时间大 A 计权声级，LA_{max}＝78.8dBA。

8.4.3　测试结果及分析

（1）测试结果分别见表 8-12 和表 8-13。

轿车匀速行驶 **60km/h** 时，工况 **1～**工况 **6** 的噪声频谱数据　　　表 8-12

频率 （Hz）	声压级(dB)					
	工况 1	工况 2	工况 3	工况 4	工况 5	工况 6
20	82.4	82.2	81.2	80.8	85	81.4
25	76.9	76.0	75.5	75.3	78.8	76.7
32	75.7	76.1	76.1	76.7	73.5	76.5
40	70.1	75.8	76.0	75.9	72.3	75.4
50	69.7	70.4	71.8	71.6	69.0	72.5
63	68.8	71.7	74.7	71.3	70.8	70.4
80	61.8	69.9	73.6	71.6	63.7	73.6

频率 (Hz)	声压级(dB)					
	工况 1	工况 2	工况 3	工况 4	工况 5	工况 6
100	63.3	69.3	72.1	71.5	58.1	67.3
125	61.8	62.5	65.1	64.4	58.1	61.1
160	63.3	63.4	65.9	65.8	59.2	63.2
200	59.9	60.1	62.3	62.4	54.3	57.9
250	57.0	57.5	59.9	59.6	55.1	57.8
315	54.9	54.9	56.9	56.1	57.0	59.6
400	49.2	49.0	52.1	52.5	49.8	51.8
500	50.8	50.6	52.1	52.8	50.4	52.1
630	46.3	45.4	47.6	47.9	49.4	51.3
800	38.4	40.4	45.4	47.2	43.4	48.2
1k	38.7	38.0	45.9	46.7	40.2	44.9
1.25k	37.4	36.9	41.9	42.5	35.9	40.2
1.6k	29.5	28.9	34.7	35.2	32.2	35.7
2k	23.8	29.9	28.3	29.7	29.6	31.1
2.5k	20.5	25.5	24.5	25.8	26.9	28.2
3.15k	18.4	18.9	20.5	21.3	26.4	26.6
4k	16.6	16.6	18.3	19.1	21.9	23.9
5k	16.0	15.7	16.4	17.4	20.1	25.2
6.3k	14.8	14.7	13.7	15.6	18.4	23.1
8k	13.9	13.3	12.3	14.5	18.4	21.2
10k	12.4	12.0	12.1	13.4	16.3	20.2
12.5k	10.9	10.2	10.3	11.4	16.2	18.7
16k	9.4	8.8	9.1	10.1	14.2	16.4
20k	9.1	9.1	10.2	10.5	12.0	15.5
LAeq	58.3	58.5	61.1	60.8	57.4	60.1

大巴车匀速 80 km/h 时，工况 7、工况 8 的噪声频谱数据　　　　表 8-13

频率 (Hz)	声压级(dB)	
	工况 7	工况 8
20	77.4	78.2
25	77.3	80.6
32	82.1	79.9
40	75.0	74.2
50	74.4	72.4
63	74.4	76.3
80	69.0	70.0
100	69.5	67.5
125	72.3	73.7
160	68.3	75.0
200	69.8	78.1
250	75.1	69.4
315	65.3	74.2

续表

频率	声压级(dB)	
(Hz)	工况 7	工况 8
400	67.1	71.6
500	71.5	68.9
630	71.6	74.7
800	67.9	72.6
1k	65.8	71.6
1.25k	64.0	73.0
1.6k	61.7	66.8
2k	61.8	65.8
2.5k	59.4	63.8
3.15k	56.5	61.2
4k	54.1	58.4
5k	52.6	56.8
6.3k	51.4	53.2
8k	50.3	50.4
10k	49.6	46.7
12.5k	48.1	44.3
16k	46.3	41.2
20k	44.1	38.2
LAeq	75.7	78.8

（2）结果分析

由上述表格绘出各工况下的噪声频谱数据如图 8-7 所示。

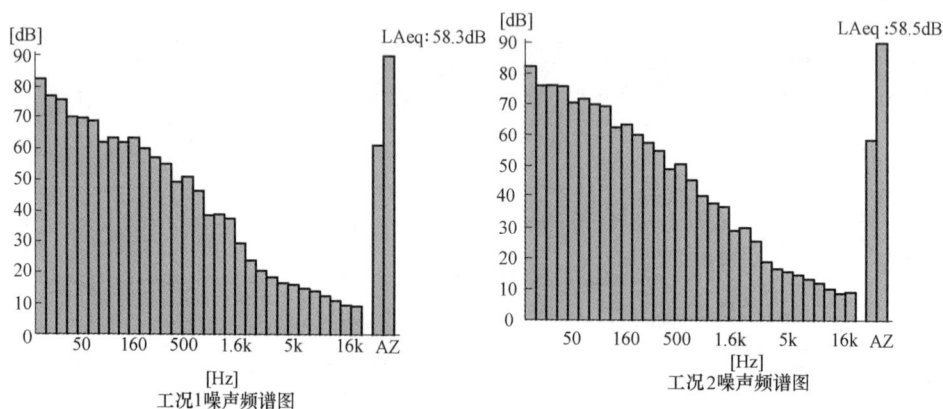

图 8-7　噪声频谱图（一）

工况3噪声频谱图

工况4噪声频谱图

工况5噪声频谱图

工况6噪声频谱图

工况7噪声频谱图

工况8噪声频谱图

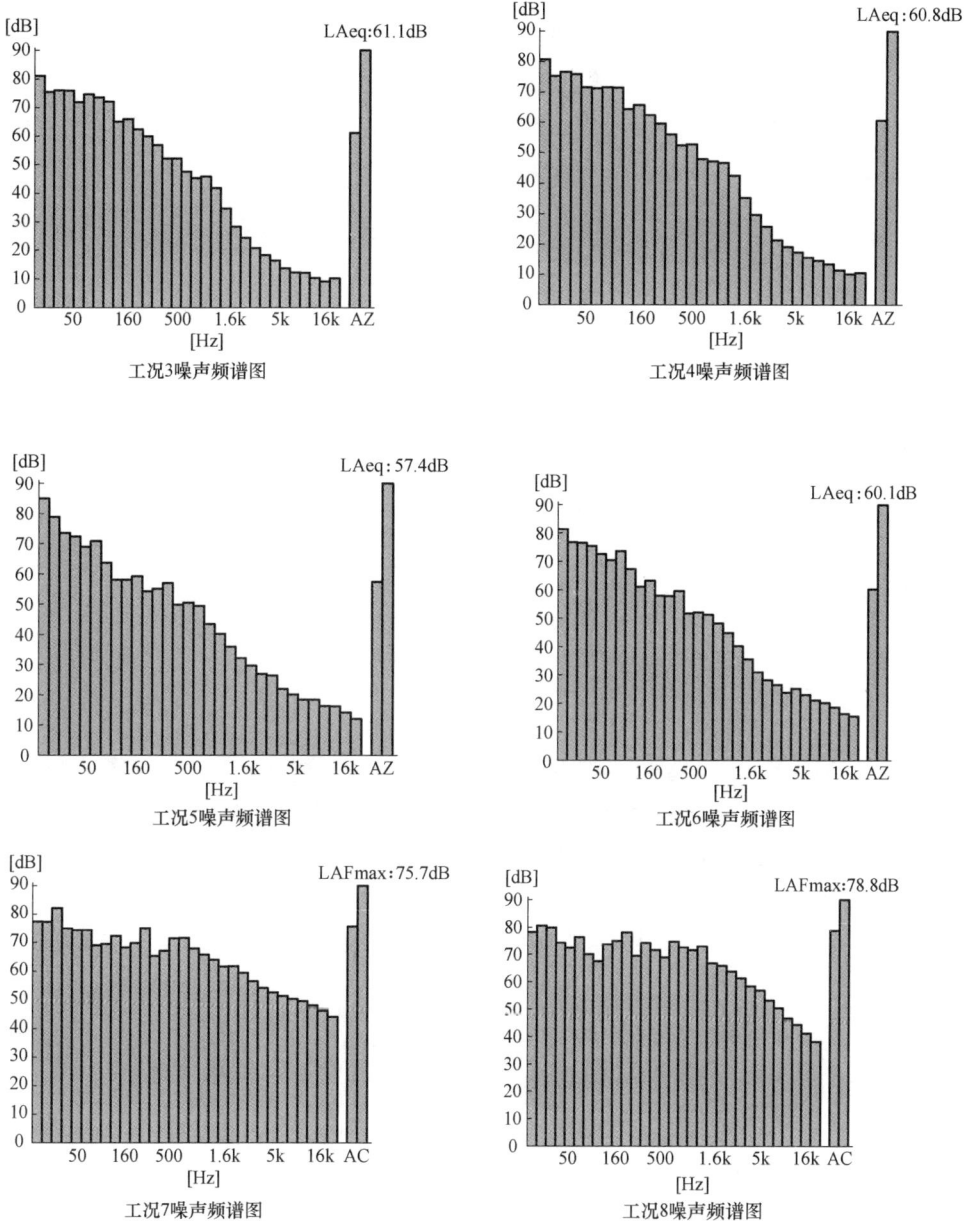

图 8-7　噪声频谱图（二）

　　由工况 1～工况 4 得出结论：上海通用君越 2.4L，采用定速巡航匀速 60km/h，在车窗、空调关闭情况下，行驶在透水型路面比行驶在 SMA 路面车噪声降低了 2.6dBA。由工况 5、工况 6 得出结论：广汽丰田凯美瑞 2.4L，采用定速巡航匀速 60km/h，在车窗、空调关闭情况下，行驶在透水型路面比行驶在

SMA 路面噪声降低了 2.7 dBA。由工况 7、工况 8 得出结论：50 座大巴，匀速 80km/h 行驶，离车 3.5km 处测量车辆经过时间大 A 计权声级，行驶在透水型路面比行驶在 SMA 路面噪声降低了 3.1dBA。

综合以上研究，充分发挥路面排水、降噪性能的同时，减少了成本，具有较好的经济效益和社会效益。

单层排水沥青路面的结构形式主要依靠路面两侧的排水系统将雨水排出，因此良好的排水系统设计对于这种路面而言十分重要。为防止雨水下渗到表面层以下的其他层位，在上面层与中面层或下面层之间应该设置防水粘结层，在增加路面层位之间粘结性的同时，防止雨水下渗。

城市道路是城市发展的"生命线"。城市道路的科技水平，直接影响到城市经济的发展和人居环境的质量。随着城市的高速发展，不透水的硬化道路破坏了环境的原生态，隔断了生物链，改变了原生态的自然环境，城市的热岛效应、噪声污染、空气污染、地质沉降等日益加剧，制约了城市的可持续发展。向国际一流城市学习，提高市政道路的科技水平，建设透水降噪沥青道路，改变城市道路建设状态，具有十分重要的意义。

8.5　湿热地区透水沥青材料性能

综合本书多方面的研究，对湿热地区透水沥青的材料性能提出如下技术要求和建议：透水沥青路面的面层结合料宜采用高黏改性沥青，基层可采用高黏改性沥青、改性沥青或普通道路石油沥青。透水沥青路面用沥青宜采用成品高黏改性沥青并具备如表 8-14 所示的特征。

透水沥青路面用沥青应具备的主要特征　　　　　　　　　　表 8-14

项目	混合料技术要求	沥青技术要求
集料抗飞散性	为了确保混合料的稳定性,要使其与集料牢固地结合,即必须具有强大的包裹力和黏附性	黏附性强的沥青(高韧度、高抗拉强度)
耐候性	由于混合料空隙率大,易受日光及空气的影响,要求包裹集料的沥青膜要有足够的厚度	耐候性好、能够形成厚薄膜的高黏沥青
耐水性	由于铺设体内雨水的渗透,为确保耐水性(抗剥离性),要求沥青具有极好的黏附性	对集料附着性高、抗剥离性好的沥青
耐流动性	用于重交通量的场合时,必须使用抗塑性变形较高(不易被碾压出车辙)的混合料	较高的软化点和 60℃动力黏度

透水沥青路面用高黏改性沥青的指标应满足表 8-15 的要求。

透水沥青路面高黏度改性沥青技术指标要求 表 8-15

指 标	单位	技术标准值		试验方法
软化点,不小于	℃	85		T0606
*零剪切黏度,不小于	Pa·s	40000		附录1
针入度25℃,100g,5s	0.1mm	40~60		T0604
延度5℃,5cm/min,不小于	cm	25		T0605
弹性恢复5℃,不小于	%	60		T0662
黏度135℃,不大于	Pa·s	4.0		T0625
动力黏度60℃,不大于	Pa·s	50000(重交通路段)	35000(一般交通路段)	T0620
黏韧性25℃,不小于	N·m	20		T0624
韧性25℃,不小于	N·m	15		
*低温弯曲抗拉模量—20℃,不大于	MPa	100		附录2
*低温弯曲抗拉韧度—20℃,不小于	kPa	450		
离析,48h软化点差,不大于	℃	2.5		T0606
TFOT				
软化点变化,不大于	℃	6		T0606
25℃残留针入度比,不小于	%	80		T0604

注:黏度指标测试以60℃黏度为准,若测试的结果不稳定,以零剪切黏度作为参考指标,具体根据动态流变剪切流变仪确定。其中,标注*的试验项目为参考指标,在工程不确定的情况下,根据试验确定,参照执行。

粗集料宜选用洁净、均匀、干燥、耐磨耗、抗破碎和黏附性高的碎石、破碎砾石等。此外,为保证混合料排水功能,粗集料应具有近似立方体形状,针片状颗粒不超过10%。

透水沥青混合料粗集料指标应符合表8-16的技术要求。

透水沥青混合料粗集料技术指标要求 表 8-16

试验项目	单位	技术指标要求		试验方法
		表面层	其他层位	
压碎值,不大于	%	26	28	T0316
洛杉矶磨耗损失值,不大于	%	28	30	T0317
磨光值PSV,不小于	—	42	—	T0321
软石含量,不大于	%	3	5	T0320
视密度,不小于	g/cm³	2.60	2.50	T0304
吸水率,不大于	%	2.0		T0304
沥青黏附级,不小于	级	5	5	T0616、T0663

续表

试验项目		单位	技术指标要求		试验方法
			表面层	其他层位	
坚固性试验,不大于		%	8	10	T0314
针片状含量,不大于		%	10	15	T0312
水洗法<0.075mm 颗粒含量,不大于		%	1		T0310
破碎情况	有一个破碎面的含量,不小于	%	100	90	T0346
	有两个破碎面的含量,不小于	%	90	80	

透水沥青混合料中细集料使用量较少,可使用同一种细集料,细集料应采用人工破碎的机制砂,与沥青粘结性能较差的砂子及用花岗岩、石英岩等酸性石料破碎的机制砂或石屑不宜使用。

细集料的技术指标应满足表 8-17 要求。

细集料技术指标要求　　　　　　　　　　　表 8-17

试验项目	单位	技术指标要求	试验方法
视密度,不小于	g/m³	2.50	T0328
坚固性,不小于	%	10	T0340
砂当量,不小于	%	60	T0334
含泥量(<0.075mm 含量),不大于	%	1	T0333
亚甲蓝值,不大于	g/kg	25	T0349
棱角性,不小于	S	30	T0345

透水沥青混合料所用填料要求采用石灰岩或岩浆岩中的强基性岩石等憎水性石料经磨细得到的矿粉,原石料中的泥土杂质应除净。矿粉应干燥、洁净,能自由地从矿粉仓流出。

矿粉的质量应符合表 8-18 的要求。

矿粉技术指标要求　　　　　　　　　　　表 8-18

试验项目		单位	技术指标要求	试验方法
表观密度,不小于		t/m³	2.50	T0352
含水量,不大于		%	1	T0103 烘干法
外观		—	无团粒结块	—
亲水系数,小于		—	1	T0353
塑性指数,小于		%	4	T0354
粒度范围(水洗法)	<0.6mm	%	100	T0351
	<0.15mm	%	90～100	
	<0.075mm	%	75～100	
加热安定性		—	实测记录	T0355

透水沥青混合料可加入纤维以减小混合料的析漏或流淌，并提高路用性能。路用纤维宜采用聚丙烯腈纤维、聚酯纤维、木质素纤维、矿物纤维等。木质素纤维的技术指标应符合表 8-19 的要求。

路用木质素纤维技术指标要求   表 8-19

试验项目	单位	技术指标要求	试验方法
纤维长度,不大于	mm	6	水溶液用显微镜观察
灰分含量	%	18±5,无残留物	高温 590～600℃燃烧后测定残留物
pH 值		7.5±1.0	水溶液用 pH 试纸或 pH 计测定
吸油率,不小于		纤维质量的 5 倍	用煤油浸泡后放在筛上经振敲后称量
含水率,不大于	%	5	105℃烘箱烘 2h 后冷却称量

8.6 透水沥青路面结构

透水沥青路面根据其结构透水特点和使用场合等条件，分为以下三种类型：

（1）Ⅰ型透水沥青路面：单层透水沥青路面（见图 8-8），路表水进入路面后由上面层排出并引到邻近排水设施；

（2）Ⅱ型透水沥青路面：多层透水沥青路面（见图 8-9），路表水进入路面后由基层（或垫层）排出并引到邻近排水设施；

（3）Ⅲ型透水沥青路面：全透型透水沥青路面（见图 8-10），路表水进入路面后直接进入路基。

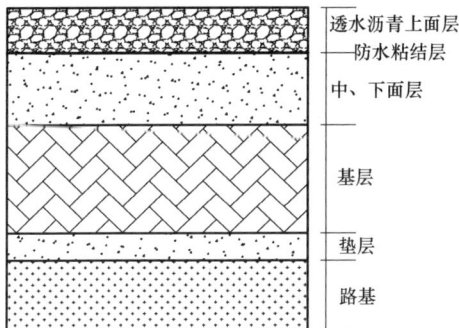

图 8-8 Ⅰ型透水沥青路面

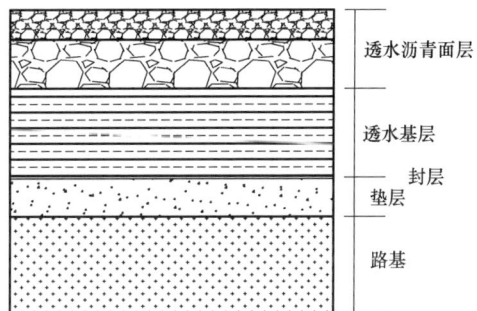

图 8-9 Ⅱ型透水沥青路面

Ⅰ型透水沥青路面具有排水、降噪、抗滑等功能。Ⅱ型透水沥青路面除了具备Ⅰ型透水沥青路面所具备的功能外，还具有路面储水、减少地面径流量、减轻暴雨时城市排水系统的负担等功能。Ⅲ型透水沥青路面除了具备Ⅰ型和Ⅱ型透水沥青路面的功能外，还能补充城市地下水资源，改善道路周边的水平衡和生态条

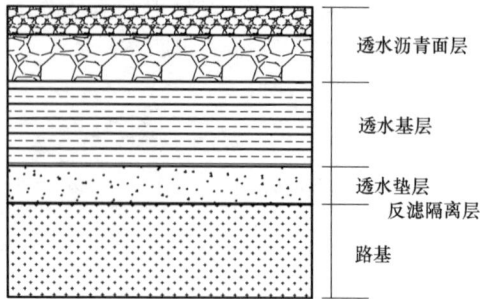

图 8-10　Ⅲ型透水沥青路面

件，提供良好的人居环境，主要适用于路基渗透系数大于或等于 7×10^{-5} cm/s 的公园、小区道路、停车场、广场和中轻型荷载道路。

Ⅰ型和Ⅱ型透水沥青路面可以参照现行《公路沥青路面设计规范》JTG D50、《城镇道路路面设计规范》CJJ 169 和《透水沥青路面技术规程》CJJ/T 190 中规定的路面厚度设计。

Ⅲ型透水沥青路面全部采用柔性结构时，可根据交通量的大小选取适用的透水沥青路面的结构层厚度。

Ⅱ型和Ⅲ型低噪声透水路面结构厚度设计除满足结构要求外，应按照工程项目所在地重现期为一年，降雨历时为 60min 为条件，计算暴雨强度，以满足路面结构储水、透水功能要求。不同暴雨强度下所需满足的最小透水结构层最小厚度要求如表 8-20 所示。

不同结构透水路面的适用范围　　　　　　　　　　　　　　　表 8-20

暴雨强度（mm/min）[1]	透水结构层最小厚度[2]（cm）
$q \leqslant 0.3$	15
$0.3 < q \leqslant 0.6$	30
$0.6 < q \leqslant 0.9$	45
$0.9 < q$	60

① 暴雨强度计算参数按重现期一年，降雨历时 60min，参考当地相关经验公式进行计算。
② 对于Ⅱ型透水沥青路面结构，透水结构层厚度为透水面层和透水基层；对于Ⅲ型透水沥青路面结构，透水结构层厚度为面层、基层和垫层的总厚度。

8.7　透水沥青混合料性能要求与施工检验

透水沥青混合料的标准级配参见表 8-21，使用时宜根据道路等级、气候和交通条件等进行选择。

透水沥青混合料配合比设计方法和技术指标应满足表 8-22 要求。

透水沥青混合料的标准级配　　　　　　　　　　　　表 8-21

级配类型		通过下列筛孔(mm)的质量百分率(%)											
		26.5	19	16	13.2	9.5	4.75	2.36	1.18	0.6	0.3	0.15	0.075
中粒式	最大公称粒径 19mm	100	95~100	—	64~84		10~31	10~20					3~7
	最大公称粒径 16mm	—	100	90~100	70~90	45~70	12~30	10~22	6~18	4~15	3~12	3~8	2~6
细粒式	最大公称粒径 13mm	—	—	100	90~100	60~80	12~30	10~22	6~18	4~15	3~12	3~8	2~6
	最大公称粒径 10mm	—	—	—	100	90~100	50~70	10~22	6~18	4~15	3~12	3~8	2~6

透水沥青混合料的技术指标　　　　　　　　　　　　表 8-22

试验项目	单位	技术要求	试验方法
马歇尔试件击实次数	次	双面击实 50 次	T0702
马歇尔稳定度,不小于	kN	5	T0709
流值	mm	实测	T0709
空隙率	%	18~25	T0705
连通空隙率,不小于	%	15	附录 C
析漏损失率,不大于	%	0.3	附录 D
飞散损失率,不大于	%	15	附录 E
浸水飞散损失率,不大于	%	25	
60℃、48h 浸水马歇尔残留稳定度,不小于	%	90	T0709
冻融劈裂试验的残留强度比,不小于	%	85	T0729
动稳定度,不小于	次/mm	5000	T0719
渗水系数,不小于	mL/15s	1200	T0730
构造深度,不小于	mm	1.0	T0730

透水沥青混合料的高黏改性沥青、集料、矿料质量及混合料级配应符合设计要求，原材料应做的检验项目和频率见表 8-23。

透水沥青路面原材料检验项目　　　　　　　　　　　　表 8-23

项次	检验项目		检查方法和频率
1	粗集料	压碎值	进场及改变料源时检验
		洛杉矶磨耗损失	
		表观相对密度	
		吸水率	
		对沥青的黏附性	
		针片状颗粒含量	现场检验:2 天 1 次
		水洗法<0.075mm 颗粒含量	进场及改变料源时检验
		软石含量	
2	细集料	表观相对密度	进场及改变料源时检验
		砂当量	
		坚固性	
3	矿粉	视密度	进场及改变料源时检验
		含水量	

项次	检验项目		检查方法和频率
4	高黏改性沥青	60℃动力黏度(Pa·s)	原材料进场1批检验1次
		25℃黏韧性	
		25℃韧性	
		密度	

透水沥青混合料的各项指标应符合设计和规程要求，沥青混合料的生产过程中每日应做的室内试验和施工过程的质量检验项目和频率见表8-24。

透水沥青混合料生产过程室内试验项目   表8-24

项 次	检验项目		检查方法和频率
1	马歇尔稳定度		马歇尔试验：每天上午、下午各1次
2	流值		
3	空隙率		
4	连通空隙率		
5	残留稳定度		
6	热料仓混合料级配(%)	16.0 mm	每天1次
		13.2mm	
		4.75mm	
		2.36mm	
7	抽提试验混合料级配(%)	16.0 mm	抽提试验：每天1次
		13.2mm	
		4.75mm	
		2.36mm	
		0.075mm	
8	抽提试验的沥青用量		
9	车辙试验动稳定度		每天1次
10	飞散试验质量损失量		当料源或配合比变化时试验，且不能超过单幅10km
11	冻融劈裂强度比		

透水沥青路面施工过程中的温度控制和质量检查频率见表8-25。应严格控制矿料和沥青用量及各种材料和沥青混合料的加热温度。摊铺时应严格控制摊铺厚度和平整度，避免矿料离析，也应严格控制摊铺和碾压温度，碾压至要求的密实度。

透水沥青路面施工过程中其他质量控制标准和质量验收标准，公路应按《公路沥青路面施工技术规范》JTG F40中相关规定执行，城镇道路按照《城镇道路工程施工与质量验收规范》CJJ 1中相关规定执行。

透水沥青混合料生产过程质量检查项目和频率　　　　表 8-25

项次	检查项目		规定值或允许偏差	检查方法和频率
1	施工温度（℃）	沥青加热温度	165±5	温度计：每吨 1 次
		集料加热温度	195±5	红外感温仪：每锅 3 次
		混合料出厂温度	180±5	温度计：每车 1 次
		摊铺温度	≥170	温度计：1 处/50m
		初压温度	≥160	温度计：1 处/50m
		碾压终了表面温度	≥90	测温仪：1 处/200m
		开放交通温度	<50	测温仪：1 处/500m
2	混合料外观		均匀一致、无花白、无离析和结团成块现象	每车 1 次
3	摊铺速度（m/min）		1～3	随时
4	摊铺外观		平整、无拖痕、无离析	随时
5	松铺厚度（cm）		根据试验路检测结果确定	直尺：1 处/20m
6	碾压次数		根据试验路检测结果确定	1 次/1 段
7	碾压长度		根据试验路检测结果确定	卷尺：1 次/1 段

透水沥青路面施工完成后，应按表 8-26 所示要求对防水二层进行检测。

防水粘结层施工检验标准　　　　表 8-26

项目	基本试验条件	技术标准	检查频率
厚度	用沥青针入度仪量测厚度	二涂 0.5～0.6mm	1 组/1000m² （每组 4 点取平均值）
不透水性	在工地现场按实际用量和二涂工艺要求喷涂在中面层上，用透水仪加水柱至 57cm，维持 0.5h	57cm 水柱 0.5h 不渗漏	每一试用段取一组，每组 3 个试件
外观	无气泡，无破损、滑移、皱褶、堆积		1 目测组/1000m²

透水沥青路面排水面层的质量检验指标及允许偏差见表 8-27。

排水面层特有的质量检验指标及允许偏差　　　　表 8-27

项　目	频　率	质　量　标　准
现场渗水率	按《公路沥青路面施工技术规范》JTG F40	≥800mL/15s，合格率不小于 90%
现场空隙率		设计空隙率±2%，合格率不小于 80%
压实度		不低于标准马歇尔密度 98%
摆值	1 处/200m	≥58
构造深度	1 处/1000m	≥1.5mm

附录 A 零剪切黏度试验

A.1 目的和适用范围

黏度是评价道路沥青粘结特性的重要技术指标，也是条件性指标，但是不同测试方法得出的黏度指标差异极大，若采用毛细管测黏度，容易存在虚高现象。

考虑到毛细管黏度计对非牛顿流体的显著误差与物理意义的不明确（对应的剪切率不明），提出了使用动态剪切流变仪（DSR）测量零剪切黏度（ZSV，Zero Shear Viscosity）的方法。

利用剪切速率扫描试验进行零剪切黏度测试，取（$10^{-3}\sim10^{-2}$）/s 范围内测量的黏度均值为零剪切黏度。

A.2 试验器具

沥青的零剪切黏度采用动态剪切流变仪 DSR 设备进行测定（图 A-1）。

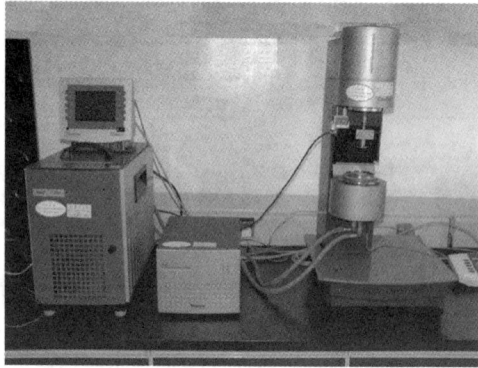

图 A-1 测试仪器

A.3 试验原理与计算方法

A.3.1 试验原理

利用动态剪切流变仪进行剪切速率扫描试验，结合流变学模型拟合分析可以获取零剪切黏度。剪切速率扫描试验通过测量扭矩和圆板旋转速度获得黏度，通过连续施加不同的扭矩可以获得不同剪切速率下的黏度，即获得沥青的流动曲线零剪切黏度。

A.3.2 计算方法

$$\eta = \frac{2hM}{\pi r^4 \omega} \tag{A-1}$$

$$D = \frac{r\omega}{h} \tag{A-2}$$

式中　η——黏度，Pa·s；

　　　h——两圆板间隙，m；

　　　r——圆板半径，m；

　　　ω——上圆板边缘转速，rad·s^{-1}；

　　　M——上圆板扭矩，N·m。

利用剪切速率扫描试验可测得沥青的黏度－剪切速率流动曲线，采用Carreau模型对实测关系进行拟合，可得零剪切黏度η_0及其所对应第一牛顿区。Carresu模型见式（A-3）。

$$\frac{(\eta - \eta_\infty)}{(\eta_0 - \eta_\infty)} = \frac{1}{[1 + (KD)^2]^{n/2}} \tag{A-3}$$

式中　η——实测黏度，Pa·s；

　　　D——实测剪切速率，s^{-1}；

　　　η_0——零剪切黏度，Pa·s；

　　　η_∞——无穷剪切速率黏度，Pa·s；

　　　K——剪切速率系数，s；

　　　n——Carreau模型速率指数，无量纲。

剪切速率扫描试验具体条件为：试样厚度1000μm，夹具直径25mm，试验温度60℃，剪切速率范围$1.25 \times 10^{-6} \sim 1250 s^{-1}$，每个数量级测量5个黏度值，并定义第一牛顿区域为$0.90\eta_0 \sim \eta_0$对应的剪切速率范围。

附录 B 成品高黏改性沥青弯曲抗拉试验方法

B.1 目的和适用范围

本试验方法为成品高黏改性沥青弯曲试验方法，用于测定成品高黏改性沥青的弯曲抗拉韧度与弯曲抗拉模量。

B.2 试验设备

1. 加热装置

加热熔化试料用。加热装置应具有温控器，能保温。

2. 沥青加热熔化用金属容器

不锈钢烧杯，容量由制作试件个数决定。

3. 万能材料试验机或压力机

最大荷载应满足不超过其量程的 80％ 且不小于量程的 20％ 的要求。一般采用 1kN 或 5kN，分度值为 10N，精度为 1％ 的试验机。试验机宜有伺服系统，加载速率能保持 100mm/min。

4. 加载装置

加载装置为梁式支座，下支座中心距（80±0.5）mm，上压头位置居中，上压头及支座为半径（4±1）mm 的圆弧形固定钢棒，上压头可以活动，与试件紧密接触，见图 B-1。

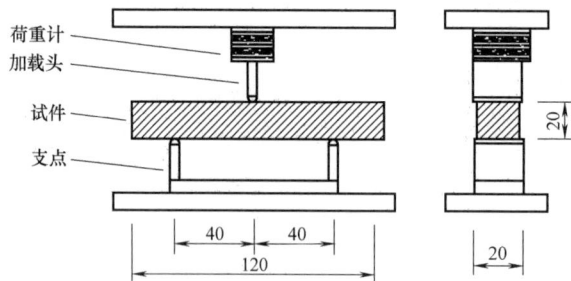

图 B-1 加载装置

5. 荷载-跨中挠度数据自动采集系统

试验机宜具备荷载-跨中挠度自动采集系统，如不具备，可按《沥青混合料弯曲试验》T0715 中第 2.2 条、第 2.3 条执行。

6. 低温恒温槽

能满足试件在试验前进行（−20±1)℃养护的低温恒温槽。

7. 试件制作模具

模具应采用钢模，将加热沥青倒入后，形成长 120mm×宽 20mm×高 20mm 的试件，并能脱模，见图 B-2。模具制造可参考相关标准。

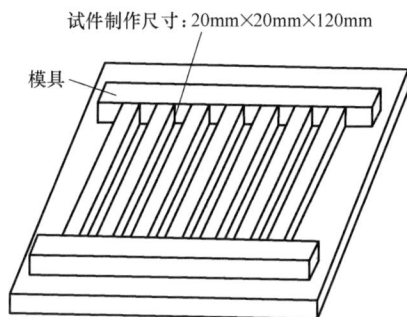

图 B-2　试件制作用模具

8. 其他

手套、皮手套、刀具、脱模剂（硅酮滑脂）、燃烧器等。

B.3　制作试件步骤

1. 组装试模，在与有沥青接触的模板面及模具上部全部涂上脱模剂，脱模剂为硅酮滑脂，涂刷成薄层即可，尽量避免形成厚层。

2. 将沥青加热至（165±10)℃后熔化，注意不要留下气泡，倒入模具。考虑到冷却后的收缩，倒入时应使沥青量稍高于模具。

3. 倒入后，在室温下冷却 90min 以上。

4. 室温冷却后将试样连同模具一起放入低温恒温槽养护至 5℃左右（一般在 −20℃的恒温槽内约 20min，5℃的恒温槽内约 60min）。用加热过的刀具削去模具上部多余的沥青试料，做成试件。

5. 再度将试件连同模具一起放入低温恒温槽进行养护后（−20℃的恒温槽内约 10min，5℃的恒温槽内约 30min），将试件脱模。

6. 脱模后，检验试件的质量，确认试件是否正确制作。

7. 同组试件至少需要制作 3 个试件。

B.4　试件养护

把试件放入（−20±1）℃的低温恒温槽内养护 3～3.5h。

B.5　弯曲抗拉试验步骤

1. 将试件从低温恒温槽内取出，试件成型面为上，立即对称安放在支座上。

2. 开动试验机以 100mm/min 的加载速率在跨径中央施以集中荷载，直至试件破坏，记录仪同时记录荷载-跨中挠度曲线。

3. 试验机若不具备荷载-跨中挠度自动采集系统，可参照《沥青混合料弯曲试验》T0715 中第 3.2 条执行。

4. 从低温恒温槽中取出试件后，必须在 20s 以内完成试验。

B.6　计算

1. 将记录下的荷载—挠度曲线按图 B-3 方法延长与横坐标相交作为曲线的原点，由图中量取峰值时的最大荷载 P 及 P 对应的跨中挠度 d。

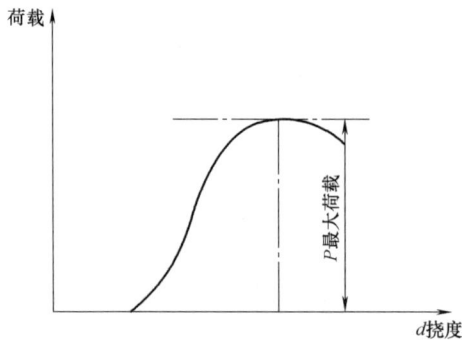

图 B-3　荷载-跨中挠度曲线

2. 按式 B-1 和 B-2 计算最大抗弯拉应力 α 及最大抗弯拉应变 ξ。

$$\alpha = \frac{3l}{2bh^2} \times P \tag{B-1}$$

$$\xi = \frac{6h}{l^2} \times d \tag{B-2}$$

式中　b——跨中断面试件的宽度，mm；

　　　h——跨中断面试件的高度，mm；

  l——试件的跨径，mm；

  P——最大荷载，N；

  d——最大荷载对应的挠度，mm。

 3. 按式 B-1、B-2 计算弯曲抗拉韧度及弯曲抗拉模量，精确到小数点后一位。

$$弯曲抗拉韧度（kPa）＝最大抗弯拉应力\ \alpha×最大抗弯拉应变\ \xi$$

$$弯曲抗拉模量（MPa）＝最大抗弯拉应力\ \alpha/最大抗弯拉应变\ \xi$$

 4. 计算弯曲抗拉韧度及弯曲抗拉模量的平均值及变异系数。以平均值作为测试结果。若弯曲抗拉韧度变异系数大于 30％或弯曲抗拉模量变异系数大于20％时，必须检验试验方法，再次进行试验。

附录 C 连通空隙率测定方法

C.1 目的和适用范围

测定排水性及透水性沥青混合物的连通空隙率。

作为低噪声透水性沥青混合物评价试验之一，用来测定被认为是对混合物的透水性极为有用的连通空隙率，主要在试验室实施。

C.2 试验设备

1. 秤：称量 5kg 以上，灵敏度 0.5g 以下。
2. 金属网网篮：为 5mm 的金属网网篮，直径与高度同为 20cm。
3. 溢流装置用容器：在保持一定水位的同时，能够将金属网篮浸入水中。
4. 挂件：将用来测量水中重量的金属网篮悬挂于秤的计量盘中心位置的装置。
5. 游标卡尺。

C.3 试验方法

1. 样品准备

样品是直径 10cm 左右的圆柱体，按照附录 E 肯塔堡试验方法所示的顺序，在试验室制作，或从铺设体上切取。

2. 计算样品的体积

用游标卡尺测定样品的直径与厚度至 0.1mm。测定位置：直径 2 处、厚度互为直角的 4 处，利用这个测定值的平均值，计算出样品的体积（V）。

3. 测定样品的质量

将样品在常温的空气中静置至少 1h，然后测定常温、干燥状态下的样品质量（m_F）。制作时或切取时与水接触过的样品在通风好的场所于质量未发生变化前使其干燥后进行质量测定。

4. 测定样品的水中质量

样品在常温的水中静置大约 1min 后，测定其在水中的质量（$m_水$）。

C.4 计算

利用式 C-1，计算出连通空隙率（％）。

$$连通空隙率 = \frac{V - B}{V} \times 100\%$$ (C-1)

式中 B——集料和独立孔隙的容积，cm^2，$B = (m_干 - m_水)/r_w$

r_w——常温水的密度，$r_w = 1.0 g/cm^3$

注：在测定水中质量时，最好在水中用木槌轻轻敲打样品，以便将孔隙中残存的空气排出。另外，为了促进水向孔隙内渗透，也可采用添加微量界面活性剂的方法。

附录 D 析漏试验法

D.1 目的和适用范围

通过析漏试验确定最大沥青用量。

适用于对低噪声透水沥青混合物进行配比设计的场合，以最佳沥青量的判定为目的，主要在试验室内进行。

D.2 试验装置

D.2.1 样品制作器具

1. 加热装置：集料、沥青材料以及其他器具加热用。最好是带有能够保持预定温度的温控功能的设备。可使用烘箱等。

2. 混合器：手工混合用容量为 3～5L 的锅、钵或能够保持预定温度且易于充分混合的适宜的混合器具。

3. 耐热接收盘：用于盛放拌和好的混合料。

4. 混合用器具：搅拌器、手工混合用的泥刀（园艺抹子等）、压勺等。

5. 秤：称量 5kg 以上，灵敏度 0.1g 以下。

D.2.2 析漏试验用器具

1. 烧杯：800mL。

2. 烘箱：用于将样品恒温 170℃并养护 1h。最好是带有能够保持预定温度的温控功能的设备。

D.3 样品制作

1. 根据实际使用的沥青混合料的配合比，对集料、矿粉、沥青等用小型沥青混合料拌和机拌和混合料。

2. 拌和时先加入粗细集料和矿粉后，再加入沥青拌和至均匀。每次只能拌和 1 个试件，对粗集料较多而沥青用量较少的混合料，小型沥青混合料拌和机拌匀有困难时，也可以采用手工炒拌的方法。

3. 一组试件分别拌和 3 份，每 1 份为 1kg。第 1 锅拌和后即予废弃不用，使拌和锅或炒锅黏附一定量的沥青结合料，以免影响后面 3 锅油石比的准确性。

4. 当为施工质量检验时，直接从拌和机取样使用。

D.4 试验的实施

1. 洗净烧杯，干燥，称取烧杯质量 m_0。

2. 将拌和好的 1kg 混合料，倒入 800mL 烧杯中，称取烧杯及混合料的总质量 m_1。

3. 在烧杯上加玻璃板盖，放入 185℃±2℃ 的烘箱中，持续 60min±1min。

4. 取出烧杯，不加任何冲击或振动，将混合料向下扣倒在玻璃板上，称取烧杯以及黏附在烧杯上的沥青结合料、细集料等的总质量 m_2，准确到 0.1g。

D.5 计算

1. 沥青析漏损失按式 D-1 计算

$$\Delta S = \frac{m_2 - m_0}{m_1 - m_0} \times 100 \tag{D-1}$$

式中 m_0——烧杯质量，g；

m_1——烧杯及混合料的总质量，g；

m_2——烧杯以及黏附在烧杯上的沥青结合料、细集料等的总质量，g；

ΔS——沥青析漏损失率，%。

2. 至少应平行试验 3 次，取平均值作为试验结果。

注：1. 逐个进行样品制作。由于经搅拌器等设备将 3 个组分的材料合起来进行一次性混合再分成 3 份，将导致骨料粒径混乱，因此最后逐个进行材料的混合。

2. 在将样品放到接收盘上的时候，尽可能不要让沥青附着在混合器里，均匀地摊开后再对其质量进行计量。

附录 E　肯塔堡飞散试验

E.1　目的和适用范围

通过飞散试验确定最小沥青含量（当不需要飞散试验求得最小沥青含量时，用飞散试验评价集料的抗飞散性）。

E.2　试验器具

E.2.1　制作试验样品的器具

1. 模具一套：用内径 101.6mm 的筒形模具，要求能够压实 63.5mm 的试验样品。按照需要制作样品的数量多少进行准备。

2. 试验样品挤出器具：将夯实后的试验样品毫无损伤地从模具中取出的适当器具。

3. 马歇尔击实仪：在规定的击实次数下使试件达到一定的压实度。

4. 加热装置：用于将集料、沥青材料、模具、压实锤及其他器具加热到预定温度的设备。最好是带有能够保持预定温度的温控功能的装置，如烘箱。

5. 混合器：数控沥青混合料搅拌机等。

6. 集料加热用金属容器：如金属托盘等。

7. 沥青加热用金属容器：金属耐热器具。

8. 混合用器具：搅拌器、手工混合用的泥刀（园艺抹子等）、压勺等。

9. 秤：称量 5kg 以上，灵敏度 0.1g 以下。

10. 其他器具：军用手套、橡胶手套、游标卡尺、水桶、小型铁锹。

E.2.2　肯塔堡试验用器具

1. 洛杉矶试验机：洛杉矶试验机是由安装于水平旋转轴（尚未插入圆筒内部）上的内径（710±5）mm、内侧长度（510±5）mm、两端闭合的钢制圆筒轴组成。在圆筒的侧面设有材料投放口，为了不留缝隙，还设置了钢制的盖子。这个盖子的内侧与圆筒的内表面装配在同一个曲面上。圆筒的内部有一个可拆卸的搁架，其长度与圆筒的长度相等，安装在圆筒半径方向仅突出（89±2）mm。从搁架到材料投入口的距离，在旋转方向沿圆筒外周 1270mm 以上。

2. 秤：称量 5kg 以上，灵敏度 0.1g 以下。

3. 恒温槽：要能够确保温度为（20±1）℃。

E.3 试验方法

E.3.1 试验样品的制作

1. 制作马歇尔试件

对于 1 个由集料和沥青的组合，至少准备 3 个供试验的样品。

2. 混合

为了使压实后的试验样品高度达到（63.5±1.3)mm，按预定的配比将各集料用秤计量后形成 1 份（约 1000g）试验用的集料样品。用比混合温度高 10～30℃的温度加热计量过的集料，然后移至混合器内进行预搅拌，并加入按预定量称出的沥青。此时的集料和沥青的温度必须在预定的混合温度范围内。混合要快速有效地进行，直至集料被沥青充分地包裹为止。

3. 压实

充分清洁模具和铁锤表面，利用干燥器或加热板加热至 95～150℃。将 1 盘混合物均等地分为 4 份，从模具的 4 个方向注入，用压勺或泥刀沿着四周冲击 15 次，中央地带冲击 10 次，以使表面形成一个中央地带略高的圆形。即将压实的混合物其温度必须在预定的压实温度范围以内。

将注入混合物的一套模具装在压实台上，在模具的套环内插入夯实锤并冲击 50 次。将夯实锤的轴支撑在垂直于模具板的位置。当正面夯实结束后，将模具反向装置，并相同的次数再一次夯实样品的反面。此时，模具中的试验样品用夯实锤轻轻敲打，开始夯实，直至其落定于底板上。拆下底板与套环，待模具自然冷却至环境温度后，利用样品挤出器取出试验样品。要极其谨慎地应用试验样品，首先将其移至平滑面上并在常温下静置 12h 以上，再用游标卡尺测量出 0.1mm，最后进行质量测定，测量试件的直径及高度准确至 0.1 mm，尺寸不符合要求的试件应作废。

4. 测定试件的密度、空隙率、沥青体积百分率、沥青饱和度、矿料间隙率等物理指标

E.3.2 试验的实施

1. 将恒温水槽调节至要求的试验温度，标准飞散试验的试验温度为（20±0.5)℃。浸水飞散，先在温度为（60±0.5)℃的恒温水槽中养护 48h，然后取出在室温下放置 24h。

2. 从恒温槽取出 1 个试验样品，迅速放入洛杉矶试验机的滚筒内。

3. 安装好盖板后，以 30～33r/min 的旋转速度让滚筒旋转 300r。在达到设定的旋转次数后，将滚筒内的样品取出（在发生极度离散的场合，取质量最大的样品块）进行质量测定。

E.4 计算

计算沥青混合料的飞散损失率（％）。

$$飞散损失率 = \frac{m_0 - m_1}{m_0} \times 100 \tag{E-1}$$

式中 m_0——试验前试件的质量，g；

m_1——试验后试件的残留质量，g。

注：1. 因为损失量很大程度地被有无大颗粒的集料所左右，所以，对于集料最大粒径很大的沥青混合物，在实施试验时必须特别注意其试验结果的准确性。

2. 冲击样品时，为了防止混合物附着在模具上，最好能使用滤纸。

3. 不必使用洛杉矶磨损试验中常用的钢珠。

参 考 文 献

[1] 田莉. 基于离散元方法的沥青混合料劲度模量虚拟试验研究 [D]. 西安：长安大学, 2008.

[2] 李耀旭. 颗粒流方法在土石混合体力学特性研究中的应用 [D]. 武汉：长江科学院, 2009.

[3] 丁秀丽, 李耀旭, 王新. 基于数字图像的土石混合体力学性质的颗粒流模拟 [J]. 岩石力学与工程学报, 2010, 29 (3): 477-484.

[4] 张东. 沥青混合料粗集料的形态特征研究和力学性能的离散元模拟 [D]. 西安：长安大学, 2012.

[5] 常明丰. 基于颗粒物质力学的沥青混合料细观特性研究 [D]. 西安：长安大学, 2013.

[6] 陈俊. 基于离散元方法的沥青混合料虚拟疲劳试验研究 [D]. 南京：东南大学, 2010.

[7] AlarAbbas. Simulation of the micromechanical behavior of asphalt mixtures using the discrete element method [D]. Washington : Washington state university, 2004.

[8] Francesco Canestrari. Adhesive and Cohesive Properties of Asphalt-Aggregate Systems Subjected to Moisture Damage [J]. Road Materials and Pavement Design, 2010, 11: 11-32.

[9] 王楠楠. 湿热地区路用改性沥青性能与技术指标研究 [D]. 福州：福州大学, 2014.

[10] Wang H, Wang J, Chen J. Micromechanical analysis of asphalt mixture fracture with adhesive and cohesive failure [J]. Engineering Fracture Mechanics, 2014, 135 (4): 104-119.

[11] 交通部公路科学研究所. 公路沥青路面施工技术规范 [M]. 北京：人民交通出版社, 1994.

[12] 徐维红. 低噪声路面的研究 [D]. 北京：北京交通大学, 2005.

[13] 伍石生. 低噪声沥青路面设计与施工养护 [M]. 北京：人民交通出版社, 2005.

[14] 徐皓, 倪富健, 刘清泉, 等. 透水性沥青混合料渗透系数测试研究 [J]. 中国公路学报, 2004 (03): 4.

[15] 曹东伟, 刘清泉, 唐国奇. 透水沥青路面 [M]. 北京：人民交通出版社, 2010.

[16] 徐斌. 排水性路面理论与实践 [M]. 北京：人民交通出版社, 2011.

[17] 杜尧东, 毛慧琴, 刘爱君, 等. 广东省太阳总辐射的气候学计算及其分布特征 [J]. 资源科学, 2003, 25 (6): 66-70.

[18] 邢明亮. 透水性沥青混合料组成设计及性能研究 [D]. 西安：长安大学, 2007.

[19] 王树森. 级配碎石基层材料组成设计与工艺控制的研究 [J]. 公路, 2001 (2).

[20] 郑木莲. 多孔混凝土排水基层研究 [D]. 西安：长安大学, 2004.

[21] 马威. 多孔混凝土透水基层材料设计研究 [D]. 湖北：武汉理工大学, 2008.

[22] 张爱江. 北京城镇透水性步道结构形式与相关性研究 [D]. 北京：北京市市政工程研究院, 2007.

[23] 刘振清，刘义怀. 沥青稳定排水基层（ATPB）合理级配范围研究 [J]. 公路交通科技：应用技术版，2007（6）：30-33.

[24] 许福. 大粒径透水性沥青混合料配合比设计方法在泰莱公路中的应用研究 [D]. 长春：吉林大学，2006.

[25] 朱伯芳. 大体积混凝土温度应力与温度控制 [M]. 北京：中国电力出版社，1999.

[26] 韩子东. 道路结构温度场研究 [D]. 西安：长安大学，2001.

[27] 赵战利，张争奇，胡长顺. 集料级配对沥青路面抗滑性能的影响 [J]. 长安大学学报：自然科学版，2005，25（1）：6-9.

[28] 张宜洛. 抗滑级配类型沥青混合料的抗滑性能 [J]. 长安大学学报：自然科学版，2003，23（1）.

[29] 张文海，范书龙. 沥青混合料水稳定性试验研究 [J]. 公路与汽运，2006，26（5）：78-80.

[30] 徐亦航. 排水性沥青路面技术性能研究 [D]. 西安：长安大学，2007.

[31] 万海峰. 多孔性低噪声沥青混合料应用研究 [D]. 西安：长安大学，2008.

[32] 张肖宁. 沥青路面施工质量控制与保证 [M]. 北京：人民交通出版社，2009.

[33] 许新权，彭鹏峰. 水泥路面/轮胎噪声影响因素分析 [J]. 河北交通职业技术学院学报，2006（3）：26-28.

[34] 伍石生. 低噪声沥青路面设计与施工养护 [M]. 北京：人民交通出版社，2005.

[35] 吉青克. 路面内部排水系统设计 [D]. 上海：同济大学，2002.

[36] 冷真. 透水性沥青混合料级配组成设计及性能研究 [D]. 江苏：东南大学，2003.

[37] 樊统江，贾敬鹏，陈富强，等. 透水沥青混凝土路面技术及其在日本的发展 [J]. 公路，2007（1）：14-20.

[38] 交通部公路规划设计院. 公路沥青路面设计规范 [M]. 人民交通出版社，1997.

[39] 田莉. 基于离散元方法的沥青混合料劲度模量虚拟试验研究 [D]. 西安：长安大学，2008.

[40] 张东. 沥青混合料粗集料的形态特征研究和力学性能的离散元模拟 [D]. 西安：长安大学，2012.

[41] 常明丰. 基于颗粒物质力学的沥青混合料细观特性研究 [D]. 西安：长安大学，2013.

[42] 谭忆秋. 沥青与沥青混合料 [M]. 哈尔滨：哈尔滨工业大学出版社，2007.

[43] 王随原，周进川. SBS改性沥青混合料蠕变性能试验研究 [J]. 公路交通科技，2006，23（12）：10-13.

[44] 陈俊. 基于离散元方法的沥青混合料虚拟疲劳试验研究 [D]. 南京：东南大学，2010.

[45] 王楠楠. 湿热地区路用改性沥青性能与技术指标研究 [D]. 福州：福州大学，2014.

[46] 庄伟龙. 高黏度改性沥青的制备与性能研究 [D]. 福州：福州大学，2016.

[47] 张亚玲. 湿热地区非聚合物改性沥青性能特性研究 [D]. 福州：福州大学，2016.

[48] Feng Zhang, Changbin Hu. The research for high-elastic modified asphalt [J]. Journal of applied polymer, 2015, 132 (25): 42132 (1-14).

[49] Feng Zhang, Changbin Hu. The composition and ageing of high-viscosity and elasticity

asphalts [J]. Journal of Polymer composites，2017，38（11）：2509-2517.

[50] Feng Zhang，Changbin Hu，Weilong. Zhuang. The research for low-temperature rheological properties and structural characteristics of high-viscosity modified asphalt. [J] Journal of thermal analysis and calorimetry，2018，131（2）：1025-1034.

[51] Feng Zhang，Changbin Hu，Yu Zhang. The effect of PPA on performances and structures of high-viscosity modified asphalt. [J] Journal of thermal analysis and calorimetry. 2018，134（3）：1729-1738.

[52] Feng Zhang，Changbin Hu. Preparation and properties of high viscosity modified asphalt [J]. Journal of Polymer composites，2017，38（5）：936-946.